観 光 分 析

計量的アプローチと応用

張 長 平 著

古今書院

目　次

序章　観光における計量的分析 ——————————————— 1
　1　観光ネットワーク分析　1
　2　観光データ分析とモデリング　2
　3　本書の構成　3

第Ⅰ部　観光ネットワーク分析

第1章　観光ネットワーク分析の基本 ————————————— 9
　1.1　ネットワークとネットワーク分析　9
　　1.1.1　ネットワーク　9
　　1.1.2　ネットワーク分析　10
　1.2　ネットワークに係わる観光諸分野　11
　　1.2.1　個人・集団のコラボレーションと信頼関係　12
　　1.2.2　観光マーケティングネットワーク　13
　　1.2.3　観光地ネットワークにおける知識伝達とコミュニケーション　14
　　1.2.4　ネットワークによる観光ガバナンスの形成　14
　　1.2.5　社会関係資本の開発　15
　　1.2.6　複雑系を表すネットワーク　16
　1.3　観光ネットワークデータの収集　17
　　1.3.1　データ収集の特徴　17
　　1.3.2　データ収集の範囲　18
　　1.3.3　データ収集の方法　18
　1.4　ネットワークデータの可視化　19

第2章 ネットワークの基礎 ——————————————————— 23

2.1 グラフ 23
   2.1.1 無向グラフと有向グラフ 24
   2.1.2 隣接行列 24
   2.1.3 有値グラフ 25
   2.1.4 二部グラフ 26

2.2 ネットワーク構造の評価測度 27
   2.2.1 密度 27
   2.2.2 直径 28
   2.2.3 クリーク 29

2.3 最短経路の探索 31
   2.3.1 べき乗法 32
   2.3.2 幅優先探索 36
   2.3.3 Warshall-Floyd 法 38

2.4 グリーンツーリズムの関係主体分析 43

第3章 中心性と観光中心地 ——————————————————— 45

3.1 次数中心性 45
3.2 近接中心性 48
3.3 媒介中心性 50
3.4 固有ベクトル中心性 55
   3.4.1 固有ベクトルにもとづく中心性 55
   3.4.2 固有値と固有ベクトル 56
3.5 観光地の中心性分析 58

第4章 ネットワークモデル ——————————————————— 63

4.1 ネットワークの性質測度 63
   4.1.1 次数分布 63
   4.1.2 平均距離 64
   4.1.3 クラスター係数 65

- 4.2 正則グラフとランダムグラフ 65
  - 4.2.1 正則グラフ 65
  - 4.2.2 ランダムグラフ 66
- 4.3 スモールワールド・ネットワーク 68
  - 4.3.1 スモールワールド現象とは 68
  - 4.3.2 WS モデル 68
- 4.4 スケールフリー・ネットワーク 73
  - 4.4.1 スケールフリー現象とは 73
  - 4.4.2 BA モデル 74
- 4.5 観光ネットワークとコンピューターネットワーク 77

第 II 部　観光データ分析

第 5 章　観光データの収集 ── 85

- 5.1 データの数値の種類 85
- 5.2 データの分類 87
- 5.3 既成データの所在 89
  - 5.3.1 日本の既成データ 89
  - 5.3.2 国際の既成データ 91
- 5.4 観光データ品質と統合 92
  - 5.4.1 データ形式 92
  - 5.4.2 データ品質 92
  - 5.4.3 データの統合と標準化 93

第 6 章　データの仮説検定 ── 97

- 6.1 検定の考え方 97
- 6.2 検定の手順 98
- 6.3 検定の方法 100
  - 6.3.1 パラメトリック検定 100
  - 6.3.2 ノンパラメトリック検定 102

6.4 検定の評価　103
- 6.4.1　検定力　103
- 6.4.2　効果量　105
- 6.4.3　標本サイズと有意水準　107

6.5 ブートストラップ法　108
- 6.5.1　ブートストラップ標本統計量分布と信頼区間　108
- 6.5.2　ブートストラップ検定　111

6.6 メタアナリシス　114
- 6.6.1　メタアナリシスの手順　114
- 6.6.2　バイアスの種類　115
- 6.6.3　バイアスの検出方法　115
- 6.6.4　旅行者消費額のメタアナリシス　117

第7章　データの構造分析 ── 121
7.1 因子分析　122
- 7.1.1　因子分析の考え方　122
- 7.1.2　因子数の決め方　124
- 7.1.3　因子負荷量の推定　125
- 7.1.4　因子軸の回転と因子の解釈　126
- 7.1.5　因子得点の推定　129

7.2 観光促進対策の因子分析　130
- 7.2.1　観光促進対策の因子構造　131
- 7.2.2　因子得点分析　133

7.3 検証的因子分析　134

7.4 クラスター分析　135
- 7.4.1　クラスター分析の考え方　135
- 7.4.2　非階層的クラスター分析　136
- 7.4.3　階層的クラスター分析　137
- 7.4.4　分析結果の評価と分析方法の発展　141

7.5 多次元尺度構成法　142

7.5.1　計量的多次元尺度構成法の考え方と推定方式　143

　7.5.2　計算手順　144

　7.5.3　観光スポット配置の再現　145

　7.5.4　非計量的多次元尺度構成法　146

7.6　対応分析　147

　7.6.1　質的データの分割表　147

　7.6.2　計算方法　149

　7.6.3　観光活動に対する個人嗜好分析　151

第III部　観光モデリング

第8章　線形回帰モデル ─────────── 159

8.1　単回帰モデル　159

　8.1.1　散布図の作成と単回帰モデル式　160

　8.1.2　パラメータ推定　161

　8.1.3　モデルのよさ　163

　8.1.4　モデルの評価　166

　8.1.5　変数変換によるモデルの線形化　169

8.2　重回帰モデル　170

　8.2.1　重回帰モデル式　170

　8.2.2　パラメータ推定　171

　8.2.3　モデルの有意性検定　172

　8.2.4　偏回帰係数の有意性検定　173

　8.2.5　モデルの選択　174

第9章　ロジスティックモデル ─────────── 177

9.1　ロジスティック成長モデル　177

　9.1.1　ロジススティック成長モデル　178

　9.1.2　ロジスティック微分方程式による外国人旅行者増加の

　　　　シミュレーション　179

9.1.3　ロジスティック差分方程式　181
　　9.1.4　差分方程式による外国人旅行者増加のシミュレーション　182
　9.2　ロジスティック回帰モデル　183
　　9.2.1　2値反応データ　184
　　9.2.2　多重ロジスティック回帰モデル　184
　　9.2.3　モデルパラメータの推定　185
　　9.2.4　モデルの評価と選択　187
　9.3　海外への旅行者属性分析　187

第10章　構造方程式モデリング ─────────────── 191
　10.1　観測変数の構造方程式　191
　10.2　潜在変数と測定方程式　193
　10.3　構造方程式モデル　196
　　10.3.1　構造方程式　197
　　10.3.2　共分散構造　199
　　10.3.3　パラメータの最尤推定　202
　10.4　適合度の測定　204
　10.5　観光旅行意向の因果推論　206
　　10.5.1　仮説の構築　206
　　10.5.2　モデリングの実際　210
　　10.5.3　モデルの解釈　211

索　引 ──────────────────────────── 215

序章　観光における計量的分析

1　観光ネットワーク分析

　観光産業はそもそもネットワークビジネスであり，地理的に散在する政府機関，公共交通機関，ホテル，レストラン，観光名所，旅行会社，旅行者などの観光関係主体（アクター）が互いに関連してネットワークを結成し，観光商品の届け，日常意思決定，観光地の再開発では，関係主体間の様々なつながり（紐帯）とネットワークが重要な役割を果たしている。ネットワークの概念は組織や個人の間のつながりによって成り立ち，ネットワークの性質はこれらのつながりの構造によって決められる。観光主体間に強い紐帯があれば弱い紐帯もあり，中心的なアクターが観光業務によって紐帯の構成を常に調節し，最適化を図っている。このように観光産業自身はネットワークの研究に理想的な背景と研究テーマを提供している。

　紐帯特徴の測定はネットワークにおける異なるアクターの役割を正確に測り，アクターが観光戦略の立案から実際の計画形成までにいかに直接係わるかを把握することができる。観光目的地における様々な関係主体の異なる役割を強調する観光ネットワーク分析は，協調と協力が必要である観光地にとってより不可欠であり，関係主体間の協力関係の創設と創造力のある観光システムの形成を促し，地元の観光意思決定と管理の強化にも有効な方法を提供している。

　現代ネットワーク理論は，政府と企業と市民社会との間の関係，各セクション間の協調と協力関係の形成メカニズムを明らかにするための重要な基礎になる。ネットワーク分析は，複数の観光地を回る様々な観光ルートの可視化と計測により各観光地における観光施設やサービスの再編成・再開発を手助けし，観光地管理の改善を図るための有力な分析ツールになっており，観光政策の策定，観光事

業計画の分析と説明，観光関係主体間の関係解明によく利用されている。

本書は，ネットワーク分析を観光分析の最も主要な部分として，ネットワークは観光産業にどういうふうに現われ，どのように進化するのかを述べ，またネットワークの視点から観光現象を見るとき，その特徴，規律，分析法を解説する。

2　観光データ分析とモデリング

他の人間活動と研究分野と同様に，観光業務でも，観光研究でもデータ収集とデータ処理が重要である。長い歴史の流れから見れば，統計学には大量の方法と応用成果が蓄積され，意思決定，開発計画と政策の実行，人間活動への理解に利用されていた。しかし，観光分野では，数値や式はまだ普及しておらず，数学と統計学の理論と方法を広く利用する道がほど遠いと言わざるを得ない。統計データ分析は統計学教科書や他の分野の研究論文に多く述べられているが，観光分野での応用情報がそれほど多くない。しかも，高度の統計方法は観光教科書にはもちろん見られない。一方，統計学教科書には理論だけでその応用情報が滅多に述べられていないのが現状である。

本書の目的は，このような理論と応用のギャップを埋めるために，観光での統計学的方法を解説するとともにその応用と操作もできるだけ詳細に紹介する。具体的に言えば，仮説検定，回帰分析，クラスター分析，因子分析など，観光研究にすでに適用された標準的統計データ分析の理論と応用をなるべく詳しく解説すると同時に，構造方程式モデリングのような標準以外の分析法も紹介する。それは，これらの方法が他の学問分野にすでに適用されているが，観光分野にも将来利用できるだろうと，著者が確信するからである。

本書では，観光分析手法を理解・習得するために，手計算できる事例を取り上げて問題を解くことを重視することにしたのである。実際の調査研究では，膨大なデータ処理と複雑な計算をする必要がある際に，ネットワーク分析の専用ソフトとしては UCINET，STRUCTURE，Net-Miner があり，データ解析の専用ソフトとしては SPSS，SAS，S-PLUS などがあるが，本書では，ネットワーク分析とデータ分析に統一した R 言語を利用して様々な分析結果を得た。

R言語は1990年代ニュージーランドのオークランド大学のRoss Ihakaと米国のハーバード大学のRobert Gentlemanにより作られた，高度なデータ解析，多様なグラフの作成，シミュレーションなどを行うツールであり，いまも新しい計算と解析機能を開発し続けている．R言語はフリーソフトとしてインターネットが接続された環境であれば，誰でも自由にダウンロードできる．故に，読者が本書に紹介された方法を自分の研究や仕事で実践してみようとする場合には，筆者はR言語を強く薦めたい．

3　本書の構成

　本書では，観光分析は観光ネットワーク分析，観光データ分析，観光モデリングに分けられ，どのような観光現象と観光問題に対してどのような計量的分析法を適用するかを重点として，3部10章から構成される．

　第Ⅰ部は4章あり，観光ネットワークとその分析の部分である．第1章では，観光ネットワーク分析の準備知識として，とくに観光地における関連主体から形成された局地的なネットワークと複数の観光地から結ばれる広域的なネットワーク，ネットワーク分析，ネットワークに係わる観光の諸分野を述べた．観光ネットワークのデータ収集の範囲，特徴，方法，ネットワークの可視化の重要性を解説した．

　第2章では，様々なグラフとネットワーク構造の評価測度と最短経路の探索を詳細に述べ，グリーンツーリズムの関係事業体から結ばれたネットワーク構造を評価する日本の事例を紹介した．

　第3章では，観光ネットワークにおける組織やグループ内で意思決定をいかに形成するか，ネットワークを通じて情報がいかに流れるか，観光ルート上の観光地の重要さをいかに評価するか，などを示す測度として，次数中心性，近接性中心性，媒介中心性，固有ベクトル中心性というノード中心性測度を取り上げ，それらの定義や計算方法を解説した．台湾南投県の事例では，ドライブネットワークにおける観光地の中心性分析により，中心性の高い観光地の重要な役割を明らかにし，ここに観光施設やサービスが十分に整備されていることが確認された．

第4章では，より大きな社会全体のネットワークを対象にWSモデルにもとづくスモールワールド・ネットワーク，BAモデルにもとづくスケールフリー・ネットワークを含む「複雑ネットワーク」を取り上げ，それらのネットワークの性質，思考と科学，構築方法について詳しく解説した。最後に，観光ネットワークとコンピューターネットワークの関係をシミュレーションを通して明らかにしたイタリアの研究事例を紹介した。

データは統計分析とモデリングの素材である。第II部は第5章から第7章であり，観光データの仮説検定とデータ構造分析が含まれ，様々な観光データを用いてデータの統計分析を解説した。

観光データ分析でも，観光モデリングでも，信頼性の高い正確なデータが必要である。第5章では，観光業務や研究に利用されるデータの数値の種類とデータ入手方法によるデータ分類をレビューした上で，有効かつ信頼できる観光データ分析結果を得るために，データの品質，統合，標準化を検討した。さらに，日本国内外の観光データ整備現状と取得方法をまとめて紹介した。

第6章では，統計的仮説検定に関する概念と方法を述べ，検定力，効果量，標本サイズという検定の評価要素を解説した。検定結果の信頼性を向上させ，母集団に関する情報を多く得る方法として，ブートスクラップ法とメタアナリシスも導入した。本章には，統計的検定を適用した簡単な観光事例が多数含まれている。

第7章では，多変量の観光データ構造分析に多用されている統計法を取り上げて，それらの方法の長所と短所，応用の注意点を統計学と観光への応用の視点から検討した。例えば，観光指標（変数）の共通パターンを明らかにする因子分析，観光個体の共通パターンを明らかにするクラスター分析，観光指標と観光個体を同時に比較しながら，データ構造を考察する多次元尺度構成法と対応分析である。

第III部は第8章から第10章であり，統計的方法による観光モデルとモデルの構築を導入することを目的とし，これらのモデルを用いれば，観光観測データ間の数学的な関係を明らかにすることができる。

第8章では，観光モデルで中心的な役割を果たしている線形回帰モデルを解説した。まず，2変数間の線形関係を表す単回帰モデルとそのパラメータ推定，モ

デルの有意性検定，モデル評価を詳細に検討した上で，一つの従属変数と複数の独立変数との関係を説明する重回帰分析を解説した．最後に，重回帰分析の多重共線性問題を指摘し，有効な独立変数が選ばれる，説明力のある回帰モデルを求める方法を述べた．

第9章では，ロジスティックモデルを導入し，まず，中国への外国旅行者の予測事例を通してロジスティック成長モデルとモデルの構築を解説した．つぎに，ロジスティック回帰モデルの形成メカニズムを説明し，モデルのパラメータ推定，評価と選択を検討した．さらに，中国から海外旅行に出かけた人々の属性とその確率との関係を明らかにした事例を取り上げ，ロジスティック回帰モデルの観光研究にも寄与することを確かめた．

第10章では，複数の方程式で変数間の因果関係を表す構造方程式モデル（SEM）を詳細に述べた上で，観光旅行意向と観光イメージと調査対象者属性の三者間の因果関係について構造方程式モデリングによる分析・考察を紹介した．近年パソコンの大容量と高速化，計算ソフトの開発により，観光分野ではSEMが観光目的地への住民旅行意向研究を始め多くの研究に貢献できることを示した．

本書は，以上の文章構成を通じて，観光分析の三つの主要分野の理論と実践を解説し，日本国内外の観光の適用事例を示すことによってこれらの分析法をいかに応用するかについて詳述している．観光学・観光社会学・観光経済学，交通工学などの分野で観光分析を学ぼうとする大学生や大学院生の他に，観光調査・計画の研究者や観光現場の実務者などをおもな読者対象としている．

観光学と数学は一見して関係のない学問であるが，本書の出版をきっかけにもっと多くの観光研究者がこの両学問をつなぐ観光分析という新しい分野に関心をもっていただくことになれば幸いだと思う．最後に，本書の出版にあたってご快諾と貴重なご助言をいただいた古今書院の橋本寿資社長に深く感謝申し上げます．

第Ⅰ部
観光ネットワーク分析

第1章　観光ネットワーク分析の基本

スイスの数学家 Euler（1736）は，プレーゲル川に架かっている七つの橋すべてを一度だけ通るような経路が存在するかという問題をグラフに置き換えて，数学的に厳密に証明して以来，ネットワークを考える際の基礎となっているグラフ理論は成熟した分野へと成長し，多くの数学者はこれに貢献している。今では，グラフ理論は数学の大きな一分野となり，社会学や経済学，エンジニアリングやコンピュータサイエンス，人類学，生物学にまで広がっている。最近，グラフ理論は観光学の研究にもかなり実用かつ有効な方法として利用されている。

1．1　ネットワークとネットワーク分析

1.1.1　ネットワーク

人文科学においては，ネットワーク（network）は人間の間やコミュニティーの間に結ばれる複雑な関係（relation）を表現するものである。しかし，定量的研究の発展につれて，ネットワークの概念が数学的理論とつながり，グラフ理論という一つの専門分野が生まれた。グラフ理論では，有限のノード（頂点）集合がリンク（辺）集合で結ばれることをネット（net）といい，二つのノードを結ぶリンクの数や方向が制限されていない。しかし，人間やコミュニティーの間の関係を表現するネットワークでは，二つのノードを一本のリンクでしか結ばなく，平行線は存在しないことにされた。本書では，ネットワークとグラフを区別せずに使っている。

社会学において社会ネットワーク（social network）は，個人，集団，組織と関連する一種の特別な関係として定義され，その個人，集団，組織の集合を表すノードをアクター（actor, 行為者）[1]と，アクター間の関係を表すリンクを紐帯（tie）

と呼ばれる。社会ネットワークはアクター集合と紐帯集合から構成される。さらに，組織論の研究では，ネットワークは一つのシステムあるいは多くの組織と組織間の関係から構成された一つの場（field）と定義される。経済ネットワークでは，人，企業，国家，物，資本をノードとし，それらの間の交流と交換をリンクと指すことになる。

観光業（tourism industry，観光産業）はそもそも一つのネットワーク産業である。観光目的地（tourism destinations，観光地）は歴史・文化・自然景観などの遊覧資源をもつ地域として，地域住民や観光業者，行政機関，NPOなど様々な関係主体（stakeholder）が情報や資源などの交流を図り，局地的な観光ネットワーク（local tourism network）を結成する。さらに，旅行客の観光ルートの形成に積極的に働きかけるために，観光地間の提携を行い，複数の観光地が広い範囲にわたって網目状に結ばれ，観光地間に広域的な観光ネットワーク（regional tourism network）が形成される。このように観光地における関係主体が互いに協力と競争を行い，外部観光地とも協力（cooperation）と競争（competition）を行いながら，形成された局地的と広域的な観光ネットワークを観光ネットワーク（tourism network, TN）と呼ぶ。

1.1.2 ネットワーク分析

以上のようにネットワークが定義されると，とりわけ社会ネットワーク分析（social network analysis）は個人，集団，組織のようなアクター間の資源交換の研究に用いられる一つの試みと方法の集合になる（Haythornthwaite, 1996）。ネットワーク分析は研究対象の関係を重視するため，伝統的な統計学方法と異なって研究対象の独立性を求めておらず，統合的な方法を用いてアクター間の関係パターンを描いてそれらの構造を分析する。例えば，アクター間の関係データを収集し，行列に取り込んで，ネットワークの密度や中心性などの構造パラメーターを計算する。

1990年代以降，情報技術の進歩につれ，組織間や国間のコミュニケーションをよりとりやすくなり，グローバリゼションの影響で組織間や国間の関係と協力も一層緊密になっている。それに伴ってネットワーク分析は急速に普及され，研究対象間の関係と統合を重視する科学として理論的体系がさらに強化されてきた。ビジネスの世界と経済の分野において，ネットワーク分析は，新たな組織的

パラダイムを表し，企業内部関係が企業の組織的パフォーマンスを実行する能力を向上させることに役割を果たしている．

観光ネットワーク分析（tourism network analysis）は観光地や観光関係主体の間の複雑な関係の概念化，可視化，分析の有力なツールとして利用され，観光地間や観光関係主体間の有効な協力を促している．さらに，観光ネットワーク分析は観光地ネットワークの機能，階層，地理境界を越えたつながりを識別できるので，観光地の戦略的な再構築と再統合にも役割を果たすことができる．

本書の第I部は，観光地や観光関係主体のネットワーク分析について紹介するものである．とくに，グラフ理論と係わるネットワーク分析の定量的方法とその観光学への応用を強調する．定量的方法を解説するために，まず，アクター間の関係を表すデータを収集し，データとデータ分析の結果をネットワーク図式に視覚的に表現することを述べ，次に，ネットワークの様々な属性を定量的に計算する方法を紹介する．

1.2 ネットワークに係わる観光諸分野

観光地は観光客市場から離れている地域に散在し，多くの小さな独立業者からなるので，観光業は不安定なビジネス環境にある産業とみられている．このような厳しいビジネス環境で生き残るために，観光業者はつねに集団活動と集団利益のためのネットワークを結成し，ばらつきの特性を補強している．したがって，一国の観光組織を一つの階層的なネットワークシリーズに見なすことができる．ネットワークの結成は観光ビジネス成功のための必然的なレスポンスであり，ネットワーク理論は観光業者がなぜ集団活動を取らなければならないか，事業主の間になぜ協調と協力の関係を築く必要があるかを理解するのに手助けをすることができる．

観光業が集団活動を取らなければならないもう一つの理由は，観光地で客を引き寄せる多くの観光資源（resources of tourism）を地域が共有するからである．これらの資源は，山，ビーチ，湖，風景，国立公園のような自然資源（physical resource），博物館，美術館，歴史的建造物のような人工資源（built resource），観光地のブランド，地域住民の親切さのような無形資源（intangible resource）が含

まれている。豊かな観光資源をもつ観光地なら，ネットワーク結成の緊迫感が少し薄いかもしれないが，資源が乏しい，政府の支援が少ない観光地では，利益関係のある主体の間にネットワークの結成がより重要視されている。

観光ネットワークの結成は様々な目的がある。その一つには，独立事業主のネットワークが，政府の観光計画（tourism planning）への影響，ビジネス情報，商業利益，公的寄付金の獲得に係わる様々な機会，市場やビジネス活動のような経営資源を強化するメカニズムを提供している。いま一つには，観光学者のネットワーク（network of tourism academics）が，ビジネス環境状況，観光市場の研究，新ビジネス機会に関する情報を提供している。とくに，研究開発のよわい国では，学者ネットワークが観光研究に多くの資金を集める役割を果たしている。したがって，ネットワーク分析が観光研究で最も活発な研究領域の一つになっている。

ネットワークは実質的なビジネス利益をもたらしている。ネットワークを通じて旅行者を一つの観光組織から他の観光組織へ送り出すことによって組織全体の利益を増大し，旅行者に新たな観光体験を提供している。いま，多くの観光事業主は自分の経営資源を持ちながら，何らかのビジネスネットワークに参加しており，それぞれのビジネス方式が経営者の間の交際やネットワークの特徴を決めている。しかし，ネットワークの維持管理には大量の時間と人力が必要であるため，それはネットワークの増強を制限している。

要するに，観光業においては，ネットワークを通じて経営者が情報を簡単に手に入れ，旅行者が旅行中に直面する様々な困難を克服することができる。さらに，ネットワークが従来の競争を規範的にコントロールし，その結果，適度な競争が結合力のあるネットワークに変わる。

以下には，ネットワークに係わるいくつかの観光分野を解説する。

1.2.1　個人・集団のコラボレーションと信頼関係

コラボレーション（collaboration，合作，共同行為）とは，複数の関係主体が何らかの目標を共有し，ともに働き，協力することをいう。GetzとJamal（1994）によれば，コラボレーションは組織内の争点と問題を解決するために，関係主体の意思決定のプロセスである。

オーナーシップ制度は，観光業の基本政策であり，自己責任，公平な取引，営

業上の様々なメリット，豊富な観光商品（tourism product）をもたらしている。観光開発で関係主体間のコラボレーションとネットワークを形成すれば，観光知識，専門技術，様々な観光資源を結集し，激しい競争を勝ち抜くことができる。さらに，共通の目標と利益を達成するために，関係主体がネットワークを通じて情報交換，行動修正，資源共有，能力向上を行い，相互協力を実現する。

信頼（trust）とは，法律と規則にもとづいて相手の行動と意向を信用し，頼りにすることである。信頼はネットワークの形成に影響を及ぼす重要な要因である。日本の社会は安心社会といわれ，初対面の人を仲間に入れないことが長期的関係を維持する上で重要である。しかし，これはネットワークを広げる上では不便なので，まず相手を信頼して取引し，裏切り者は法的に処罰するのが欧米型の信頼社会である。

組織では，アクター間に相手を信頼できる安定関係を築き，このような関係が長く続けば，価値のある情報をメンバーに提供するネットワークが形成される。Saxena（2006）は，観光事業で組織またはコミュニティーのネットワークを形成する際に，信頼関係の重要性を検証した事例を提示した。

1.2.2　観光マーケティングネットワーク

観光マーケティング（marketing）とは，観光の事業者が旅行者の観光行動実現に係わるニーズを満たすとともに，観光事業の目標を達成するための取引を実現するプロセスである。ここの取引とは事業者と旅行者との間の旅行商品やサービスの取引を意味している。近年，ネットワークの概念はマーケティング研究の論文によく現われ，観光マーケティングの研究にも適用し始めている。

観光地のマーケティング連合をいかに形成するかがつねに観光業者の共通課題になり，観光地マーケティングにおける協調ネットワーク（cooperative network）の研究もすでに進められている。多くの研究では，マーケティング活動に業界の支援を取り入れるために，協調ネットワークを結成することは観光地管理組合の重要な業務の一つであり，競争と協調のバランスをよくとれた観光マーケティングネットワークは，相互信頼とコミュニケーションを通じて，発展された観光地の社会関係資本[2]に支えられていることなどが示唆された（Blumberg, 2004；Grangsjo, 2006；宮内, 2007）。

1.2.3　観光地ネットワークにおける知識伝達とコミュニケーション

　いま，ネットワーク理論はすでにコミュニケーション，知識開発，知識管理，知識伝達の研究に共用されている。そもそも知識伝達（knowledge transfer）はネットワークでつながるメンバー間で知識や経験を授受するプロセスであり，メンバー間で知識や経験が互いに効率的に伝達できる組織はそうでない組織より生産的である。

　現在，市場環境の激しい変化の中で，相互学習と知識交流のネットワークは観光地の学習資源の共有およびマーケティングの改善によく利用されている。なお，観光管理に係わる不確定要因が多いため，ネットワークの構築は，観光地間の情報交換，信頼できるコミュニケーションチャンネルの確保，観光計画の合同立案に係わり，観光市場の拡大，観光事業での協力，技術と財産の増強など，多くのメリットをもたらしている。組織内の相互学習は観光地の持続可能な発展とつながり，組織内の紐帯は観光地内の相互学習と知識交流に利用され，この両者はネットワークメンバーのレベルアップにも役立つのである。

1.2.4　ネットワークによる観光ガバナンスの形成

　ガバナンス（governance）という用語は，新しいものではなく既に14世紀に造語されている。ガバナンスは，社会や組織が何らかの決定を進めるプロセスであり，地域の多様なアクターが協働して課題を解決するための仕組みでもある。最近，ガバナンスをネットワークの形式で表すことがよく注目されている。

　ガバナンスは，地域の観光を考察する際には重要な概念だと考えられ，この考え方に準じて，観光地を含む地域全体のガバナンスを地域ガバナンスと捉えられ，とくに観光への依存度が高い地域では，「観光地域ガバナンス」と呼ばれる。

　観光はそもそも旅行者が観光地域外から来訪することで成り立つので，旅行業者や旅行者など地域外からのアクターが観光地に影響を与えている。とくに，マーケティングや送客を大量の旅行者を扱う地域外の旅行業者に依存し，地域外から大きな影響を受けている観光地では，当該観光地だけでのガバナンスを議論することは現実的に難しい。それゆえ，地域内のアクターと同等に，地域外のアクターとの関係にも重点を置いた観光地域ガバナンスを必要とする（海津ほか，2009）。さらに，地域内・外の関係主体を含むネットワーク（図1-1）を結成すれば，柔軟性のある，観光環境の変化への対応が速い，とくに観光の

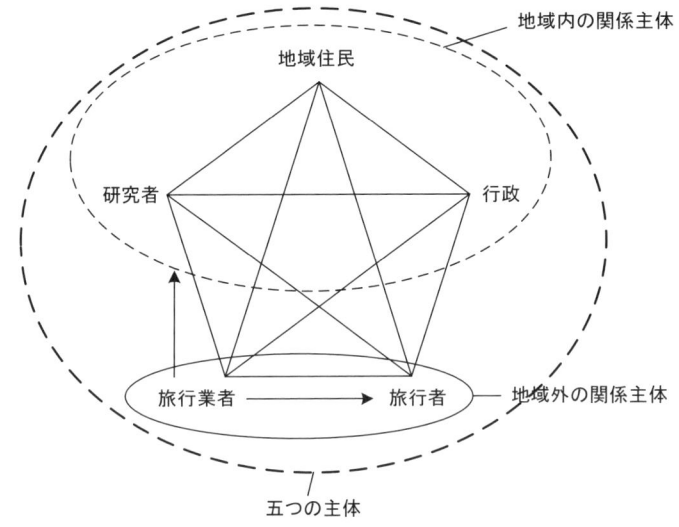

図 1-1 地域内・外の関係主体
出所：海津ほか (2009)

関係主体間の協力によって主体の専門知識や技術を強化できる，そして相互依存，資源交換，ゲームルール，高度な自治，などの特徴があるネットワークガバナンスが形成することができる。

ネットワークガバナンスは，共通の目標と利益を有し，自己規制するインフォーマルな社会構造から発生される。Jones ほか（1997）は，ネットワークガバナンス発展を導く四つの条件を明らかにした。すなわち，①不確定な需要と不安定な供給，②人間の技能に左右され，特別注文に応じる商売と，パートナの間に技能と知識の相互依存関係が存在すること，③厳しい期限内に複雑な業務が成し遂げられること，④互いに必要を考え，ネットワーク内の信頼関係を形成した関係主体間の交流をよく行うことである。これらの条件は観光地と観光ビジネスにも適用されるだろう。

1.2.5　社会関係資本の開発

社会関係資本とネットワークは観光地研究のもう一つのアクティブな分野である。

ソーシャル・キャピタル（social capital）を直訳すると「社会資本」となるが，社会資本という場合，日本では一般的に道路，鉄道，港湾，上・下水などのイン

フラストラクチャーを意味する。しかし，社会学や人類学で扱うソーシャル・キャピタルは，一般的な社会資本とはかなりかけ離れた概念であり，ネットワーク，信頼，規範といったものを「資本」と考えることにより，それらが社会で形成・蓄積されると捉えるものである。これまでの社会資本と区別して「社会関係資本」の訳語が使われている。

社会関係資本は一つのグループを自ら構成・維持・再生産できる社会紐帯に存在する。このような社会紐帯は，共通の責任と義務によりグループの範囲をはっきりさせ，グループメンバーが資源を共用し，他のメンバーからローンを得ることによって個人の金融資本を増やし，専門家や鑑定家とのコミュニケーションを取ることによって個人あるいは団体の文化や情報の資本を拡大することができる。要するに，社会関係資本は個人所有のものではなく，社会紐帯で結んだ集団所有のものである。

ネットワークとクラスター関係は，観光地の社会関係資本の開発にとって重要であり，地域開発にとっても重要である（Hall, 2004）。効率のよい観光地は，ネットワークの密度が高く，資源の共用が重要視されている。その結果，関係主体を結ぶ紐帯が多いため，ネットワークを通じて関係主体の資源を共用し，関係主体間の均等化を実現することができる。

1.2.6 複雑系を表すネットワーク

複雑（complexity）は数学と物理学から得られた学際的な概念であり，経済学や社会学など多くの領域に応用されている。複雑系（complex systems）は様々な定義があり，その共通の特徴はシステムを構成するそれぞれの要素が相互作用しながら，その多様性と個性を維持することである。複雑適応系（complex adaptive system, CAS）は，特殊な複雑系であり，変化する能力と経験から学ぶという意味で「適応的」である。

アクター間の相互作用をリンクで表すネットワークは複雑適応系の表現形式として有効である。ネットワークの研究では，自然，生物，社会，心理学などの分野の研究者がネットワーク分析を共通ツールと方法としてネットワーク特性を研究する。ネットワーク分析は個別のノード（ニューロン，人，会社）特性の解明に適用するのではなく，ネットワーク全体を一つの分析単位としてその特性を明

らかにする。すなわち，ネットワークノードの特性ではなく，ネットワークの密度や規模，中心性を明らかにする。例えば，人文的ネットワークでは，アイディアやイノヴェーションのコミュニケーション効果，伝染病の流行範囲とスピードを明らかにする。

　観光地は一つの社会的・経済的な複雑適応系として，観光地を構成するメンバー間の非線形関係や自己組織力，組織的な構造，外部衝撃への強さなど複雑適応系の特徴を有している。ダイナミックな関係集合がその基礎になるため，観光地の研究ではネットワーク分析がすでに欠かせないものになっている。最近，カオスや複雑適応系の理論を観光地の研究に適用し，定性的と定量的な視点から複雑適応系の特性を可視化したネットワーク分析が観光システムの構造と観光行動の研究に利用されている。

1.3　観光ネットワークデータの収集

1.3.1　データ収集の特徴

　データ収集は，観光ネットワーク分析の最も重要な課題の一つであり，観光ネットワーク分析の結果はデータ収集に大きく左右されている。いまでも，観光ネットワークデータを収集する主な方法は現場に出かけて行って直接集めることである。つまり，調査票を手渡して，調査対象者に知人を思いだしてもらい，彼らとの交際の仕方について尋ねるということである。しかし，人は自分の属している団体やグループについて公開的に話すことを好まないため，ネットワークに関係するデータ調査はかなり困難な仕事である。したがって，調査対象者自身に関する情報を求めることまでは比較的容易であるが，その周囲にいる人びとがもつ情報を提供してもらうネットワークデータ調査はより困難である。そのため，アクターをもつネットワークと，ネットワークの構成者属性や行為に関する情報を含む高品質のデータは多くはない（Dredge, 2004；安田，1996, 1997）。

1.3.2　データ収集の範囲

　最も理想的ネットワーク研究は，やはりネットワーク全体を対象にネットワー

クに含まれたすべてのアクター（ノード）間の紐帯（リンク）を調べることであるが、膨大な時間とカネと人力がかかってしまう。ノード数がnであれば、リンクの最大の数がそのノード数の$n-1$倍に達する。例えば、20個のノードを互いに結ぶリンクの数は380である。要するに、ネットワークの研究では、往々にその対象の規模を限定し、合理的な調査対象の数を考えることが必要である。

ネットワーク境界の設定は、ネットワーク範囲やネットワークアクターの決定と同時に進められており、観光ネットワーク分析のもう一つの重要な課題である。誤ったネットワークの境界やアクターの設定は、間違った分析結果を導くことをしばしば発生させる。とくに、観光地ネットワークの境界を決める際に、地域内の共通目標をもつアクターを絞り込むことは非常に重要である。このような地域内のアクターを絞り込む方法は複数の観光地、観光クラスター、観光業地域の研究にも適用する。

社会ネットワーク分析では、あるアクターを中心としたネットワークをエゴセントリックネットワーク（egocentric network）あるいはエゴネットワークと呼ぶ。具体的にいえば、ネットワーク内の特定のアクターをエゴ（ego）とし、紐帯でこのエゴと直接結ばれているアクターとの関係のみによって成立するネットワークを指す。エゴネットワークはネットワーク全体での特定のアクター（エゴ）の情況のみを記述し、これらのアクターが他のアクターとの関係を示しているので、大規模なネットワークやネットワークの範囲が特定できない場合にとくに有効である。

1.3.3　データ収集の方法

一般に、観光ネットワークは、社会ネットワークの一つとして、その交流の内容、紐帯の性質、構造的特徴を調べた上でその研究対象を踏まえ、ネットワーク分析の内容を特定することが可能である。データを収集するまえに、まず研究対象が属する社会組織およびネットワークのノードを構成する基本単位を決めなければならない。その基本単位は地域住民や観光業者、行政機関、NPOなどのいずれかである。

ネットワークは多くのノードを大量のリンクで結び、構成されたものである。ネットワーク全体の特性を把握するためには、まずノードとリンクという要素を

手に入れて分析しなければならない。一般に，アクターの構成とアクター間のつながりを明らかにし，ネットワーク分析用のデータを手に入れる際に，アンケート調査やインタビュー法が多用される。アンケート調査やインタビュー法を組織間の関係に適用する場合は，組織を代表する回答者の選択が問題である。多くの研究では，一つの組織から一人の代表者を選び，その組織と他の組織との関係を聞くことが多い。しかし，このように得られた情報は代表者個人の観点が混じっていて必ずしも客観的とはいえないことを注意すべきである。なお，既成データの利用は多くのカネがかからないし，直接調査ができない場合もかなり有効なデータ収集法である。

　限られた時間と予算の中で観光地ネットワークにおける主要なアクターを判別・選択する基準が必要である。共通の方法としては，影響力の強さによってアクターを判別し，主要なアクターを選出する。その際に評価法，意思決定法などがよく採用されている。例えば，評価法は観光部門の主要なアクターを判明するために，スノーボールサンプリング[3]を用いて対象地域のアクターを選び，アクターへのインタビューを実施し，アクター間の相互接触の回数によってアクターの優先順位をつける。これによってインタビュー数を減らし，アクターから他のアクターへの評判を引き出すこともできる。アクターへのインタビューには，事前に準備したアンケート用紙を利用したり，アクター間のコミュニケーション方式や頻度などを聞いたりすることである。

1.4　ネットワークデータの可視化

　可視化（visualizing）は，人間とデータとのコミュニケーションを手助け，データ探索を容易にすることになる。ネットワーク構造の特徴を表すために，色々なネットワーク情報の可視化手法が開発された。

　図 1-2 に示されるように，アクター間の紐帯パターンに関する情報は行列とグラフで表される。図 1-2 の A は 14 アクター間の紐帯を表す 14×14 の隣接行列であり，図 1-2 の B はこの関係を表すグラフである。行列形式はネットワークのノードとノード間の隣接情報を含んでいるが，図 1-2 の B のようなグラフ形式よ

	1	2	3	4	5	6	7	8	9	10	11	12	13	14
1	0	0	1	1	0	0	1	0	0	0	0	0	1	0
2	0	0	0	0	0	0	0	1	1	1	0	1	0	0
3	1	0	0	1	0	1	1	0	0	0	0	0	0	1
4	1	0	1	0	1	1	1	0	0	0	0	1	0	0
5	0	0	0	1	0	1	0	0	0	0	0	0	0	0
6	0	0	1	1	1	0	0	0	0	0	0	1	0	1
7	1	0	1	1	0	0	0	0	0	0	0	0	0	0
8	0	1	0	0	0	0	0	0	1	1	0	1	1	0
9	0	1	0	0	0	0	0	1	0	0	0	1	0	0
10	0	1	0	0	0	0	0	1	1	0	0	0	1	0
11	0	0	0	0	0	0	0	0	0	0	0	1	0	0
12	0	1	0	1	0	1	0	1	0	0	1	0	1	0
13	1	0	0	0	0	0	0	1	1	1	0	1	0	0
14	0	0	1	0	0	1	0	0	0	0	0	0	0	0

A　隣接行列

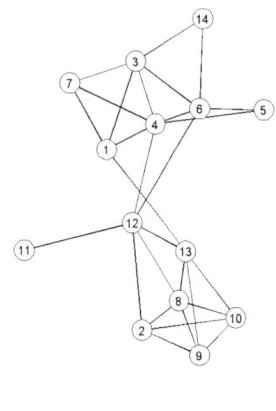

B　グラフ

図1-2　ネットワーク表示

りやや難しいだろう．図1-2のAの隣接行列だけをみると，「ノードが互いにどう結んでいるか」，「アクター間の紐帯が多いか少ないか」，「サブグループあるいはクラスターが存在しているか」，「一部のアクターが多くの紐帯を持つことに対して，もう一部のアクターが少ない紐帯を持つか」などはすぐには分からない．その一方，グラフはアクターを点（ノード）で，アクター間の関係を線（リンク）で表している．グラフはエゴ（特定アクター）がいかに他のアクターとつながっているかを理解するときに有効である．エゴとエゴネットワークをみると，構造的な制約やアクターが直面する色々な機会を理解し，社会構造の中で各アクターの役割を推測することができる．要するに，ネットワークを視覚的に表現することは，ネットワークの特徴を直観的につかまえ，新たな発見につながる方法として，数値分析と同様にネットワーク分析にとって重要な意味をもつ．

　可視化されたネットワークの要素はノード，ノードの位置，ノード間の関係（リンク），クラスター，サブネットワークである．ノードを様々な形や色で描ければ，ノードの特徴情報を伝達することもできる．ノード間の関係（リンク）は無向グラフの場合に線分で，有向グラフの場合に矢印で表される．ノード間の

一方的な関係は単方向（single headed）の矢印で，ノード間の相互関係は双方向（double-headed）の矢印でそれぞれ表示される。さらに，正の関係と負の関係は正の記号と負の記号をもつリンクで表し，属性をもつ関係は異なる色やサイズのリンクで表す。

　ネットワーク図では，ノードとリンクの相対的な位置を2次元もしくは3次元の座標で正確に指定することもあれば，自由に描くこともある。時折ノードを円環や多角形に配置すれば，ノード間の関係（リンク）をよりみやすくなる。

　大量の情報が含まれる大規模ネットワークの可視化は非常に困難なので，二次の情報を省略し，データを簡素化することは有効である。例えば，一種のノードのみを調べたり，サブネットワークに絞り込みたりするなどである。ノードの部分集合を明らかにすることもパワフルな分析方法であろう。

　なお，すべてのネットワークに通用できるグラフ描画法はいまだに確立されていないのが現状である。既存のネットワーク分析パッケージ，例えば，NetDraw, Pajek, Net-Minerを使って描き上げたグラフもそれぞれである。方法としては，収集されたネットワークデータをもとに色々なグラフを描いてみて，ネットワークの特徴が最も強調できるものを採用する。本書では，Rのグラフィックス機能を使ったグラフ描画の方法を扱う。snaパッケージやigraphパッケージの関数を利用することで，様々なグラフ表現が可能になる。

注
1) 社会ネットワーク分析が本来的に対象とする社会構造とは，内的であれ，外的であれ，実質的に関係した社会単位（個人，集団，組織など）の間に定義される社会単位の集合である。とりわけ，この要素的社会単位は「行為者」という意味を込めて，通常アクターと呼ばれる（金光，2003）。
2) 社会関係資本について，本章1.2.5を参照してください。
3) スノーボールサンプリングとは，調査を行うにあたって先に選ばれた回答者に対して，次の回答者を紹介してもらう調査対象者の抽出法である。ある人から始まって雪だるま式に調査対象者を増やしていくことからこう呼ばれる。
　　スノーボールサンプリングは，ある人が持っている人的なネットワークの特性を調べたり，社会における人間関係のあり方や，それを前提にした現象を調べるときなどに適している。

参考文献

海津ゆりえ・九里徳泰・敷田麻実（2009）:「エコツーリズムと持続可能な観光」と地域づくりの新展開, 観光研究学会ポスターセッション発表要旨（2009年5月31日, 於帝京大学八王子キャンパス）。

金光　淳（2003）:『社会ネットワーク分析の基礎』, 勁草書房。

宮内拓智（2007）: 中国浙江省地方政府の観光マーケティング戦略－経営構想と経営組織改革－, 京都創成大学紀要 7, 111-126。

安田　雪（1996）:『日米市場のネットワーク分析: 構造社会学からの挑戦』, 木鐸社。

安田　雪（1997）:『ネットワーク分析: 何が行為を決定するか』, 新曜社。

Blumberg, K. (2004): Cooperative network in destination marketing: A case study from Nelson/Tasman region, New Zealand. Paper presented at the Networking and Partnerships in Destination Development and Management Annual Conference, Naples, Italy.

Dredge, D. (2004): Networks, conflict and collaboration: Tourism planning. *Proceedings of Creating Tourism Knowledge - CAUTHE Conference, Brisbane, February* 10-15, 195-207.

Euler, L. (1736): Solutio problematis ad geometriam situs pertinentis. *Commentarii. Academiae Scientiarum Imperialis Petropolitanae*, **8**, 128-140.

Getz, D. and Jamal, T. (1994): The environment-community symbiosis: A case for collaborative tourism planning. *Journal of Sustainable Tourism* **2**(3), 152-173.

Grangsjo, Y.v.F. (2006): Hotel networks and social capital in destination marketing. *International Journal of Service Industry Management* **17**(1), 58-75.

Hall, C.M. (2004): Small firms and wine and food tourism in New Zealand: Issues of collaboration, clusters and lifestyles. In R. Thomas (ed.) *Small Firms in Tourism: International Perspectives*. London: Elsevier, 167-181.

Haythornthwaite, C. (1996): Social network analysis: An approach and technique for the study of information exchange. *Library and Information Science research* **18**(4), 323-342.

Jones, C., Hesterly, W. and Borgatti, S. (1997): A general theory of network governance: Exchange conditions and social mechanisms. *Academy of Management Review* **22**(4), 911-945.

Saxena, G. (2006): Beyond mistrust and competition-the role of social and personal bonding processes in sustaining livelihoods of rural tourism businesses: A case of the Peak District National Park. *International Journal of Tourism Research* **8**, 263-277.

第2章　ネットワークの基礎

　観光ネットワーク分析は観光の関係構造を分析する手法の一つであり，観光地間や観光の関係主体間の様々な連携「関係」のパターンを点と線によって構成されるネットワークとしてとらえ，その構造を記述，分析する方法である。ネットワーク理論はそもそも個人や組織，地区などのような個体属性の中で個体の関係属性（relational property）に重点を置く理論であるため，個体の個別属性より関係属性データによって分析するのが一般的である。

2.1　グラフ

　ネットワークは大量の点と点を結ぶ線で描いたグラフである。点と線は専門によって色々な読み方があり，点はノード（node）や頂点（vertex），アクター，線はリンク（link）や辺（edge），紐帯と呼ばれている。例えば，観光研究では，観光地を点で，観光地間の関係を線で表す。このようなネットワークを表すいくつかの点とそれらの点と点を結ぶ線によって表れるような図形を数学でグラフ（graph）という。すなわち，

$$G = (V, E)$$

ここで，ノードの集合 $V = (v_1, v_2, \cdots, v_n)$ とリングの集合 $E = (e_1, e_2, \cdots, e_m)$ である。一本のリンクは $e_i = (v_s, v_t)$ $(s, t = 1, 2, \cdots, n)$ と表される。例えば，図2-1のAは五つのノードと七つのリンク（$n = 5$, $m = 7$）から構成されるグラフなので，ノードとリンクの集合が以下のようになる。

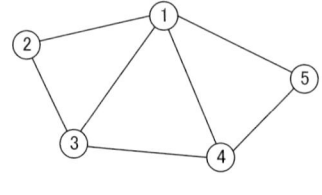
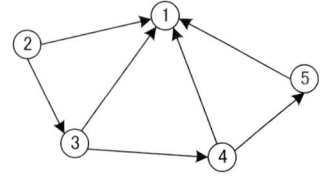

A 無向グラフ　　　　　　　　B 有向グラフ

図 2-1　グラフ

$V = (v_1, v_2, v_3, v_4, v_5)$

$E = (e_1, e_2, e_3, e_4, e_5, e_6, e_7)$

グラフを用いた観光の関係構造分析では，観光ネットワークを構成する個人や集団アクターをノードで，人間関係や集団間の連携をリンクで表現する。

2.1.1　無向グラフと有向グラフ

リンクには向きがついている場合とついていない場合がある。図 2-1 の A のグラフはリンクに向きがなく，関係は双方向である。すべてのリンクに向きがついていないグラフを無向グラフ（undirected graph）という。例えば，観光事業所の間の関係を考えるにあたり，あるノード（事業所）から他のあるノード（事業所）にリンク（関係）があれば，必ずその逆の関係も成り立つ。それに対して，図 2-1 の B のようにすべてのリンクに向きがついているグラフを有向グラフ（directed graph）という。有向グラフではこのような関係が矢印で表される。例えば，情報がある人からもう一人の人に流れるとき，この情報の流れに一定の方向がついている。つまり，だれがなにをだれに与えるかという関係では，情報やものの流れに方向が示されている。

2.1.2　隣接行列

グラフの二つのノード i とノード j がリンクで直接結ばれるとき，i と j は隣接している（adjacent）という。各ノードがどのノードと隣接しているかを行列で表す方法がある。この行列を隣接行列（adjacent matrix）と呼ぶ。

n 個のノードを含むグラフを $n \times n$ の隣接行列に表す場合，隣接行列はグラフ

におけるノード i とノード j との間にリンクの有無を行列で表現するもので，行列の i 行 j 列の成分 a_{ij} は次のように定める。無向グラフの場合は

$$a_{ij} = \begin{cases} 1 & \text{ノード } i \text{ とノード } j \text{ 間にリングがあるとき} \\ 0 & \text{そうではないとき} \end{cases}$$

有向グラフの場合は

$$a_{ij} = \begin{cases} 1 & \text{ノード } i \text{ からノード } j \text{ へのリングがあるとき} \\ 0 & \text{そうではないとき} \end{cases}$$

である。図 2-1 の A の隣接行列は

$$A = (a_{ij}) = \begin{pmatrix} 0 & 1 & 1 & 1 & 1 \\ 1 & 0 & 1 & 0 & 0 \\ 1 & 1 & 0 & 1 & 0 \\ 1 & 0 & 1 & 0 & 1 \\ 1 & 0 & 0 & 1 & 0 \end{pmatrix}$$

図 2-1 の B の隣接行列は

$$A = (a_{ij}) = \begin{pmatrix} 0 & 0 & 0 & 0 & 0 \\ 1 & 0 & 1 & 0 & 0 \\ 1 & 0 & 0 & 1 & 0 \\ 1 & 0 & 0 & 0 & 1 \\ 1 & 0 & 0 & 0 & 0 \end{pmatrix}$$

になる。隣接行列 A からみられるように，無向グラフの場合，ノード i からノード j へのリンクがあれば，ノード i からノード j へのリンクも必ずあるので，隣接行列は対称行列となる。有向グラフの場合，隣接行列は非対称行列が多い。このように，一つグラフとその隣接行列の間に一対一の関係があるため，グラフがあればその隣接行列を表すことができる。逆に，隣接行列がわかればそのグラフも描くことができる。線形代数がグラフの性質の計算に適用できる。

2.1.3 有値グラフ

リンクにあらゆる種類の値（重み）が与えられるようなグラフは有値グラフ

（valued graph）あるいは重み付きグラフ（weighted graph）という。

有値グラフの隣接行列の成分には，リンクに与えられた値を入れる。値のないグラフの場合と同様，無向グラフの場合は対称行列となり，有向グラフの場合は一般に非対称である。図 2-2 は有値グラフの例である。その隣接行列は次のとおりになる。

$$A = (a_{ij}) = \begin{pmatrix} 0 & 7 & 6 & 5 & 4 \\ 7 & 0 & 1 & 0 & 0 \\ 6 & 1 & 0 & 2 & 0 \\ 5 & 0 & 2 & 0 & 3 \\ 4 & 0 & 0 & 3 & 0 \end{pmatrix}$$

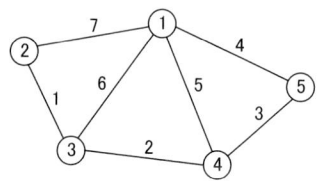

図 2-2　有値グラフ

2.1.4　二部グラフ

グラフに含まれるノードが二つの部分集合 V_1 と V_2 に分けられ，任意のリンクについて一端が V_1 に，他端が V_2 に属するようなグラフを二部グラフ（bipartite graph）という。すなわち，二部グラフでは，二つのノードの部分集合が別に表れており，種類の異なるノードどうしのみが結ばれる。例えば，集団と個人という二つのノード部分集合の場合，個人は集団にのみ結び，集団は個人にのみ結ぶ。

観光学において，二部グラフはノードの部分集合が異なる種類の主体を表している。例えば，観光組織がイベント企画に参加することを表現する場合には，観光組織とイベント企画をノード集合とし，観光組織がイベント企画に参加することをリンクで表すと，二部グラフになる。図 2-3 では，観光組織をノード a，b，c に，イベント企画をノード 1，2，3，4 にそれぞれ表し，リンクは観光組織

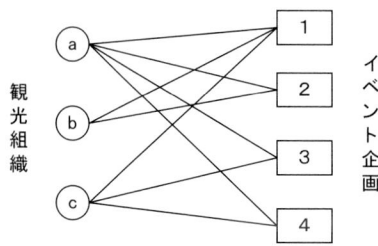

図 2-3　三つの観光組織と四つのイベント企画の二部グラフ

のイベント企画への参加を表している．観光組織間とイベント企画間にはリンクがなく，観光組織とイベント企画との間にのみリンクがあるので，このグラフは二部グラフである．

上記のような二部グラフのノード間の接続関係を表す行列を接続行列（incidence matrix）と呼ぶ．図 2-3 の接続行列は次のとおりである．すなわち，観光組織を行項目に，イベント企画を列項目にし，各成分には観光組織がイベント企画に参加していれば 1，参加していなければ 0 の値を与えている．

$$G = \begin{pmatrix} & 1 & 2 & 3 & 4 \\ a & 1 & 1 & 1 & 1 \\ b & 1 & 1 & 0 & 0 \\ c & 1 & 0 & 1 & 1 \end{pmatrix}$$

さらに，接続行列 G とその転置行列 G^T の積を求めてみると，GG^T の各成分は観光組織どうしが参加しているイベント企画の数を示しており，その対角成分はある観光組織が参加しているイベント企画の数である．逆に，G^TG の各成分はイベント企画どうしに参加している観光組織の数を示しており，その対角成分はあるイベント企画に参加している観光組織の数である．

$$GG^T = \begin{pmatrix} & a & b & c \\ a & 4 & 2 & 3 \\ b & 2 & 2 & 1 \\ c & 3 & 1 & 3 \end{pmatrix} \qquad G^TG = \begin{pmatrix} & 1 & 2 & 3 & 4 \\ 1 & 3 & 2 & 2 & 2 \\ 2 & 2 & 2 & 1 & 1 \\ 3 & 2 & 1 & 2 & 2 \\ 4 & 2 & 1 & 2 & 2 \end{pmatrix}$$

2.2 ネットワーク構造の評価測度

伝統的なネットワーク分析は，ネットワーク構造を抽出するための技術を重要視し，様々なネットワーク構造を評価する測度が考案された．以下，ネットワーク構造評価の主要な測度として密度，直径，クリークを紹介する．

2.2.1 密度

すべてのノードが完全に互いにリンクで結ばれているグラフは完全グラフ

(complete graph) と呼ぶ。ノード数 n の場合，無向完全グラフでリンクの数は n 個のノードから二つのノードを選ぶ組合せの数に等しく，$n(n-1)/2$ であり，有向完全グラフでリンクの数は n 個のノードから二つのノードを選ぶ順列の数に等しく，$n(n-1)$ である。

密度（density）は，グラフのリンクの数を完全グラフのそれと比べることによりグラフの構造を評価する測度である。密度 γ は次式のように定義される。

無向グラフ： $$\gamma = \frac{m}{n(n-1)/2} = \frac{2m}{n(n-1)} \tag{2-1}$$

有向グラフ： $$\gamma = \frac{m}{n(n-1)} \tag{2-2}$$

ここで，n は評価するグラフのノードの数，m は評価するグラフのリンクの数である。密度の値の範囲は 0 から 1.0 である。リンクが全く存在しない空グラフ（empty graph）の場合は $\gamma = 0$，すべてのノード間にリンクのある完全グラフである場合は $\gamma = 1.0$ である。

図 2-1 の A に示されているグラフは五つのノードと 7 本のリンクで結ばれる無向グラフである。その密度は

$$\gamma = \frac{7}{5(5-1)/2} = \frac{14}{20} = 0.7$$

他方，図 2-1 の B に示されているグラフは五つのノードと 7 本のリンクで結ばれる有向グラフである。その密度は

$$\gamma = \frac{7}{5(5-1)} = \frac{7}{20} = 0.35$$

観光ネットワークにおける密度は個人や集団の関係がどのくらい密接であるかを示す測度である。言い換えれば，密度はすべての個人や集団の間に完全に互いに関係が結ばれていることに比べて，実際にどれくらいの関係が実現しているかを示す測度といえる。さらに，密度は集団における個人関係や個人に対する集団からの統制の強さを測られる。

2.2.2 直径

グラフにおいて，一つのノードからもう一つのノードにたどり着くリンクの系

列を路（route）あるいはパス（path）といい，路（パス）が含むリンクの数をパス長（path length）という。任意2ノード間に路が存在すれば，このグラフは連結（connected）である。任意の二つのノードを結ぶ路（パス）の中で最も短い路を最短経路（shortest route）あるいは測地線（geodesic）といい，その最短経路が含むリンクの数は最短距離（shortest distance）あるいは測地線距離（geodesic distance）あるいは単に距離（distance）という。有値グラフの場合には，最短距離は最短経路上のリンクに与えられた値を合計した値で示される。

　直径（diameter）Tはネットワーク構造を評価するもう一つの重要な測度であり，ノードiとノードjの間の最短距離d_{ij}の最大値で定義される。すなわち

$$T = \max d_{ij} \tag{2-3}$$

　図2-4に示される無向グラフの直径を求めてみよう。まず，各ノード間の最短距離を見出して行列を作成する。例えば，ノード1からノード2，3，4への最短距離はともに1であり，ノード5へのパスは1－2－5，1－3－5，1－2－3－5など数多くみられる中で最短経路は1－2－5と1－3－5なので，最短距離は2である。そのようにすべてのノード間の最短距離を求め，次のような最短距離行列Dを作成する。次に，この行列から最大値を見出す。ここではノード4とノード5の間の最短距離3は行列の最大値なので，ネットワークの直径Tは3である。言い換えれば，五つのアクター（ノード）全員が3段階以内の関係で互いに到達可能である。

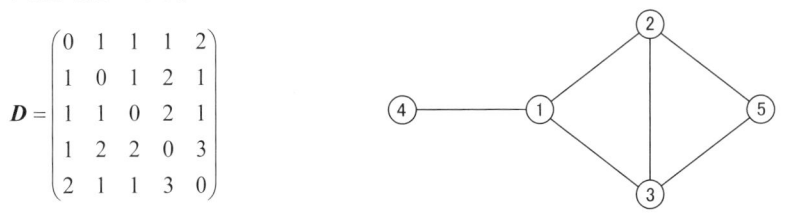

$$D = \begin{pmatrix} 0 & 1 & 1 & 1 & 2 \\ 1 & 0 & 1 & 2 & 1 \\ 1 & 1 & 0 & 2 & 1 \\ 1 & 2 & 2 & 0 & 3 \\ 2 & 1 & 1 & 3 & 0 \end{pmatrix}$$

図2-4　ネットワークの直径

2.2.3　クリーク

　民主主義の社会では，政党外に政党があり政党内に派閥があるということがよくいわれている。多くの関係主体から構成された観光ネットワークでは，他者と

比較的に強い関係で結ばれている主体の集団すなわちサブグループが形成されることがよくみられる。ネットワーク内部のサブグループはグラフ内部のサブグラフ（sub-graph）として表現され，サブグラフはグラフに含まれる一部のノードとリンクからなるグラフである。

　サブグループをはっきり見いだすために，ネットワーク内部で密度の高い部分をサブグループとして取り出す方法が考えられる。とくに，グラフ内で三つ以上のノードを含む，密度が1になるサブグラフをクリーク（clique）という。言い換えれば，クリークは三つ以上のノードからなる完全サブグラフ（complete sub-graph）である。クリーク内部のノードはすべて互いに結んでおり，クリーク内のすべてのノードと結んでいるノードがクリーク外部に存在しないようなサブグラフである（Wasseman and Faust, 1994）。このようなクリークの定義のメリットは，アクターの感情や意志を考慮に入れず，関係の有無およびその程度にもとづいてクリークを抽出できることである。図2-5のグラフには {1, 2, 3}，{4, 5, 6, 7} という二つのクリークがある。ここで，ノード数三つ以上のクリークが取り出され，そこに含まれるノードが示されている。ノード8はクリークを形成する三つのノードとすべて直接連結していないため，クリークには含まれない。

　ネットワーク内では，このように直接的に連結し互いに強い関係で結ばれている複数のアクターのクリークは，集団内の下位集団として集団のなかで独特の位置を占め，アクター間に何らかの心情的な共感や，集合体としてのアイデ

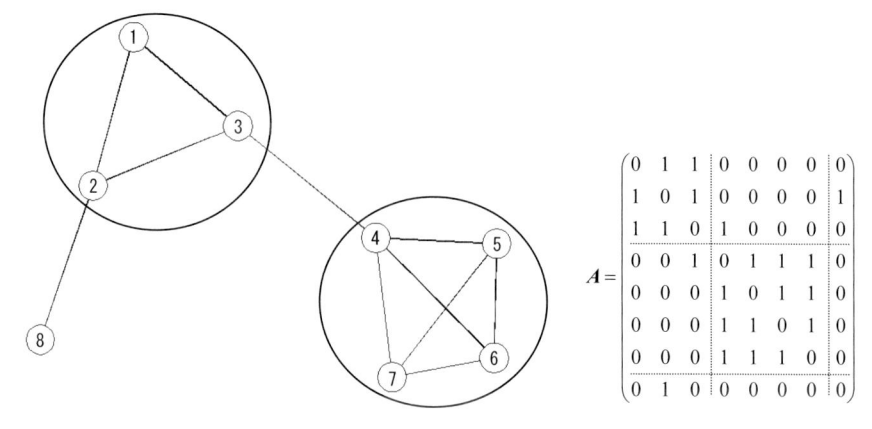

$$A = \begin{pmatrix} 0 & 1 & 1 & 0 & 0 & 0 & 0 & 0 \\ 1 & 0 & 1 & 0 & 0 & 0 & 0 & 1 \\ 1 & 1 & 0 & 1 & 0 & 0 & 0 & 0 \\ 0 & 0 & 1 & 0 & 1 & 1 & 1 & 0 \\ 0 & 0 & 0 & 1 & 0 & 1 & 1 & 0 \\ 0 & 0 & 0 & 1 & 1 & 0 & 1 & 0 \\ 0 & 0 & 0 & 1 & 1 & 1 & 0 & 0 \\ 0 & 1 & 0 & 0 & 0 & 0 & 0 & 0 \end{pmatrix}$$

図2-5　クリークのグラフ表現とその隣接行列 A

ィティティが存在することが多くなり，他の人々と異なる行為を選択する可能性が高い。

しかし，このようにサブグループ内の密度 1 というクリークの定義基準は実際のネットワークに適用するにはかなり厳しいと考えられる。そこで，この基準を緩和したものとしては n-クリーク（n-clique）である。n-クリークとは，クリークに含まれるノードどうし間の最短距離が n 以内である極大サブグラフである。

図 2-6 において，最短距離 2 までの関係を基準として抽出できる 2-クリークは {2, 3, 4}，{1, 2, 3, 4}，{1, 2, 5} の三つである。これらのクリークでは，すべてのアクターは互いに最短距離 2 以内の関係，つまり二つのリンクで結びあ

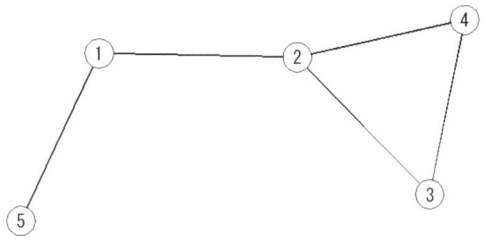

図 2-6　n-クリーク

える。また，クリーク {2, 3, 4} では，アクターの間に互いに直接的な関係があり，2-クリーク {1, 2, 3, 4} と {1, 2, 5} では，アクターの間に別のアクターを介して互いに関係する。

2.3　最短経路の探索

最短経路と最短距離は直径のようなネットワークの測度を求めるときに使われるだけでなく，中心性など他のネットワーク特性測度の算出にも適用できるので，ネットワーク分析の中で最も基本かつ重要な問題である。

図 2-7 に示された有向グラフを例にし，この有向グラフの隣接行列は A とする。ここでは距離の視点から隣接行列を見直すと，ノード間のリンクの有無を表す隣接行列は，ノード間に長さ 1 の経路が存在することを示していることといえる。例えば，ノード 1 からノード 2 とノード 3 へ長さ 1 の経路が一つずつ存在し，他のノードへは長さ 1 の経路はない。さらに，無向グラフは，すべての関係が双方向になっている有向グラフと考えればよいので，最短経路の探索で有向グラフのみで考えれば十分である。また，観光地間や観光の関係主体間の関係を研究す

図 2-7 有向グラフ

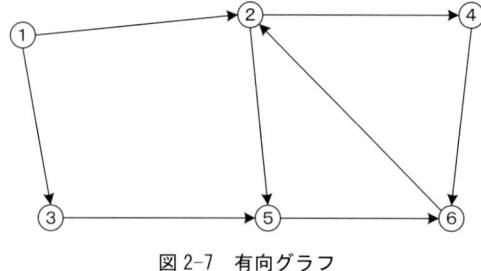

際には，リンクの重みは考えず，リングの長さはすべて 1 とするため，最短距離は最短経路が含むリンクの数に等しい。

距離行列（distance matrix）とは，行と列にノード i とノード j をとり，行列の各要素 d_{ij} に対応するノード間のリンクの数（あるいは重み）で定義した行列である。したがって，上記の図 2-7 の距離行列を表すと，ノード i とノード j の間にリンクが存在する場合，i 行 j 列の成分を 1 に，対角を除く他の成分を無限大に，対角成分を 0 にする。すなわち，

$$D = (d_{ij}) = \begin{pmatrix} 0 & 1 & 1 & \infty & \infty & \infty \\ \infty & 0 & \infty & 1 & 1 & \infty \\ \infty & \infty & 0 & \infty & 1 & \infty \\ \infty & \infty & \infty & 0 & \infty & 1 \\ \infty & \infty & \infty & \infty & 0 & 1 \\ \infty & 1 & \infty & \infty & \infty & 0 \end{pmatrix}$$

以下には最短経路を求めるべき乗法，幅優先探索，Warshall-Floyd 法を解説する。

2.3.1 べき乗法

べき乗法（power method）を以下に述べるが，このまえに用いる記号とその意味を説明しておく。

n ：ネットワークのノード数
s ：始点ノード
k ：ステップ番号

b_j：ノード j の直前ノード
T_j：始点ノード s からノード j への最短距離
d_{ij}：ノード i からノード j への距離

ノード s から他のすべてのノードに至る最短経路と最短距離を求める場合，べき乗法の手順は次のとおりである．

ステップ1：$T_s^{(0)} \leftarrow 0$，$T_j^{(0)} \leftarrow \infty$ $(j \neq s)$，$k \leftarrow 1$ とおく．
ステップ2：$T_j^{(k)} = \min_i (T_i^{(k-1)} + d_{ij})$ $(j = 1, 2, \cdots, n)$ (2-4)
  とする．
ステップ3：$T_j^{(k)} = T_j^{(k-1)}$ $(j = 1, 2, \cdots, n)$ (2-5)
  ならば終了する．$T_j^{(k)}$ がノード j への最短距離である．
ステップ4：$k < n$ ならば，$k \leftarrow k+1$ ステップ2にもどる．

上記の図 2-7 の距離行列を例にして，べき乗法を用いてノード1から他の任意ノードに至る最短経路を求めよ．ここでは $s = 1$ である．

まず，ステップ1のように $(T_j^{(0)}) = (0 \quad \infty \quad \infty \quad \infty \quad \infty \quad \infty)$，$k = 1$ として初期化する．

1回目の計算
  $(T_j^{(0)})$ の定め方より
  $(T_j^{(1)}) = (d_{1j}) = \begin{pmatrix} 0 & 1 & 1 & \infty & \infty & \infty \end{pmatrix}$

2回目の計算
$$T_1^{(2)} = \min_i (T_i^{(1)} + d_{i1}) = \min \begin{pmatrix} 0 + 0 \\ 1 + \infty \\ 1 + \infty \\ \infty + \infty \\ \infty + \infty \\ \infty + \infty \end{pmatrix} = 0$$

$$T_2^{(2)} = \min_i (T_i^{(1)} + d_{i2}) = \min \begin{pmatrix} 0+1 \\ 1+0 \\ 1+\infty \\ \infty+\infty \\ \infty+\infty \\ \infty+1 \end{pmatrix} = 1$$

$$T_3^{(2)} = \min_i (T_i^{(1)} + d_{i3}) = \min \begin{pmatrix} 0+1 \\ 1+\infty \\ 1+0 \\ \infty+\infty \\ \infty+\infty \\ \infty+\infty \end{pmatrix} = 1$$

$$T_4^{(2)} = \min_i (T_i^{(1)} + d_{i4}) = \min \begin{pmatrix} 0+\infty \\ 1+1 \\ 1+\infty \\ \infty+0 \\ \infty+\infty \\ \infty+\infty \end{pmatrix} = 2$$

$$T_5^{(2)} = \min_i (T_i^{(1)} + d_{i5}) = \min \begin{pmatrix} 0+\infty \\ 1+1 \\ 1+1 \\ \infty+\infty \\ \infty+0 \\ \infty+\infty \end{pmatrix} = 2$$

$$T_6^{(2)} = \min_i (T_i^{(1)} + d_{i6}) = \min \begin{pmatrix} 0+\infty \\ 1+\infty \\ 1+\infty \\ \infty+1 \\ \infty+1 \\ \infty+0 \end{pmatrix} = \infty$$

したがって，$(T_j^{(2)}) = (0 \ 1 \ 1 \ 2 \ 2 \ \infty)$ になる．以下同様にして，$(T_j^{(k)})(k>2)$ を求めていくと，$(T_j^{(3)}) = (0 \ 1 \ 1 \ 2 \ 2 \ 3)$，$(T_j^{(4)}) = (0 \ 1 \ 1 \ 2 \ 2 \ 3)$ に，$(T_j^{(3)}) = (T_j^{(4)})$ になる．この計算のプロセスを表 2-1 に表す．

表 2-1　$(T_j^{(k)})$ の計算

		d_{ij}						$T_i^{(k)}$		
	$j=1$	2	3	4	5	6	$k=0$	1	2	3
1	0	1	1	∞	∞	∞	0	0	0	0
2	∞	0	∞	1	1	∞	∞	1	1	1
3	∞	∞	0	∞	1	∞	∞	1	1	1
4	∞	∞	∞	0	∞	1	∞	∞	2	2
5	∞	∞	∞	∞	0	∞	∞	∞	2	2
6	∞	1	∞	∞	∞	0	∞	∞	∞	3
$T_j^{(k)}$　$k=1$	0	1	1	∞	∞	∞				
2	0	1	1	2	2	∞				
3	0	1	1	2	2	3				
4	0	1	1	2	2	3				

注：ここでは，計算を便利にするために，$T_j^{(k)}$ の一行を求めたら，それを $T_i^{(k)}$ の一列に書き直しておくことにする．

ノード 1 から他のノード $j(=2, 3, \cdots, 6)$ への最短距離はそれぞれ 1，1，2，2，3 である．また，直前ノード番号 (b_j) は次のようにして計算される．

上記の $(T_j^{(4)})$ と距離行列 D に対して

$$T_1^{(4)} + d_{1j} = T_j^{(4)} \quad (j \neq 1)$$

であるのは，$j=2$ と $j=3$ のときであるから，$b_2=1$ と $b_3=1$ である．次に

$$T_2^{(4)} + d_{2j} = T_j^{(4)} \quad (j \neq 1, 2, 3)$$

であるのは，$j=4$ と $j=5$ のときであるから，$b_4=2$ と $b_5=2$ である．そして

$$T_4^{(4)} + d_{4j} = T_j^{(4)} \quad (j \neq 1, 2, 3, 4)$$

であるのは，$j=6$ のときであるから，$b_6=4$ となり，すべての直前ノードが決まった．

{直前ノード，ノード} の集合は図 2-8 のように太い線からなる最短経路が描かれる。この集合を表 2-2 に整理するとノード 1 からすべてのノードへの最短経路と最短距離がわかるようになった。例えば，ノード 1 からノード 4 の最短経路は 1→2→4 で最短距離は 2 である。

図 2-8　ノード 1 からの最短経路

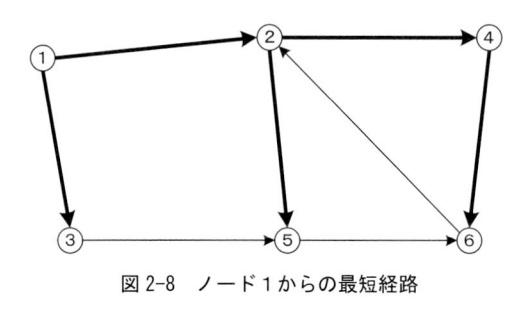

表 2-2　ノード 1 からの最短経路と最短距離

最短経路	最短距離
1→2	1
1→3	1
1→2→4	2
1→2→5	2
1→2→4→6	3

2.3.2　幅優先探索

上述したように，べき乗法は，経路がない場合でも経路がないことをいちいち計算によって確かめているので非効率である。その一方，幅優先探索（breadth first search, BFS）は，実際にあるリンクだけをたどっていって，ある一つのノードから他のすべてのノードまでの最短経路と最短距離を求める方法なので効率的であろう。

幅優先探索のアルゴリズムを述べるが，そのまえにそこで用いる記号とその意味を説明しておくことにする。

　　V：ネットワークのノード集合
　　E：ネットワークのリンク集合
　　SV：探索法によって選ばれたノード集合
　　SE：探索法によって選ばれたリンク集合
　　QV：既に到達したノードであり，それから先に探索のリンクを伸ばす可能性のある処理待ちのノード集合

幅優先探索は，ある一つのノードを選び，そのノードに隣接しているノードを順次探し，隣接ノードがなくなったら，はじめに選ばれたノードに戻り，そのノ

ードの隣接ノードを順次探す。これを繰り返して，戻るべきノードがなくなったら終了する。具体的な探索手順は次のとおりである

ステップ1：ネットワーク上で任意のノード $v_0 \in V$ を選んで，$v \leftarrow v_0$，$SV \leftarrow \{v_0\}$，SE と $QV \leftarrow \{\phi\}$ とおく（ϕ は空集合である）。
ステップ2：点 v を始点とするリンクがリンク集合 $(E-SE)$ 中に存在するか，$QV \neq \phi$ または $SV \neq V$ である限り，次の（Ⅰ），（Ⅱ）を繰り返し実行する。
　　　　（Ⅰ）：点 v と隣接するリンクがリンク集合 $(E-SE)$ 中に存在する限り，次の（Ⅰ-1），（Ⅰ-2）を繰り返し実行する。
　　　　　　（Ⅰ-1）：点 v と隣接する $(E-SE)$ 中のリンクを一つ選んで，それを e とし，$SE \leftarrow SE \cup \{e\}$ とおく。
　　　　　　（Ⅰ-2）：点 v と隣接しているノード $v_i \in (V-SV)$ ならば，$SV \leftarrow SV \cup \{v_i\}$，$QV \leftarrow QV \cup \{v_i\}$ とおく。
　　　　（Ⅱ）：$QV \neq \phi$ ならば，$v \leftarrow (QV$ の先頭にあるノード$)$，QV からその先頭のノードを除去する。

　図2-9は，以上のアルゴリズムにもとづき，図2-7のノード1から探索した最短経路を示したものである。
　まず，出発ノード1から一つ進んだ経路(2ノード)をすべて求める。この場合は，$1\rightarrow2$ と $1\rightarrow3$ の二つあり，これらをすべて記憶しておく。次に，これらの経路に対して一つ進んだ経路（3ノード）をすべて求める。経路 $1\rightarrow2$ は $1\rightarrow2\rightarrow4$ と $1\rightarrow2\rightarrow5$ に進むことができる。$1\rightarrow3$ の経路も同様に進め，求めた3ノードの経路をすべて記憶する。この作業をゴールに達するまで繰り返す。
　図2-9のAでは，4ノードの経路から5ノードの経路に延ばすときに，経路 $1\rightarrow2\rightarrow4\rightarrow6$ はゴールに達していることがわかる。このように，幅優先探索では最初に見つかった経路が最短距離であることが保証されている。そして，探索の過程が図2-9のBに表される。

```
1 ─┬─ 1→2 ─┬─ 1→2→4 ──── 1→2→4→6 ──── GOAL
   │       └─ 1→2→5
   └─ 1→3 ──── 1→3→5

(出発ノード)   (2ノード)   (3ノード)      (4ノード)      (5ノード)
```

A

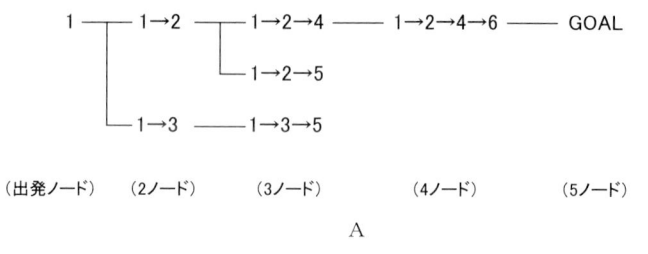

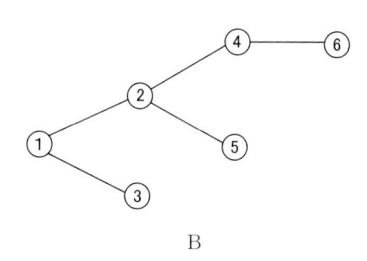

B

図 2-9　幅優先探索

2.3.3　Warshall-Floyd 法

べき乗法と幅優先探索は一つのノードから他のすべてのノードへの最短経路と最短距離を求める方法である。Warshall-Floyd 法（Warshall-Floyd's algorithm）はすべてのノード間の最短経路と最短距離を同時に求めることができる。Warshall-Floyd 法は全最短経路を求める解法の中で最も手間の少ない方法の一つである（Dreyfus, 1969）。Warshall-Floyd 法の手順は次のとおりである。

ステップ 1：$d_{ij}^{(0)} \leftarrow d_{ij}$，$p_{ij} \leftarrow i$　$(i, j = 1, 2, \cdots, n)$，$k \leftarrow 1$　とおく。
ステップ 2：$k = n$ ならば終了する。そうでなければ，次の手順で反復計算を行う。

① $d_{ij}^{(k)} = \min_i (d_{ij}^{(k-1)}, d_{ik}^{(k-1)} + d_{kj}^{(k-1)})$ 　　　　　　　　　　(2-6)
とする。

② $d_{ij}^{(k)} < d_{ij}^{(k-1)}$ ならば，(i, j) に対して $p_{ij} \leftarrow p_{kj}$ とおく。

③ $k \leftarrow k + 1$ とおく。

上記の図 2-7 の距離行列を例にして，Warshall-Floyd 法を用いて任意の 2 ノー

ド間の最短経路を求めよ。

まず，ステップ1のように

$$(d_{ij}^{(0)}) = (d_{ij}) = \begin{pmatrix} 0 & 1 & 1 & \infty & \infty & \infty \\ \infty & 0 & \infty & 1 & 1 & \infty \\ \infty & \infty & 0 & \infty & 1 & \infty \\ \infty & \infty & \infty & 0 & \infty & 1 \\ \infty & \infty & \infty & \infty & 0 & 1 \\ \infty & 1 & \infty & \infty & \infty & 0 \end{pmatrix} \qquad (p_{ij}) = \begin{pmatrix} 1 & 1 & 1 & 1 & 1 & 1 \\ 2 & 2 & 2 & 2 & 2 & 2 \\ 3 & 3 & 3 & 3 & 3 & 3 \\ 4 & 4 & 4 & 4 & 4 & 4 \\ 5 & 5 & 5 & 5 & 5 & 5 \\ 6 & 6 & 6 & 6 & 6 & 6 \end{pmatrix}$$

として初期化する。

1回目の計算

$k \leftarrow 1$ におく。

$d_{ij}^{(1)} = \min_i (d_{ij}^{(0)}, d_{i1}^{(0)} + d_{1j}^{(0)})$ を計算した結果は次の図2-10のAになる。ここで，距離行列 $(d_{ij}^{(1)}) = (d_{ij}^{(0)})$ であるから，(p_{ij}) は変わらない。

A　1回目

	1	2	3	4	5	6	$d_{i1}^{(0)}$
1	0	1	1	∞	∞	∞	0
2	∞	0	∞	1	1	∞	∞
3	∞	∞	0	∞	1	∞	∞
4	∞	∞	∞	0	∞	1	∞
5	∞	∞	∞	∞	0	1	∞
6	∞	1	∞	∞	∞	0	∞
$d_{1j}^{(0)}$	0	1	1	∞	∞	∞	

図2-10　A

2回目の計算

$k \leftarrow 2$ におく。

$d_{ij}^{(2)} = \min_i (d_{ij}^{(1)}, d_{i2}^{(1)} + d_{2j}^{(1)})$ を計算した結果は次の図2-10のB（表）になる（太字は値が変更された所である）。

$d_{ij}^{(2)} < d_{ij}^{(1)}$ であるのは，ノード1とノード4，ノード1とノード5，ノード6とノード4，ノード6とノード5の間である。

$p_{2j} = 2$ $(j = 1, 2, \cdots, n)$ であるから，p_{14}, p_{15}, p_{64}, p_{65} はすべて 2 となり，行列 (p_{ij}) は次の図 2-10 の B（行列）（太字は値が変更された所である）になる．

B　2 回目

	1	2	3	4	5	6	$d_{i2}^{(1)}$
1	0	1	1	**2**	**2**	∞	1
2	∞	0	∞	1	1	∞	0
3	∞	∞	0	∞	1	∞	∞
4	∞	∞	∞	0	∞	1	∞
5	∞	∞	∞	∞	0	1	∞
6	∞	1	∞	**2**	**2**	0	1
$d_{2j}^{(1)}$	∞	0	∞	1	1	∞	

$$(p_{ij}) = \begin{pmatrix} 1 & 1 & 1 & \mathbf{2} & \mathbf{2} & 1 \\ 2 & 2 & 2 & 2 & 2 & 2 \\ 3 & 3 & 3 & 3 & 3 & 3 \\ 4 & 4 & 4 & 4 & 4 & 4 \\ 5 & 5 & 5 & 5 & 5 & 5 \\ 6 & 6 & 6 & \mathbf{2} & \mathbf{2} & 6 \end{pmatrix}$$

図 2-10　B

3 回目の計算

　$k \leftarrow 3$　におく．

　$d_{ij}^{(3)} = \min_{i}(d_{ij}^{(2)}, d_{i3}^{(2)} + d_{3j}^{(2)})$　を計算した結果は次の図 2-10 の C になる．
ここで，距離行列 $(d_{ij}^{(3)}) = (d_{ij}^{(2)})$ であるから，(p_{ij}) は変わらない．

C　3 回目

	1	2	3	4	5	6	$d_{i3}^{(2)}$
1	0	1	1	2	2	∞	1
2	∞	0	∞	1	1	∞	∞
3	∞	∞	0	∞	1	∞	0
4	∞	∞	∞	0	∞	1	∞
5	∞	∞	∞	∞	0	1	∞
6	∞	1	∞	2	2	0	∞
$d_{3j}^{(2)}$	∞	∞	0	∞	1	∞	

図 2-10　C

4 回目の計算

　$k \leftarrow 4$　におく．

$d_{ij}^{(4)} = \min_{i}(d_{ij}^{(3)}, d_{i4}^{(3)} + d_{4j}^{(3)})$ を計算した結果は次の図 2-10 の D（表）になる。

$d_{ij}^{(4)} < d_{ij}^{(3)}$ であるのは，ノード 1 とノード 6，ノード 2 とノード 6 の間である。

$p_{16} \leftarrow 4 (= p_{46})$，$p_{26} \leftarrow 4 (= p_{46})$ とおくと，行列は次の図 2-10 の D（行列）になる。

D　4回目

	1	2	3	4	5	6	$d_{i4}^{(3)}$
1	0	1	1	2	2	**3**	2
2	∞	0	∞	1	1	**2**	1
3	∞	∞	0	∞	1	∞	∞
4	∞	∞	∞	0	∞	1	0
5	∞	∞	∞	∞	0	1	∞
6	∞	1	∞	2	2	0	2
$d_{4j}^{(3)}$	∞	∞	∞	0	∞	1	

$$(p_{ij}) = \begin{pmatrix} 1 & 1 & 1 & 2 & 2 & \mathbf{4} \\ 2 & 2 & 2 & 2 & 2 & \mathbf{4} \\ 3 & 3 & 3 & 3 & 3 & 3 \\ 4 & 4 & 4 & 4 & 4 & 4 \\ 5 & 5 & 5 & 5 & 5 & 5 \\ 6 & 6 & 6 & 2 & 2 & 6 \end{pmatrix}$$

図 2-10　D

5 回目の計算

$k \leftarrow 5$ におく。

$d_{ij}^{(5)} = \min_{i}(d_{ij}^{(4)}, d_{i5}^{(4)} + d_{5j}^{(4)})$ を計算した結果は次の図 2-10 の E（表）になる。

$d_{ij}^{(5)} < d_{ij}^{(4)}$ であるのは，ノード 3 とノード 6 の間である。

$p_{36} \leftarrow 5 (= p_{56})$ とおくと，行列 (p_{ij}) は次の図 2-10 の E（行列）になる。

E　5回目

	1	2	3	4	5	6	$d_{i5}^{(4)}$
1	0	1	1	2	2	3	2
2	∞	0	∞	1	1	2	1
3	∞	∞	0	∞	1	**2**	1
4	∞	∞	∞	0	∞	1	∞
5	∞	∞	∞	∞	0	1	0
6	∞	1	∞	2	2	0	2
$d_{5j}^{(4)}$	∞	∞	∞	∞	0	1	

$$(p_{ij}) = \begin{pmatrix} 1 & 1 & 1 & 2 & 2 & 4 \\ 2 & 2 & 2 & 2 & 2 & 4 \\ 3 & 3 & 3 & 3 & 3 & \mathbf{5} \\ 4 & 4 & 4 & 4 & 4 & 4 \\ 5 & 5 & 5 & 5 & 5 & 5 \\ 6 & 6 & 6 & 2 & 2 & 6 \end{pmatrix}$$

図 2-10　E

6回目の計算

$k \leftarrow 6$ におく。

$d_{ij}^{(6)} = \min_{i}(d_{ij}^{(5)}, d_{i6}^{(5)} + d_{6j}^{(5)})$ を計算した結果は次の図2-10のF（表）になる。表の中，$d_{ij}^{(6)}$ はノードからノードへの最短距離である。

$d_{ij}^{(6)} < d_{ij}^{(5)}$ であるのは，ノード3とノード2，ノード3とノード4，ノード4とノード2，ノード4とノード5，ノード5とノード2，ノード5とノード4の間である。

$p_{32} \leftarrow 6(= p_{62}), \quad p_{34} \leftarrow 2(= p_{64})$

$p_{42} \leftarrow 6(= p_{62}), \quad p_{45} \leftarrow 2(= p_{65})$

$p_{52} \leftarrow 6(= p_{62}), \quad p_{54} \leftarrow 2(= p_{64})$

とおくと，行列 (p_{ij}) は次の図2-10のF（行列）になる。

F　6回目

	1	2	3	4	5	6	$d_{i6}^{(5)}$
1	0	1	1	2	2	3	3
2	∞	0	∞	1	1	2	2
3	∞	**3**	0	**4**	1	2	2
4	∞	**2**	∞	0	**3**	1	1
5	∞	**2**	∞	**3**	0	1	1
6	∞	1	∞	2	2	0	0
$d_{6j}^{(5)}$	∞	1	∞	2	2	0	

$$(p_{ij}) = \begin{pmatrix} 1 & 1 & 1 & 2 & 2 & 4 \\ 2 & 2 & 2 & 2 & 2 & 4 \\ 3 & \mathbf{6} & 3 & \mathbf{2} & 3 & 5 \\ 4 & \mathbf{6} & 4 & 4 & \mathbf{2} & 4 \\ 5 & \mathbf{6} & 5 & \mathbf{2} & 5 & 5 \\ 6 & 6 & 6 & 2 & 2 & 6 \end{pmatrix}$$

図2-10　F

図2-10　Warshall-Floyd法を用いた最短経路の探索

図2-10のFにもとづいて，任意のノード間の最短経路を求めることができる。例えば，ノード3からノード4への最短経路を求めるには，次のようにすればよい。まず，$p_{34} = 2$ からノード4の直前ノードがノード2である。次に，$p_{32} = 6$ からノード2の直前ノードがノード6であり，$p_{36} = 5$ からノード6の直前ノードがノード5である。最後に，$p_{35} = 3$ からノード5の直前ノードがノード3である。したがって，ノード3からノード5，ノード6，ノード2を経てノード4にたどりつく経路がノード3からノード4への最短経路であることがわかる。

2.4　グリーンツーリズムの関係主体分析

　農林水産省によれば，グリーンツーリズム（green tourism）は農山漁村地域において自然，文化，人々との交流を楽しむ滞在型の余暇活動である。欧州では，農村に滞在しバカンスを過ごすという余暇の過ごし方が普及しており，ルーラルツーリズム，ツーリズムベール（緑の旅行）とも呼ばれている。グリーンツーリズムは既存の生産中心の農業から多面的機能を強調したニッチ市場を開拓する有望な手法として新しい農村開発に活用している。グリーンツーリズムを活用した農村開発は地域住民やNPO，行政機関，観光業者など様々な関係主体の意思決定への参加がその成否の鍵となる。権ほか（2009）は，グリーンツーリズムの先進地である北海道の鹿追町，新得町で社会ネットワーク分析を適用し，グリーンツーリズム関係主体のネットワークの構造と関係を明らかにした。

　この研究では，グリーンツーリズムの関係事業体は，鹿追町8カ所，新得町12カ所を調査対象とした。社会ネットワーク構造を把握するために，全調査対象の中でグリーンツーリズム事業において良く会う人（Work Interaction），情報を得るとき訪ねる人（Work Information），意思決定の時相談に行く人（Work Decision Making），援助や支援をお願いするとき訪ねる人（Work Help），グリーンツーリズム事業と係わらず個人的に親交がある人（Personal Friends），援助や支援をお願いする人（Personal Help）に関する六つの社会ネットワークを構築し，ネットワークの構造を分析した。

　表2-3は町別の社会ネットワークの密度の計算結果である。鹿追町のネットワ

表2-3　各町の社会ネットワークの密度

社会ネットワークの種類	密度 鹿追町	密度 新得町
Work Interaction	0.600	0.340
Work Information	0.489	0.212
Work Decision Making	0.467	0.147
Work Help	0.367	0.135
Personal Friends	0.478	0.301
Personal Help	0.189	0.128

出典：権の他（2009）

ークの密度が新得町のそれより2倍ほど高い。高い密度をもつ鹿追町では，直接的な関係が人々を互いに強く結び付けていることに対して，密度が比較的に低い新得町では，人々が多様性に富んだ行動を取る傾向があることがわかった。さらに，その原因を調べた結果，鹿追町関係主体の方が，他の地域から移住者がいない，年平均世帯所得が高い，所得に占めるグリーンツーリズム関連所得の割合が高い，グリーンツーリズム事業の持続時間が短い，ということが明らかとなった。

参考文献

伊理正夫・古林　隆（1976）：『ネットワーク理論』，日科技連。

伊理正夫・藤重　悟・大山達雄（1986）：『グラフ・ネットワーク・マトロイド』，産業図書。

権　秀賢・金　星一・李一鞠　珠研（2009）：社会ネットワーク理論によるグリーン・ツーリズム関係主体分析，地域研究，39，767-781。

張　長平（2009）：『地理情報システムを用いた空間データ分析』，古今書院。

Dreyfus, S.E. (1969): An appraisal of some shortest path algorithms, *Operations Research* **17**, 395-412.

Wasseman, S. and Faust, K. (1994): *Social Network Analysis: Methods and Applications*. New York: Cambridge University Press.

第3章　中心性と観光中心地

どのノードがネットワークの要であるかを知りたいことがよくある。要である度合いをノードの中心性（centrality）という（増田・今野；2010）。

中心性は，観光ネットワーク分析の中で，最もよく使われる測度の一つである。何らかの組織やグループが存在する際に，中心的な存在を特定し，影響力のあるリーダーとフォロワーに分け，ネットワーク内の人々の影響力関係を理解することは重要である。個人や団体の性格や肩書は中心性と直接関係しないが，個人性格の良さがより多くの友人をもつことができ，友人が多くいればいざというとき助けてくれる人も多くなるだろう。しかし，これらはネットワークにおけるアクターの中心性と，そのアクターの何らかのパフォーマンスの関係を仮定して論じているのであって，中心性の評価そのものは別の話である。

ネットワーク分析においては，他のアクターと係わりが相対的に多いものが中心になるという一般的な理解にもとづき，研究目的にあった様々な中心性評価方法を開発している。本章では，観光ネットワークにおける組織やグループ内で意思決定をいかに形成するか，ネットワークを通じて情報がいかに流れるか，観光ルート上の観光地の重要さをいかに評価し観光中心地を抽出するか，などを示す測度として，次数中心性，近接性中心性，媒介中心性，固有ベクトル中心性というノード中心性測度を取り上げ，それらの定義や計算方法を解説する。

3.1　次数中心性

前章で述べたように，グラフにネットワークを構成するアクターの数だけノードがあり，アクター間の関係の数だけリンクがある。グラフのノード数はネット

ワークの規模を，リンク数は関係の量を表している。

　ノードの次数（degree）は，あるノードが他のノードと結んでいるリンクの数であり，ノードの次数中心性（degree centrality）とも呼ぶ。次数中心性は最も単純で適用範囲の広い中心性測度である。社会ネットワークの中では，他のアクターと多くの紐帯を保持するアクターは最も活動が多いことになり，中心性が高いアクターは社会経済的地位が高く，権力を持っていて，成果も良いと解釈されるのである。つまり，ネットワーク内でより多くの関係をもつノードを高く評価するのが次数中心性である。次に，隣接行列を用いてノードの次数中心性を求めることを説明しよう。

　n 個ノードからなる無向グラフの隣接行列を $A = (a_{ij})$ とすると，ノード i の次数中心性 $C_d(i)$ は次のように定式化する（Wasserman and Faust, 1994）。

$$C_d(i) = \sum_{j=1}^{n} a_{ij} = \sum_{i=1}^{n} a_{ij} \tag{3-1}$$

　$C_d(i)$ の値の範囲は 0 から $n-1$ である。したがって，式（3-1）に定義される次数中心性はネットワークの規模に依存するため，規模の異なるネットワーク間では次数中心性を単純に比較することはできない。比較を可能にするためには，次数をその理論的な最大値で割ることによって標準化する必要がある。n 個のノードがあるグラフにおいて可能な最大値の次数は，あるノードが自分以外のすべてのノードと隣接しているときの $n-1$ である。したがって，次数中心性の標準化は次のように定式化される。

$$C_d^*(i) = \frac{\sum_{j=1}^{n} a_{ij}}{n-1} \tag{3-2}$$

　図 3-1 に示される無向グラフを例にし，式（3-1）と式（3-2）を用いて次数中心性を計算すると，表 3-1 のようになる。

　表 3-1 にみられるように，ノード 5 の中心性が最も高く，ついでノード 4 とノード 6 が同程度に中心性が高い。他方，中心性の低いノードはノード 1，3，7，8 であり，次数中心性の値がみんな 1 である。標準化した中心性からみても，ノードの中心性の順位は変わらないことがわかる。

　有向グラフの場合は次数が入次数と出次数の 2 種類に分けられる。他のノード

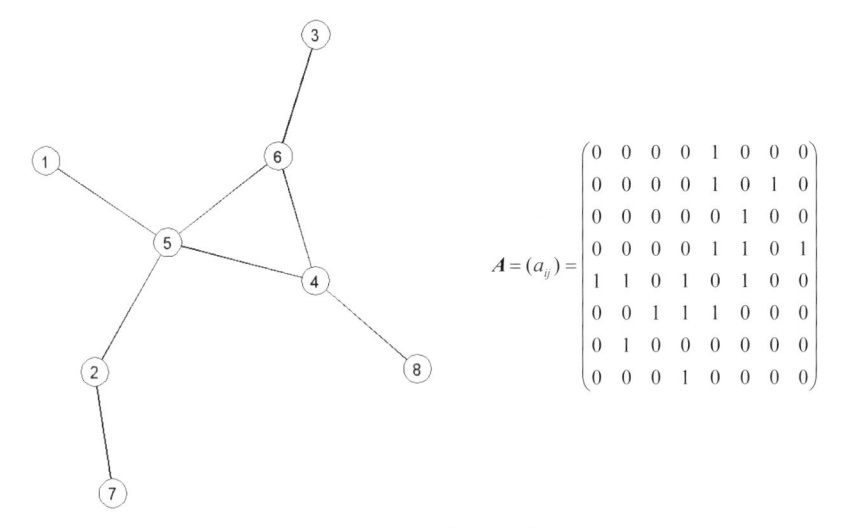

$$A = (a_{ij}) = \begin{pmatrix} 0 & 0 & 0 & 0 & 1 & 0 & 0 & 0 \\ 0 & 0 & 0 & 0 & 1 & 0 & 1 & 0 \\ 0 & 0 & 0 & 0 & 0 & 1 & 0 & 0 \\ 0 & 0 & 0 & 0 & 1 & 1 & 0 & 1 \\ 1 & 1 & 0 & 1 & 0 & 1 & 0 & 0 \\ 0 & 0 & 1 & 1 & 1 & 0 & 0 & 0 \\ 0 & 1 & 0 & 0 & 0 & 0 & 0 & 0 \\ 0 & 0 & 0 & 1 & 0 & 0 & 0 & 0 \end{pmatrix}$$

図 3-1　無向グラフとその隣接行列

表 3-1　次数中心性

	$C_d(i)$	$C_d^*(i)$
1	1	0.14
2	2	0.29
3	1	0.14
4	3	0.43
5	4	0.57
6	3	0.43
7	1	0.14
8	1	0.14

からこのノードに入ってくるリンクの数を入次数（in-degree）と，このノードから他のノードへ出ていくリンクの数を出次数（out-degree）と呼ぶ。ノード i の入次数 $C_{id}(i)$ と出次数 $C_{od}(i)$ はそれぞれ次のように定式化できる。

$$\begin{aligned} C_{id}(i) &= \sum_{i=1}^{n} a_{ij} \\ C_{od}(i) &= \sum_{j=1}^{n} a_{ij} \end{aligned} \quad (3\text{-}3)$$

次数中心性と同様に，入次数を入次数中心性 $C_{id}(i)$ と，出次数を出次数中心性 $C_{od}(i)$ と呼ぶ。標準化された入次数中心性 $C_{id}^*(i)$ と出次数中心性 $C_{od}^*(i)$ はそれぞれ次のようになり，値の範囲は 0 から 1 である。

$$C_{id}^*(i) = \frac{\sum_{j=1}^{n} a_{ij}}{n-1}$$

$$C_{od}^*(i) = \frac{\sum_{j=1}^{n} a_{ij}}{n-1} \tag{3-4}$$

一般に，入次数中心性はノードの従属性（dependence）を，出次数中心性はノードの伝導性（conductivity）を示す。

3.2　近接中心性

　上述したように，次数中心性はネットワーク内でより多くの直接関係をもつアクターを高く評価する中心性測度である。ここでは，アクター間の直接関係のみならず，間接関係も考慮するアクターの中心性を評価する近接中心性を紹介する。
　近接中心性は，自分から他のアクターまで平均的にどれくらい近いかによって定義される（Freeman，1979）。アクターから情報を発信するときにネットワーク全体に行き渡りやすいかどうかを測る測度ともいえる。社会ネットワークにおいてコミュニケーションを円滑に行うために，各アクターとの距離を最小化するように組織のリーダーを配置することが重要である。このような問題に対処するために，Harary（1959）はメディアン概念を導入した。
　グラフにおけるあるノードのステイタス（status）とはこのノードから他のすべてのノードへの最短距離の合計である。グラフのメディアン（median）とは最小のステイタスをもつノードの集合である。近接中心性（closeness centrality）は，ネットワーク内のアクター間の距離にもとづいて決定される場合，あるノードの近接中心性は，他のノードへの最短距離の合計すなわちステイタスを用いて，その逆数として定義される。n 個のノードからなるグラフの最短距離行列 $\boldsymbol{D}=(d_{ij})$ を算出した場合，ノード i の近接中心性 $C_c(i)$ は次のように定式化される。

$$C_c(i) = \frac{1}{\sum_{j=1}^{n} d_{ij}} \tag{3-5}$$

$C_c(i)$ のとり得る値の範囲がネットワーク規模によって異なるので，ノード数の異なるグラフの間で近接中心性を比較することができない。そこで，近接中心性をその理論的な最大値で割ることによって標準化する。式（3-5）によれば，近接中心性が最大になるときはステイタス $\left(\sum_{j=1}^{n} d_{ij}\right)$ は最小になるから，まずステイタスの最小値を考える。ステイタスが最小値をとるのは，グラフに含まれる他のすべてのノードと隣接しているノードである。グラフに含まれるノード数を n とすると，ステイタスは最小値 $n-1$ をとる。その逆数 $\frac{1}{n-1}$ は近接中心性の理論的な最大値になる。したがって，近接中心性の標準化は次のように定式化される。

$$C_c^*(i) = \frac{\frac{1}{\sum_{j=1}^{n} d_{ij}}}{\frac{1}{n-1}} = \frac{n-1}{\sum_{j=1}^{n} d_{ij}} \tag{3-6}$$

標準化された $C_c^*(i)$ の値の範囲は0から1になる。さらに，有向グラフの場合は，近接中心性も入近接中心性（in-closeness centrality）と出近接中心性（out-closeness centrality）に区別される。

図3-2に示される無向グラフ（図3-1と同じグラフ）を例にし，近接中心性を計算するために，まず，ノード間の最短距離を算出しなければならない。ここで，2.3節で紹介された最短経路探索ためのWarshall-Floyd法を用いて，最短距離を計算した結果は図3-2の最短距離行列 D である。

さらに，式（3-5）を用いて近接中心性を計算すると，表3-2のようになる。表3-2に示されるように，近接中心性の高いノードは，次数中心性と同じく，ノード5であり，ついでノード4とノード6が同程度に中心性が高い。しかし，中心性の低いノードは，次数中心性の値が異なって1，3，8，7の順に並んでいる。したがって，近接中心性のほうが次数中心性より感度が高いといえるだろう。標準化した近接中心性からみても，ノードの中心性の順位は変わらないことがわかる。

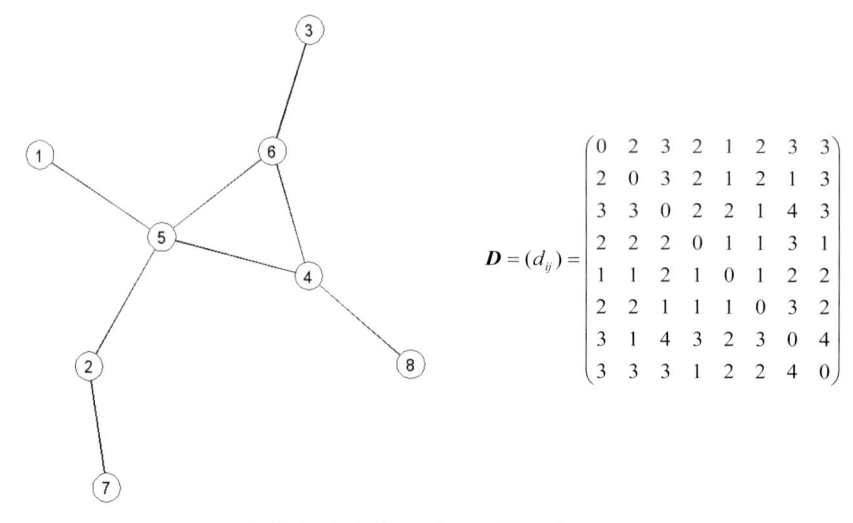

$$\boldsymbol{D} = (d_{ij}) = \begin{pmatrix} 0 & 2 & 3 & 2 & 1 & 2 & 3 & 3 \\ 2 & 0 & 3 & 2 & 1 & 2 & 1 & 3 \\ 3 & 3 & 0 & 2 & 2 & 1 & 4 & 3 \\ 2 & 2 & 2 & 0 & 1 & 1 & 3 & 1 \\ 1 & 1 & 2 & 1 & 0 & 1 & 2 & 2 \\ 2 & 2 & 1 & 1 & 1 & 0 & 3 & 2 \\ 3 & 1 & 4 & 3 & 2 & 3 & 0 & 4 \\ 3 & 3 & 3 & 1 & 2 & 2 & 4 & 0 \end{pmatrix}$$

図3-2 無向グラフとその最短距離行列

表3-2 近接中心性

	スティタス	$C_c(i)$	$C_c^*(i)$
1	16	0.063	0.438
2	14	0.071	0.500
3	18	0.056	0.389
4	12	0.083	0.583
5	10	0.100	0.700
6	12	0.083	0.583
7	20	0.050	0.350
8	18	0.056	0.389

3.3 媒介中心性

　ここまで紹介してきた中心性指標は主に次数や距離にもとづいたものである。しかし，交通ネットワークでは，交通の要衝を通さないと地点間の移動ができなくなり，情報伝達のネットワークでは，ある人が存在しなければ，ネットワーク

の一部の人々の情報伝達が絶たれてしまうこともある。例えば，図 3-1 のグラフでノード 5 を取り除くと，グラフはノード 2，7 のグループと，ノード 3，6，4，8 のグループと，孤立ノード 1 との三つのグループに分離してしまう。このように，グラフにおいて一つのノードが取り除くとそのグラフが複数のグループに分離してしまい，グループからグループへ関係が連結しなくなってしまうノードを切断点（cutpoint）という。しかし，ネットワークにおいて，切断点以外のノードの重要性を「切断」という基準によって評価するのは厳しすぎるため，ネットワーク上であるアクターがどの程度他のアクターとの関係を媒介しているのか，あるノードが他のノード間にどう位置しているかを示す指標として媒介中心性がよく使われている。

観光ネットワークにおいて，媒介性（betweenness）は，クリークやグループ間にあるアクターの位置を意味し，この位置にあるアクターが他のアクターがネットワークの他の部分にアクセスすることをコントロールできる能力を表している。この意味で，高い媒介性をもつアクターはネットワーク上で他のアクターに大きい影響を与えられる。媒介中心性（betweenness centrality）は，ネットワークにおける媒介や伝達に着目し，あるノードが他のノード間の最短経路上に位置する程度を示す中心性指標として，次のような定式化される（Freeman, 1977）。

$$C_b(i) = \sum_{i \neq j \neq k} \frac{g_{jk}(i)}{g_{jk}} \tag{3-7}$$

ここで，$C_b(i)$ はノード i の媒介中心性，g_{jk} はノード j とノード k の間の最短経路の数，$g_{jk}(i)$ はノード i を含む，ノード j とノード k の間の最短経路の数である。したがって，媒介中心性を求めるには，ノード間の最短経路やその経路上に各ノードがどの程度媒介しているかを調べる必要がある。これは幅優先探索を用いれば効率的に求められる（Ulrik, 2001）。具体的な計算手順は次のとおりである。

ステップ 1：幅優先探索を用いてすべてのノード間の最短経路を求め，探索過程図を作成し，ノード j を始点としてノード j からノード i への最短経路数 g_{ji} を探索過程図の各ノードに添えて示す。

ステップ 2：次式に示された b_{ji} を求める。

$$b_{ji} = \sum_k \frac{g_{ji}}{g_{jk}}(b_{jk}+1) \tag{3-8}$$

ここで，ノード j を始点とする最短経路上でノード i の直後にあるノード k とし，g_{ji} と g_{jk} はそれぞれノード j からノード i へ，ノード j からノード k への最短経路の数とする。

ステップ3：各ノードの媒介中心性を次式のように求める。

$$C_b(i) = \sum_{j \neq i} b_{ji} \tag{3-9}$$

図3-3に示される無向グラフを例にし，媒介中心性を算出してみよう。

まず，幅優先探索で各ノードを始点として最短経路を探索し，最短経路の数を調べていく。最短経路の数は始点とするノードからこのノード自身への最短経路を1として，到達したノードの経路の数はその直前の

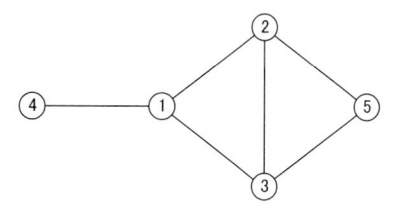

図3-3 媒介中心性の算出例のグラフ

ノードへの経路の数に等しい。例えば，図3-4のAで，ノード1を始点としたとき，g_{14} は1，g_{15} は2になる。こうして始点とするノード j からノード i への最短経路の数 g_{ji} を図3-4のAからEまでの各ノードに添えて示した。

次に，各ノードが他のノード間の最短経路上に媒介する程度を調べていく。そのために，幅優先探索の過程と逆に最短経路の終点とするノードから b_{ji} を求める。例えば，図3-4のAでノード1を始点としたとき，最短経路の終点である左端にはノード4，右端にはノード5がある。これらはノード1と他のノードの間には位置しないので，$b_{14} = b_{15} = 0$ とする。次に式（3-8）によって b_{12} と b_{13} を算出する。すなわち，

$$b_{13} = \frac{g_{13}}{g_{15}}(b_{15}+1) = \frac{1}{2} \times 1 = 0.5$$

$$b_{12} = \frac{g_{12}}{g_{15}}(b_{15}+1) = \frac{1}{2} \times 1 = 0.5$$

同様に，他のすべてのノードを始点としたときの b_{ji} を求め，図3-4のAからEまでの各ノードに添えて示す。

A　$j=1$ のとき

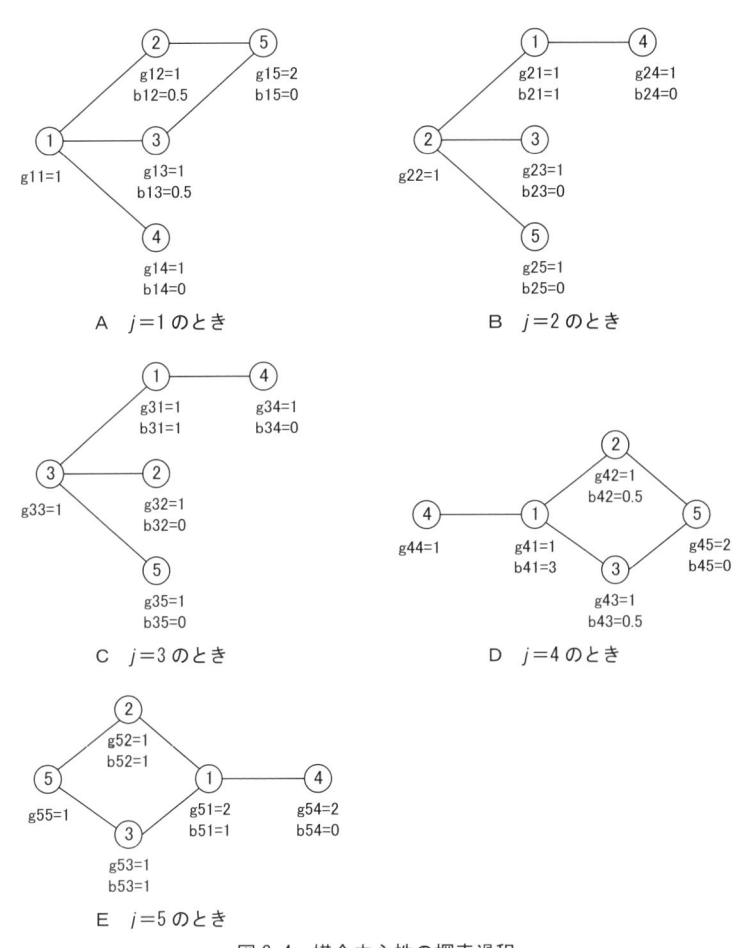

B　$j=2$ のとき

C　$j=3$ のとき

D　$j=4$ のとき

E　$j=5$ のとき

図 3-4　媒介中心性の探索過程

　最後に，式（3-9）によって各ノードの媒介中心性を算出する。例えば，図 3-3 のノード 1 の媒介中心性は，図 3-4 の A から E より，次のように算出される。

$$C_b(1) = b_{21} + b_{31} + b_{41} + b_{51}$$
$$= 1 + 1 + 3 + 1$$
$$= 6$$

有向グラフの場合は以上で終了する。しかし，図 3-3 は無向グラフであるので，$C_b(1)$ の値の 1/2 である 3 がノード 1 の媒介中心性となる。

同様に，ノード2からノード5までの媒介中心性を求めると，それらはそれぞれ1，1，0，0になる。図3-3に示されるように，ノード2はノード1とノード5との間，ノード3はノード1とノード5との間，ノード1はノード2とノード4，ノード3とノード4，およびノード4とノード5との間を媒介している。そしてノード4とノード5はいかなるノードを媒介していない。したがって，媒介にもとづく中心性が最も高いのはノード1，次にノード2とノード3，媒介中心性が最も低いのはノード4とノード5である。

近接中心性と同じく，媒介中心性 $C_b(i)$ のとり得る値の範囲も，ネットワーク規模によって異なるので，ノード数の異なるグラフ間に媒介中心性を比較することができない。そこで，媒介中心性をその理論的な最大値で割ることによって標準化する。n 個のノードがある無向グラフの場合，媒介中心性の最大値はスター・グラフ（図3-5）の中心に位置するノードにみられ，その値は中心以外のノードから二つノードを取り出す組合せの数の $1/2$ と等しく $(n-1)(n-2)/2$ である。例えば，図3-5で中心にあるノード1の媒介中心性は $C_b(1)=(5-1)(5-2)/2=6$，他のノードのそれは $C_b(2)=C_b(3)=C_b(4)=C_b(5)=0$ となる。したがって，無向グラフの媒介中心性標準化は次のように定式化される。

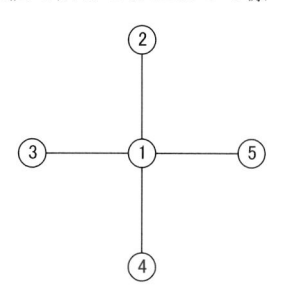

図3-5　スター・グラフ

$$C_b^*(i) = \frac{2C_b(i)}{(n-1)(n-2)} \tag{3-10}$$

標準化された媒介中心性 $C_b^*(i)$ の値の範囲は0から1になる。例えば，図3-3で標準化された媒介中心性はそれぞれ 0.5，0.17，0.17，0，0 となる。

同様に，有向グラフの場合，媒介中心性の最大値は中心以外のノードから二つノードを取り出す順列の数と等しく $(n-1)(n-2)$ となるので，有向グラフの媒介中心性の標準化は次のように定式化される。

$$C_b^*(i) = \frac{C_b(i)}{(n-1)(n-2)} \tag{3-11}$$

3.4　固有ベクトル中心性

次数中心性は，グラフ内であるノードが他のノードと結んでいるリンクの数に注目する中心性である。例えば，観光ネットワークである関係主体が他の主体と多くの紐帯を保持すればするほど，その中心性が高いと評価される。ところが，友人関係の観点からすれば，友人数が多い友人とのつながりはそうでない友人とのつながりよりも人脈を広げやすいかもしれない。つまり，中心的な友人とつながると，自分の中心性も大きいという基準を考える。一方，自分が中心的ならば，友人の中心性を押し上げる。このような考え方が反映させるのが固有ベクトルにもとづく中心性，いわゆる固有ベクトル中心性である。

3.4.1　固有ベクトルにもとづく中心性

固有ベクトル中心性（eigenvector centrality）は，あるアクターの中心性をそのアクターと結ぶ他のアクターの中心性の関数として，次のように定式化される（Bonacich, 1972）。

$$c_i = \frac{1}{\lambda} \sum_{j=1}^{n} a_{ij} c_j \quad (n=1, 2, \cdots, n) \tag{3-12}$$

ここで，a_{ij} は隣接行列 A の成分，$1/\lambda$ は比例定数である。行列を用いて式(3-12)を表しておくと，次のように表される。

$$c = \frac{1}{\lambda} Ac$$

あるいは

$$\lambda Ic = Ac \tag{3-13}$$

このとき，λ は隣接行列 A の最大固有値（eigenvalue）に，c は固有値 λ に対応する固有ベクトル（eigenvector）になっている。ここで，

$$A = \begin{pmatrix} a_{11} & a_{12} & \cdots & a_{1n} \\ a_{21} & a_{22} & \cdots & a_{2n} \\ \vdots & \vdots & \vdots & \vdots \\ a_{n1} & a_{n2} & \cdots & a_{nn} \end{pmatrix} \quad c = \begin{pmatrix} c_1 \\ c_2 \\ \vdots \\ c_n \end{pmatrix} \quad I = \begin{pmatrix} 1 & 0 & \cdots & 0 \\ 0 & 1 & \cdots & 0 \\ \vdots & \vdots & \vdots & \vdots \\ 0 & 0 & \cdots & 1 \end{pmatrix}$$

このように，隣接行列の固有ベクトルを用いて，あるノードと結ぶノードの中

心性を反映させた中心性を得ることができる。固有ベクトル中心性を求めるために，固有値と固有ベクトルの算出法を理解する必要がある。

3.4.2 固有値と固有ベクトル

方程式（3-13）からベクトル c を求めるために，まず，式（3-13）を次のように改書する。

$$(\lambda I - A)c = 0 \tag{3-14}$$

$(\lambda I - A)$ は正定値行列であれば，すなわち，行列式 $\det(\lambda I - A) = 0$ であれば，方程式（3-14）を解くことができる。ここで

$$\det(\lambda I - A) = \begin{vmatrix} \lambda - a_{11} & -a_{12} & \cdots & -a_{1n} \\ -a_{21} & \lambda - a_{22} & \cdots & -a_{2n} \\ \vdots & \vdots & \vdots & \vdots \\ -a_{n1} & -a_{n2} & \cdots & \lambda - a_{nn} \end{vmatrix} = \sum_{i=0}^{n} b_i \lambda^i = 0 \tag{3-15}$$

一般に，$\sum_{i=0}^{n} b_i \lambda^i$ を行列 A の固有関数（eigenfunction，あるいは，固有多項式）と呼び，$\sum_{i=0}^{n} b_i \lambda^i = 0$ を行列 A の固有方程式と呼ぶ。その方程式から λ を解いたとき得られる n 個の解が固有値である。とくに無向グラフの隣接行列はすべての成分が実数である対称行列であるため，算出される固有値は実数になる。

さらに，求められた n 個の固有値を方程式（3-14）にそれぞれ代入して，n 個の固有ベクトル c が求められる。固有ベクトル中心性は最大固有値いわゆる第一固有値 λ_1 の固有ベクトルを用いることにする。

図 3-3 に示される無向グラフを例にし，固有ベクトル中心性を算出してみよう。

図 3-3 の隣接行列は次のとおりである。

$$A = \begin{pmatrix} 0 & 1 & 1 & 1 & 0 \\ 1 & 0 & 1 & 0 & 1 \\ 1 & 1 & 0 & 0 & 1 \\ 1 & 0 & 0 & 0 & 0 \\ 0 & 1 & 1 & 0 & 0 \end{pmatrix}$$

この行列の固有多項式は

$$\det(\lambda \boldsymbol{I} - \boldsymbol{A}) = \begin{vmatrix} \lambda & -1 & -1 & -1 & 0 \\ -1 & \lambda & -1 & 0 & -1 \\ -1 & -1 & \lambda & 0 & -1 \\ -1 & 0 & 0 & \lambda & 0 \\ 0 & -1 & -1 & 0 & \lambda \end{vmatrix} = \lambda^5 - 6\lambda^3 - 4\lambda^2 + 3\lambda + 2$$

になる。

固有方程式 $\det(\lambda \boldsymbol{I} - \boldsymbol{A}) = 0$ から算出された五つの解の中で，第一固有値 λ_1 が 2.6412 である（表3-3）。表3-4 は，第一固有値に対応する各ノードの固有ベクトルと固有ベクトル中心性を示したものである。ここで，固有ベクトル c_i の値が負になっているが，固有ベクトルは任意の実数倍しても固有ベクトルなので，次のように計算すれば最大固有ベクトルが 1.0 になる。

$$c_i^* = c_i \times (-1) / \max(|c_i|)$$

表 3-3　固有値

λ_1	λ_2	λ_3	λ_4	λ_5
2.6412	0.7237	-0.5892	-1.0000	-1.7757

表 3-4　固有ベクトル中心性

	固有ベクトル(c_i)	固有ベクトル中心性(c_i^*)
1	-0.4747	0.8839
2	-0.5371	1.0000
3	-0.5371	1.0000
4	-0.1797	0.3347
5	-0.4067	0.7572

さらに，c_i^* を固有ベクトル中心性にする。表3-4 に示されるように，隣接しているノードの中心性を反映する固有ベクトル中心性はノード2とノード3が最も高い値を持ち，次にノード1，ノード5，ノード4の順に低下していく。

3.5 観光地の中心性分析

近年，自由で独特な旅行体験が味わえるドライブ観光（drive tourism）が増えている。ドライブ観光の一つの大きな特徴は，旅行者が自分で車を運転するため，一回の旅程で複数の観光地を回り，観光ルート上の観光施設の位置によって適切な旅行先を自主的に計画することができる。行政機関や地方観光業協会はこのような新しい観光動向に応じて，観光中心地で新しい施設整備や様々なテーマルート計画を盛んに行っている。本節では，台湾におけるドライブ観光の観光地ネットワーク分析の研究事例（Shin, 2006）を取り上げて中心性の応用について紹介する。

Shin（2006）は，ドライブ観光に係わる複数の観光地の構造的な特徴を明らかにするために，南投県を研究対象地域としてドライブ観光地ネットワークの結節点となった観光地の中心性を調べた。図3-6は南投県におけるドライブ観光地ネットワークである。表3-5は各観光地の中心性を表している。

① 次数中心性の応用

次数中心性を用いてドライブ観光地の中心性を表す場合，入次数中心性は観光地の従属性を，出次数中心性は観光地の伝導性を示すので，ドライブ観光地の入次数と出次数を比べることによって，観光地を観光ルートの出発地と中継地に区分することができる。

このネットワークには，三つの観光中心地（sightseeing center）が含まれており，それらの入次数と出次数がともに高い値が示されている。すなわち，観光地D5（埔里填），D11（日月潭），D13（水里郷）である。これらの観光中心地は有名で南投の地理的中心に位置し，多くの近隣観光地とつながって観光ネットワークの中心になっている。大量の観光施設やサービスがここに集中している。なお，D2（集集填）は交通の要所に立地し，台湾南部から南投に来る観光客の一番目の観光地および次の観光への重要な出発地として，最も高い出次数を持っている。ここには多くのインフォメーション・センターや観光案内所が設置されている。

② 近接中心性の応用

入近接中心性と出近接中心性は一つの観光地から他の観光地への到達範囲を示している。観光地D5, D11, D13は，入近接中心性と出近接中心性がともに高く，

第 3 章　中心性と観光中心地　59

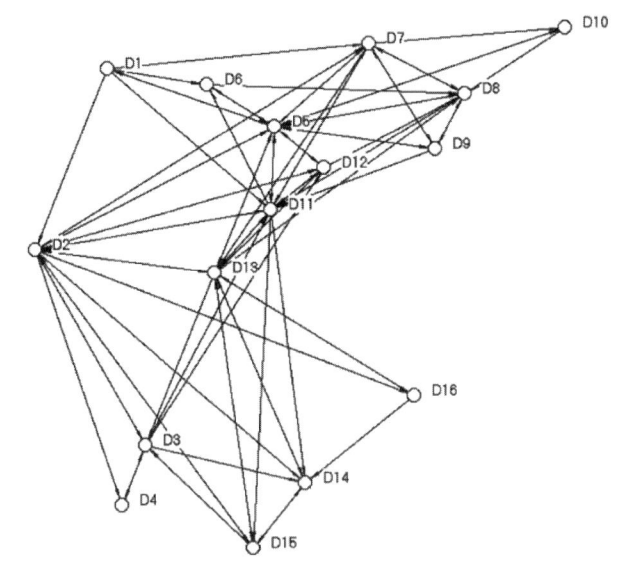

D1：九九峰	D5：埔里鎮	D9：奥萬大	D13：水里郷
D2：集集鎮	D6：恵蓀公園	D10：合歓山	D14：東埔温泉
D3：渓頭森林	D7：清境農場	D11：日月潭	D15：玉山国家公園
D4：杉林渓遊楽園	D8：鹿山温泉	D12：九族文化村	D16：丹大公園

図 3-6　南投県におけるドライブ観光地ネットワーク
出所：Shin (2006)

様々な観光ルートを通じて多くの観光地から多くの観光地へ行くことが可能である。さらに，多くの観光テーマルートが含まれているため，とても便利で人気が高い観光地になっている。その他に，観光地 D8（鹿山温泉）は高い入近接中心性をもち，南投に訪れる旅行者にとって通り口の観光地 D2 は最も高い出近接中心性を有している。これらの観光中心地には観光施設やサービスが十分に整備されている。

③ 媒介中心性の応用

観光地の媒介中心性は観光ルート上の中継地や停留所となる観光地の重要さを表している。表 3-5 が示したように，媒介中心性の値は 0 から 56.02 であり，平均値と標準偏差は 13.75 と 19.1 である。このネットワークの媒介中心性はばらつきが大きいことがわかる。

観光地 D5 と D13 は高い媒介中心性をもつため，観光地間の中継地として役割

表3-5 ドライブ観光地ネットワークにおける観光地の中心性

観光地	次数中心性 入次数	次数中心性 出次数	近接中心性 入次数	近接中心性 出次数	媒介中心性
D1 (九九峰)	1	5	0.029	0.040	1.48
D2 (集集塡)	5	10	0.037	0.050	28.51
D3 (渓頭森林)	4	5	0.033	0.036	19.18
D4 (杉林渓遊楽園)	2	1	0.026	0.024	0.00
D5 (埔里塡)	10	9	0.048	0.045	56.02
D6 (恵蓀公園)	3	2	0.032	0.029	0.25
D7 (清境農場)	6	6	0.037	0.040	8.06
D8 (鹿山温泉)	8	4	0.043	0.034	9.42
D9 (奥萬大)	3	4	0.030	0.034	0.00
D10 (合歓山)	2	2	0.029	0.029	0.00
D11 (日月潭)	9	9	0.048	0.048	38.57
D12 (九族文化村)	4	4	0.036	0.037	4.01
D13 (水里郷)	8	8	0.043	0.045	50.07
D14 (東埔温泉)	6	2	0.038	0.029	1.67
D15 (玉山国家公園)	4	4	0.034	0.033	2.77
D16 (丹大公園)	2	2	0.030	0.029	0.00
記述統計					
合計 (S)	77	77	0.575	0.582	220.01
平均値 (M)	4.81	4.81	0.036	0.036	13.75
分散 (Var)	7.63	8.16	0.000	0.000	364.72
標準偏差 (SD)	2.76	2.86	0.007	0.008	19.10
Min.	1	1	0.026	0.024	0.00
Max.	10	10	0.048	0.050	56.02

出所:Shin(2006)による作成

を果たしている。その一方,観光地D4(杉林渓遊楽園),D10(合歓山),D16(丹大公園)は南投の縁辺部にあり,次数中心性,近接中心性,媒介中心性の値が共に低い。これらの観光地は県の境界に近く立地するため,比較的にアクセスしにくい。さらに近隣の観光地とのつながりが少ないため,中継地としての役割をあまり果たしていない。 しかし,南投県の境界に近いところは,南投県の近隣の

県との観光提携や観光宣伝施設の設置，サービスの開発などにとても適切な立地であろう。

参考文献

増田直紀・今野紀雄（2010）:『複雑ネットワーク入門　基礎から応用まで』，近代科学社。

Bonacich, P. (1972): Factoring and weighting approaches to status scores and clique identification. *Journal of Mathematical Sociology* **2**, 113-120.

Freeman, L. C. (1977): A set of measures of centrality based on betweeness. *Sociometry* **40**, 35-41.

Freeman, L.C. (1979): Centrality in social network Ⅰ: Conceptual clarification. *Social networks* **1**, 215-239.

Harary, F. (1959): Status and contrastatus. *Sociometry* **22**, 23-43.

Shin H.(2006): Network characteristics of drive tourism destinations: an application of network analysis in tourism, *Tourism Management* **27**, 1029-1039.

Ulrik, B. (2001): A faster algorithm for betweenness centrality. *Journal of Mathematical Sociology* **25**, 163-177.

Wasseman, S. and Faust, K. (1994): *Social Network Analysis: Methods and Applications*. New York: Cambridge University Press.

第 4 章　ネットワークモデル

　近年，経済のグローバル化やインターネットの普及に伴い，社会ネットワーク研究の中に大きな変化が現れている。従来の閉じた小集団に関する研究から，より大きな社会全体のネットワーク研究が盛んになってきた。ネットワークモデルの研究はネットワーク分析の最も活発な領域として研究が進められでいる。ネットワークモデルで扱うネットワークはノード数が数百個から数万個ある大規模なものが多いため，個々の構成要素よりも，ネットワーク全体としてその性質を注目している。本章では，WS モデルにもとづくスモールワールド・ネットワーク，BA モデルにもとづくスケールフリー・ネットワークを含む「複雑ネットワーク」を取り上げてシミュレーションし，それらのネットワークの性質，新しいネットワークの思考と科学について解説し，観光研究への応用を紹介する。

4．1　ネットワークの性質測度

　複雑ネットワークの性質は主に次数分布，平均距離，クラスター係数という三つの測度で表される。

4.1.1　次数分布
　次数分布（degree distribution）とは，グラフに含まれるノードの次数がどう分布しているかを表す統計分布である。次数の統計分布から確率分布を推測することがあるが，グラフから次数分布をヒストグラムに図示する。例えば，図 4-1 の A に示したグラフから次数分布のヒストグラムを作成すると，図 4-1 の B のようになる。

A　　　　　　　　　　　　　　　　B

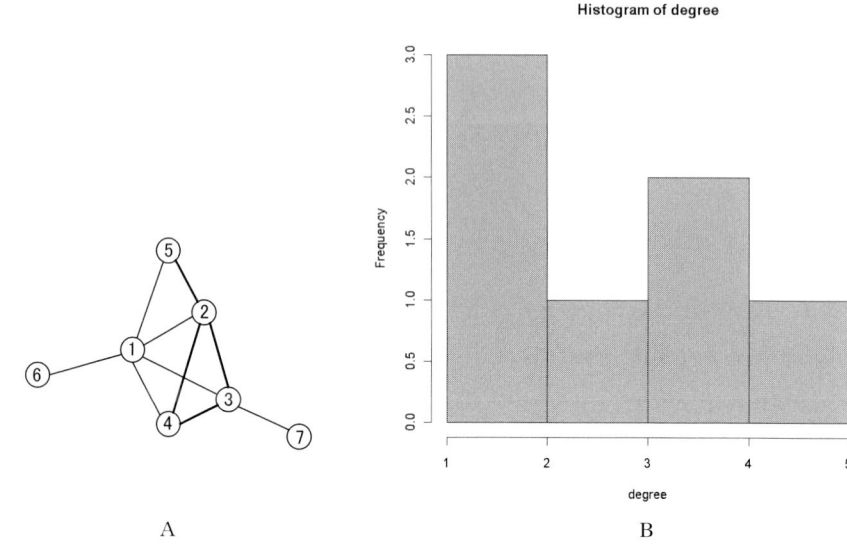

図 4-1　グラフとその次数分布

4.1.2　平均距離

　平均距離（average distance）とは，グラフに含まれるすべてのノード間の距離の平均値である。グラフのノード数が n であるとき，異なる二つのノード対の選び方は $n(n-1)/2$ 通りあるが，平均距離 L は次式のように求められる。

$$L = \sum_{1 \leq i < j \leq n} \frac{d_{ij}}{n(n-1)/2} \tag{4-1}$$

　ここで，d_{ij} はノード i とノード j の間の距離である。例えば，図 4-1 の A に示されたグラフの平均距離は 1.619 である。

　平均距離はグラフ規模（ノードの数 n）の対数に比例する。すなわち，$L \propto \log n$ である。現実のネットワークでは，ノードの数 n が大きくても平均距離 L があまり大きくないことが非常に多い。これが複雑ネットワークの 1 つの特徴である。大きくならないとは $L \propto \log n$ 以下であると定義する（増田・今野，2010）。平均距離が小さいほど，グラフ内のあるノードから他のあるノードへ短い距離で到達できる。いわゆる「スモールワールド」（small world）になっていることになる。

4.1.3 クラスター係数

クラスター係数（clustering coefficient）は，あるノードと隣接するk個のノードからなるネットワークの密度である。ノードiのクラスター係数$CC(i)$は次のように定式化される。

$$CC(i) = \frac{2k_i}{k_i(k_i-1)} \tag{4-2}$$

ここで，k_iはノードiと隣接するノード数，すなわち，ノードiの次数である。k_i個のノードからなる完全グラフのリンク数は$\frac{k_i(k_i-1)}{2}$である。

なお，ノード数がnであるとき，ネットワーク全体のクラスター係数CCは，ノードごとのクラスター係数の平均値で定義する。すなわち，

$$CC = \frac{\sum_{i=1}^{n} CC(i)}{n} \tag{4-3}$$

例えば，図4-1のAでは，ノード1と隣接するノードはノード2，3，4，5，6の五つであるから，それらの間に最大10本（(5×4)/2）のリンクを存在することが可能である。しかし，ノード1と隣接するノード間に太い線で表したように4本のリンクがあるので，そのクラスター係数$CC(1)$は4/10 = 0.4となる。同様にノード2からノード7までのクラスター係数を求めると，それらは0.6667，0.5，1，1，0，0になり，さらに，その平均値を算出すると，ネットワークのクラスター係数の平均値CCは0.5095となる。

4.2　正則グラフとランダムグラフ

4.2.1　正則グラフ

私たちは単に個々の友人を持つのではなく，むしろ友人のグループを持つということである。グループはそれぞれ特定の背景によって集合される。例えば，観光地域といった背景によって，観光地グループや観光関係主体グループが存在し，グループ内では密度の高いグループメンバー間のつながりがあり，外部のグループとのつながりをあまりもたない，閉じた関係になりやすい。しかしながら，グ

ループとグループは，一つ以上のグループに所属しているメンバーによってつながっている。

　すべてのノードの次数が等しいようなグラフを正則グラフ（regular graph）と呼び，すべてのノードの次数が k となっている正則グラフのことを次数 k の正則グラフと呼ぶ。図 4-2 は次数 4 の正則グラフの例である。図 4-2 にみられるように，20 のノードがリング状に並び，すべてのノードがある一定数の近いノード（ここでは，左右両側の 2 つのノード）と規則的につながっている。

　正則グラフのノード間の平均距離が大きくなる傾向がある。図 4-2 において，アクター A（ノード）から円の反対側のアクター B（ノード）にメッセージを伝えたいとしよう。アクター A が左側の二人ずつスキップしていくと，反対側のアクター B に着くには，五ステップもかかることになる。さらに，隣り合うノードどうしの隣接ノードが同じノードが多い。例えば，ノード A とノード C と結ぶノードの四分の三は同じノードである。したがって，正則グラフのクラスター係数も大きい。このような社会ネットワークはかなり特異であろう。

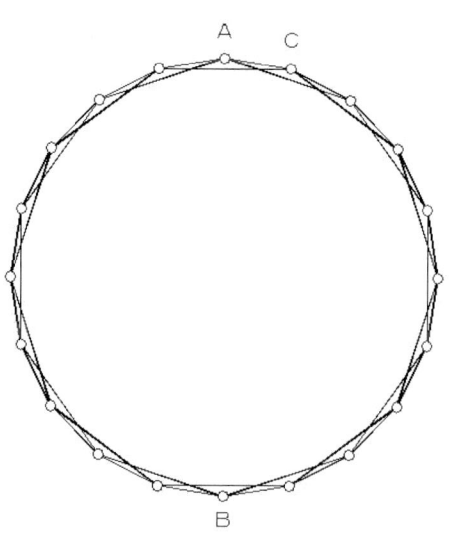

図 4-2　正則グラフ

4.2.2　ランダムグラフ

　ランダムグラフ（random graph）は，その名が示すとおり，ノードとノードが一定の確率で結びつけられるネットワークのことである。Erdős と Rényi（1959）が最初数学モデルを用いてランダムグラフの次数分布を定式化した。すなわち，n 個のノードからなるグラフで二つのノードをリンクでランダムにつなぐ確率を次のように示す。

$$p(k) \approx \frac{\lambda^k e^{-\lambda}}{k!} \tag{4-4}$$

ここで，kはノードの次数，λはノードの平均次数である。ランダムグラフのノードの数 (n) が多いほど，ノードの次数分布がポアソン分布（Poisson distribution）に従うことになる。

図 4-3 の A は，ノード数 (n) を 100 に，ノード間にリンクを接続する確率 (p) を 0.05 に設定して，発生させた無向のランダムグラフの例である。図 4-3 の A に示したランダムグラフから，次数分布のヒストグラムを作成すると，図 4-3 の B になる。図 4-3 の B にみられるように，次数は 4 付近のピークがある。さらに，このランダムグラフの距離行列から平均距離を算出した結果，平均距離は 2.9184 になる[1]。クラスター係数の平均値は 0.0449 である。したがって，ランダムグラフは平均距離が小さく，クラスター係数も小さく，次数分布がピークをもつという特徴があることがわかる。

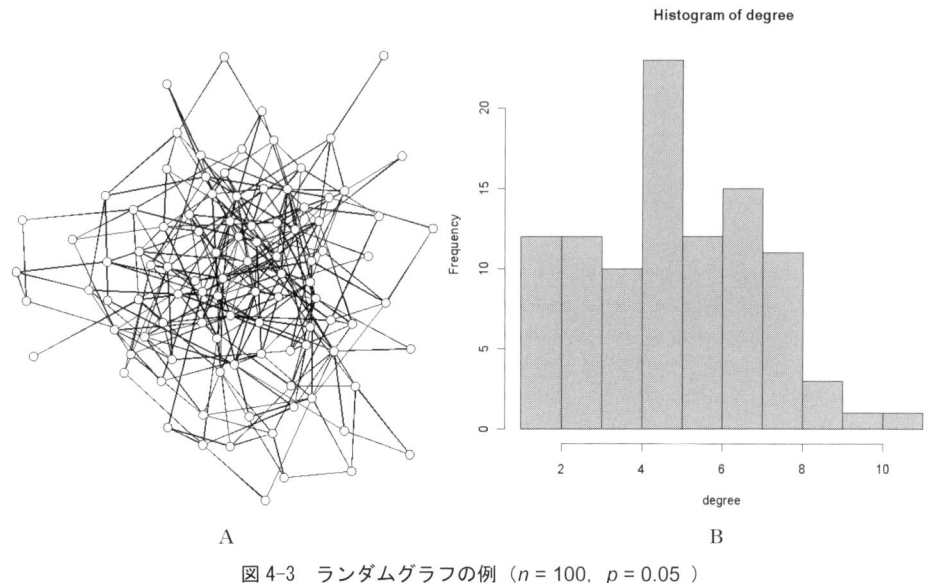

A   B

図 4-3 ランダムグラフの例（n = 100, p = 0.05 ）

社会ネットワークから神経細胞ネットワークまでを含む，現実のネットワークについて知っている限りのことから推測すると，現実のネットワークはランダムではない。なぜだろうか，60 億人を超える地球の人口から，本当にランダムに

友人を選ぶと想像してほしい。すると，地域や職場，学校の誰かと友達になるよりも，他の大陸に住む誰かと友達になる可能性のほうが高いことになる。いかに世界旅行や電気通信が一般化した現代であっても，これはばかげた考えだ（Watts, 2003）。私たちは日常的な経験から，自分の友人どうしが互いに友人であるといったことから，ランダムグラフは現実の社会をうまく表現しているとはいえないことがわかる。

4.3 スモールワールド・ネットワーク

4.3.1 スモールワールド現象とは

筆者が日本の大学大学院に留学したとき，同じ研究科のT準教授がカナダのブリティッシュコロンビア大学へ研修に行った。翌年彼が日本に戻ってきて，研修中にこの大学に留学している，私がかつて務めた中国の大学地理学部の教え子Yさんによく面倒してもらったことを教えてくれた。「世間は狭いな」と驚いた。

「スモールワールド」現象とは，そもそもはこのように社会ネットワークにおいて二つのグループ（上記の日本の大学院研究科と中国の大学地理学部）に所属している二人（上記のT準教授とYさん）の距離が意外に短いことを指している。もう少し正確にいうと，グラフが小さい平均距離と，大きなクラスター係数とを同時に実現しているとき，スモールワールド現象を上手く表現するといわれる。

4.3.2 WSモデル

この「スモールワールド」現象を上手く説明するモデルとして，スモールワールド・ネットワーク（small world networks）の理論は，コロンビア大学社会学部のWattsと彼の指導教官であったStrogatzによって導入され，二人の名前の頭文字をとってWSモデルと呼ばれる。

図4-4のAは20のノードがリング状に並び，すべてのノードが左右両側の二つのノードと規則的につながっている正則グラフである。図4-4のCはノード

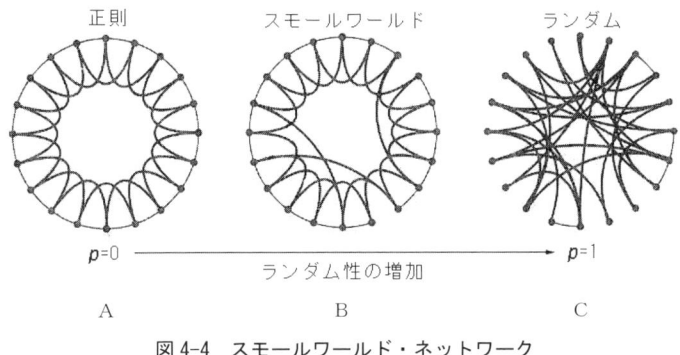

図4-4 スモールワールド・ネットワーク
出所：Watts and Strogatz (1998)

がまったく不規則的につながっているランダムグラフである。WattsとStrogatz（1998）は，この完全に規則的なグラフから完全に不規則的なグラフまですべての中間的な段階をくまなく調べた結果，正則グラフで少数のリンクの片方の端をランダムに他のノードにつなぎかえれば，ノード間の平均距離に大きな影響をもたらすことを発見した。すなわち，ネットワークの規模に関係なく，平均的に最初の5回ほどのリンクつなぎかえは，あるノードから他のノードへ移動する平均距離を半分程度に短縮したことである。これは図4-4のBに示されるようなスモールワールド・ネットワークである。他方，リンクのつなぎかえはノード間の平均距離には大きな影響を与えることに対して，ネットワークのクラスター係数にはさほど急激な変化をもたらさない。すなわち，スモールワールド・ネットワークでは，ノード間の規則的なつながりを保ったまま，ネットワークのノード間の平均距離が急速に縮まっていることである。

一般に，WSモデルによるスモールワールド・ネットワークの作り方は次のとおりである。

ステップ1：n個のノードがリング状に並び，ノードの次数kを偶数として，それぞれのノードが左右両側の$k/2$個のノードと規則的につないで，$nk/2$本のリンクをもつ正則グラフを生成する。

ステップ2：$nk/2$本のリンクのうち，確率p ($0 \leq p \leq 1$) だけのリンクをランダムに選び，選ばれたそれぞれのリンクに対して，1/2の確率で片方のノ

ードとのつながりを保ったまま，もう片方のノードとリンクを切り離す。

ステップ3：各リンクの新しい接続先のノードをランダムに選んでつなぐ[2]。

このように生成されるネットワークは，$p = 0$ のときには，つなぎかえが起こっていないので，正則グラフのままである。$p = 1$ のときには，すべてのリンクに対してつなぎかえが起こるので，基本的にランダムグラフと同じである。

表4-1は，100のノードからなる正則グラフ（$k = 8$），スモールワールド・ネットワーク（$p = 0.2$），ランダムグラフの平均距離とクラスター係数の平均値を表すものである。表4-1に示されるように，正則グラフは平均距離が最も大きく，クラスター係数の平均値も最も大きい。一方，ランダムグラフは平均距離が最も小さく，クラスター係数の平均値も最も小さい。スモールワールド・ネットワークのそれらは中位にある。

表4-1 スモールワールド・ネットワークの性質測度

	平均距離	クラスター係数の平均値
正則グラフ	12.88	0.500
スモールワールド・ネットワーク	4.01	0.210
ランダムグラフ	3.42	0.031

注：ノード数（規模）は100である。

さらに，リンクのつなぎかえの確率 p がゼロから増大すると，平均距離とクラスター係数の変化を考察する。同じくノード数を $n = 100$，ノードの次数を $k = 8$（すべてのノードが左右両側の個の $k / 2 = 4$ ノードと規則的につなぐ）にする正則グラフから初めて，リンクのつなぎかえの確率 p を0から1まで0.01間隔で変化させていく。

図4-5は確率 p 値における平均距離とクラスター係数の変化を表すものである。図4-5に示されるように，正則グラフをランダム化していく（p 値がゼロから増大する）とき，平均距離は急速に低下した後に緩やかになり，ランダムグラフの

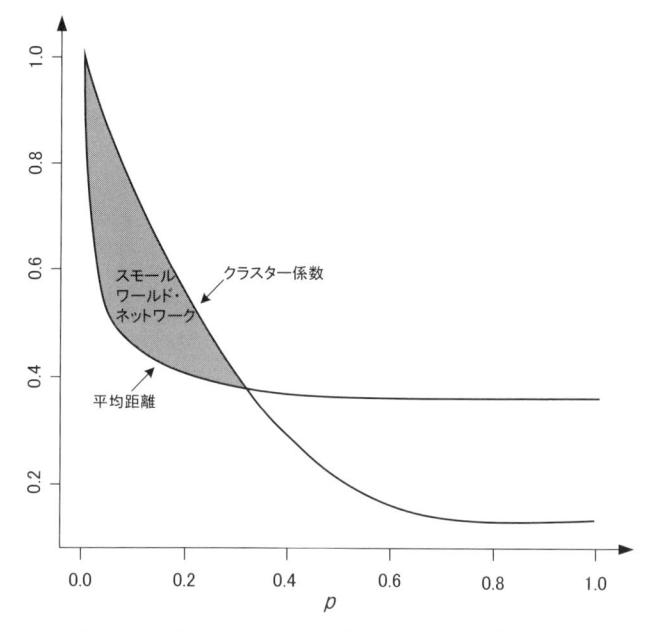

図 4-5　*p* 値における平均距離とクラスター係数の変化

限界まで緩やかに収束していく．それは，多くのノードのペア間の距離が縮まると，個々にできた近道のおかげでその後さらに近道ができても，さほど大勢に影響を与えないからである．平均距離の変化に比べて，クラスター係数の低下は遅いことがわかる．そのため，その間（図 4-5 の陰の部分）により小さい平均距離と，大きいクラスター係数を同時に実現するスモールワールド・ネットワークが現れることである．

　図 4-6 は 100 のノードからなる正則グラフ（$k = 8$），スモールワールド・ネットワーク（$p = 0.2$），ランダムグラフの次数分布を表すものである．正則グラフではどのノードも同じ次数をもつ一様分布であり（図 4-6 の A），ランダムグラフではピークをもつ分布であり（図 4-6 の C），スモールワールド・ネットワークではその中間の形になる（図 4-6 の B）．

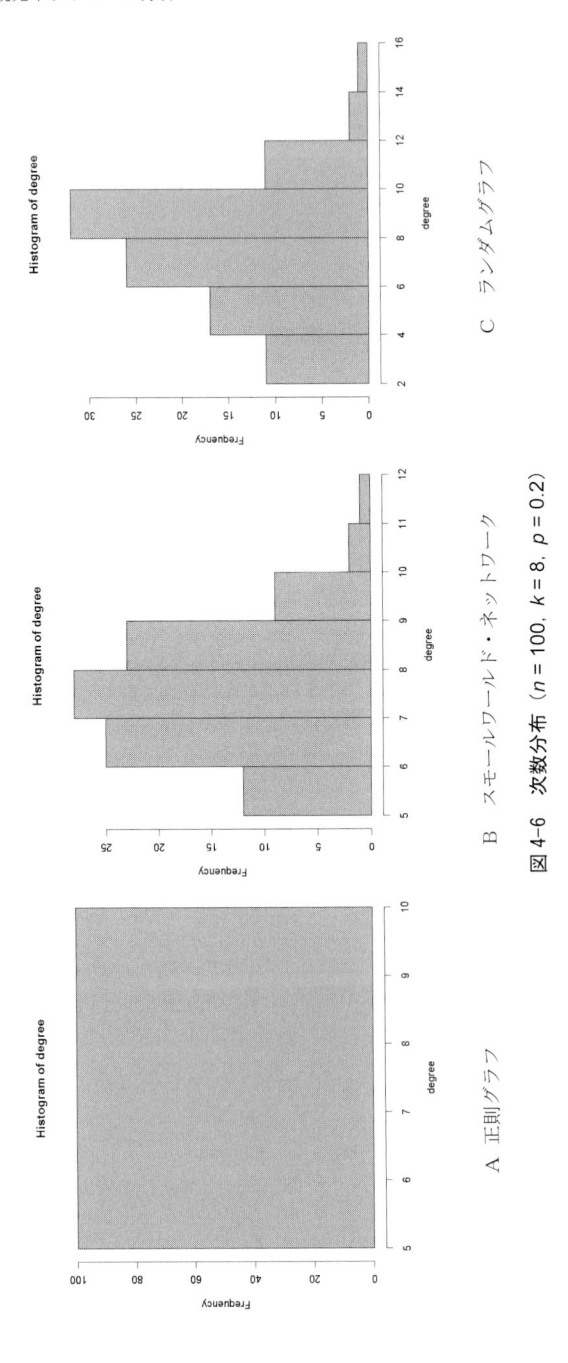

72　第 I 部　観光ネットワーク分析

A　正則グラフ　　B　スモールワールド・ネットワーク　　C　ランダムグラフ

図 4-6　次数分布 ($n = 100$, $k = 8$, $p = 0.2$)

4.4 スケールフリー・ネットワーク

4.4.1 スケールフリー現象とは

19世紀のイタリア人経済学者 Vilfredo Paretok は,「金持ちはより金持ちになる」というアメリカの富の分布が「ベキ乗則」のようになることを初めて指摘した。つまり,ごく少数の金持ちが巨万の富を所有しているのに対して,大変多くの人が比較的小さな富を得ているということである。富の分布の他に,都市の大きさ,地震の規模,各単語の現れる頻度,生物の種類ごとの数などの分布もベキ乗則となる。

多くのネットワークの中にも,次数分布がベキ乗則であることが1999年から発表され始めた。あるごく少数の非常に多くの紐帯をもつアクターが,その数とは不釣合いなほど影響をもつ可能性がある。例えば,ワールド・ワイド・ウィブ (WWW) のネットワークでは,人気のある観光案内サイトや航空券・ホテル予約サイトなどが膨大な数のリンクを集め,他の多くのサイトはほんの少ないリンクしかもたないことがある。

このようなネットワークの次数分布がスモールワールド・ネットワークやランダムグラフとはまったく異なり,ベキ乗則(power-law)として知られている分布(図4-7)に従っている。ベキ乗則は次のような式で表される。

$$p(k) \propto \frac{1}{k^\gamma} \quad (\gamma > 0) \tag{4-5}$$

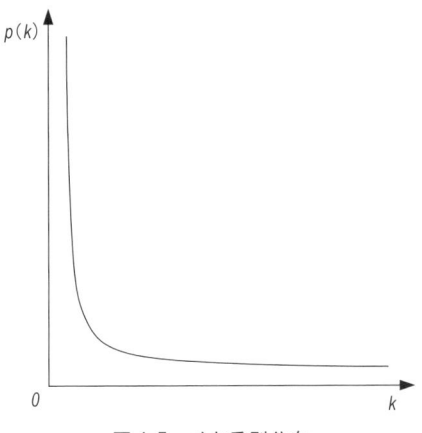

図4-7 ベキ乗則分布

ここで，k は次数，$p(k)$ は次数 k の確率，γ はベキ指数（power-law exponent），$\propto$ は比例していることを表す記号である。図 4-8 のような平均値の周りに分布しており，指数的にすそが下がっている正規分布（normal distribution）に比べると，ベキ乗則次数分布では，次数の確率は初めに最大値を示し，それから次数の増大に伴って急速に減少した後，無限大に向かって緩やかに減少していく。

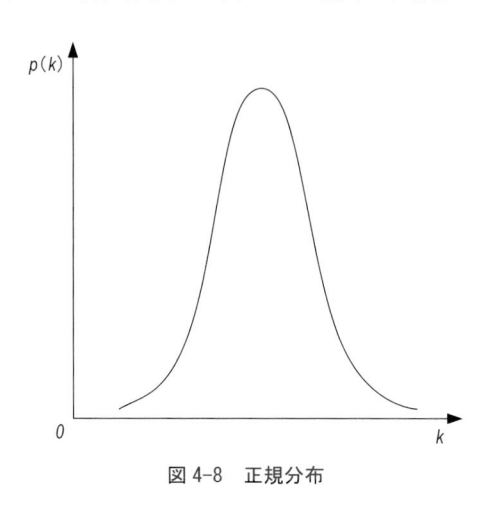

図 4-8　正規分布

ネットワークの世界では，ベキ乗則のことをスケールフリー（scale free）という。次数分布がベキ乗則分布であるネットワークをスケールフリー・ネットワーク（scale free network）と呼ぶ。

4.4.2　BA モデル

BA モデルは，米国ノートルダム大学物理学教授 Barabasi と彼の学生 Albert（1999）によって，成長（grow）と優先的選択（preferential attachment）という二つの規則にもとづいてスケールフリー・ネットワークとその作成方法が提案されたモデルで，二人の名前の頭文字をとって BA モデルと呼ばれる。BA モデルを用いてスケールフリー・ネットワークを次のように作る。

ステップ 1：m_0 個のノードをもつ完全グラフを作る。
ステップ 2：(I) 新しいノードを一つ追加する。

(II) 新しいノードは，すでにあるネットワークで次数の高い m ($\leq m_0$) 個のノードを優先的に選んで，その間にリンクを張る。つまり，この m 本の新しいリンクの接続先は各ノードの次数に比例した確率で選ばれる。

ステップ 3：上記の（I）と（II）を繰り返す。

ここで，ステップ 2 に関してもう少し詳しく説明しよう。仮に，BA モデルを用いてネットワークがすでに n 個のノードを持つものまでに成長した。そのとき，また一つのノードを追加し，新しいリンクがノード i に接続する確率はノード i の次数 $k(i)$ に比例する。すなわち，確率 $p(i)$ が次の式で算出され，ノード i が新しいリンクの接続先として選ばれる。

$$p(i) = \frac{k(i)}{\sum_{j=1}^{n} k(j)} \tag{4-6}$$

図 4-9 は BA モデルによってスケールフリー・ネットワークを作っていくプロセスを表すものである。白いノードが新しく追加されるノードであり，黒いノードから次数の高いノードを二つ選んでリンクでつなぐことが描かれている。例えば，最初，g_0 のグラフは三つのノードからなる完全グラフなので，どのノードも同じ次数をもち，選ばれる確率がすべて 1/3 である。二つのノードがたまたま選ばれ，新しいリンクの接続先とする。しかし，g_4 のグラフは 11 本のリンクがあるので，次数の合計値 $\sum_{j=1}^{n} k(j) = 22$ になっている。このとき，次数の高いノードと低いノードが分けられているので，各ノードが新しいリンクの接続先として選ばれる確率に差が出てきている。そのとき，二つのノードが新しいリンクの接続先として選ばれやすくなる。このように成長と優先選択ルールで繰り返されることによって次数が大きいハブ（hub）と呼ばれるノードが現れる。次数がいくつ以上がハブという決まりはないが，スケールフリーの中でベキ指数 γ が小さいほどハブが出やすい。

ノード数 1000，一回につなぐリンク数 2 のスケールフリー・ネットワークを作ることにする。図 4-10 はこのネットワークの次数分布である。この図にみられるように，作られたネットワークはベキ乗則分布をもつスケールフリー・ネッ

76 第Ⅰ部 観光ネットワーク分析

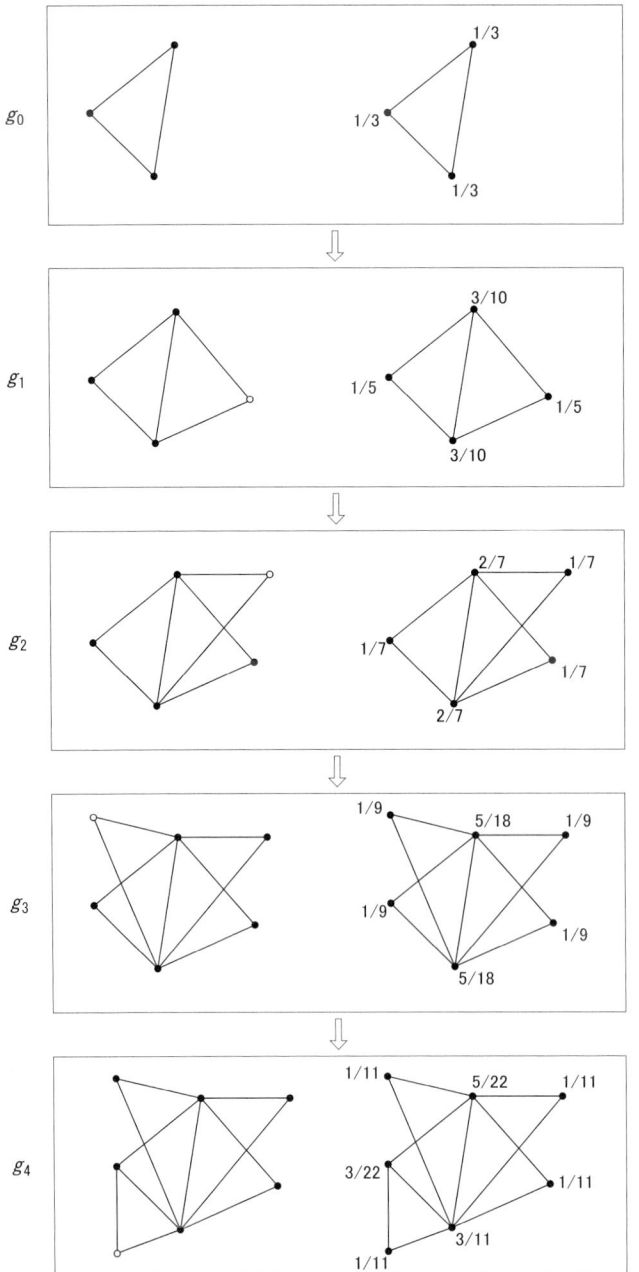

図4-9 BAモデル

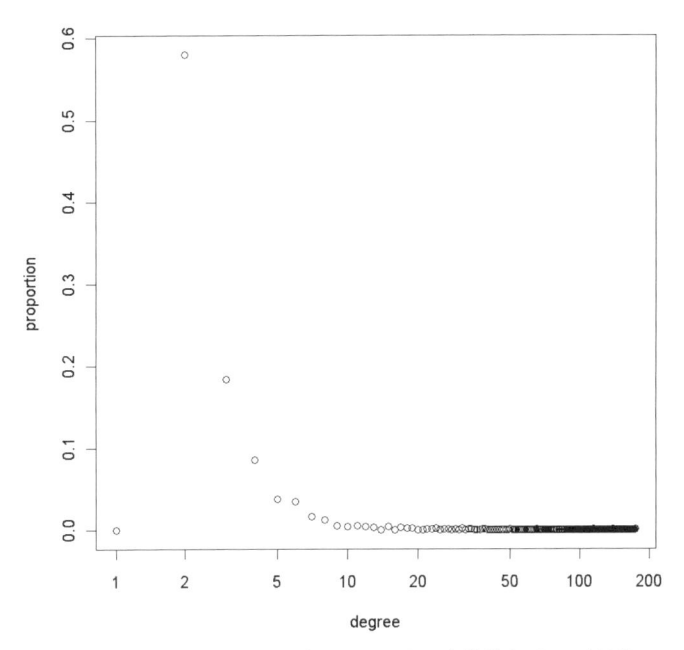

図4-10 スケールフリー・ネットワークの次数分布（$n = 1000$）

トワークであることがわかる。さらに，このネットワークの平均距離とクラスター係数の平均値はそれぞれ 3.470 と 0.079 である。Barabasi と Albert のスケールフリー・ネットワークのモデルは Watts と Strogatz のスモールワールド・ネットワークのモデルと比べて，ノード間の平均距離はともに小さいものの，クラスター係数はスモールワールド・ネットワークより小さいのである。

4.5　観光ネットワークとコンピューターネットワーク

インターネット時代において，観光情報（tourism information）の伝達や観光サービスに色々な新しい方法が現れている。とくに，観光サービス会社と旅行会社はウェブベースの技術の利用によってサービスコストの削減や観光客の誘致に成功している。

本節では，イタリアのエルバ島を観光対象地として関係主体から構成された観光ネットワーク（tourism network, TN）と観光関係のウェブネットワーク（web network, WN, 以下ウェブネットワークと略称する）との関係分析の事例（Baggio, 2008）を紹介する。

Baggio はネットワーク分析を用いて，エルバ島の観光ネットワークとウェブネットワークを考察した。つまり，ハイパーリンクによるウェブサイト間のつながりと観光ネットワーク形成への影響を同時に考慮した上で，2 ネットワーク間の関係を明らかにした。

図 4-11 と図 4-12 はエルバ島における観光ネットワークとウェブネットワークである。ここで，観光の関係主体を観光ネットワークのノードと，ウェブサイトをウェブネットワークのノードとしている。図 4-13 はネットワークの次数分布

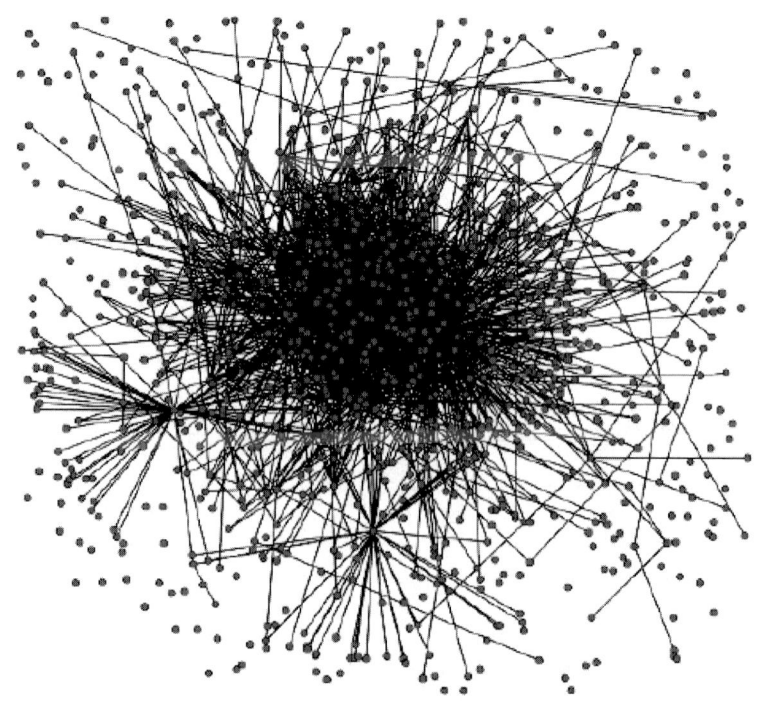

図 4-11　エルバ島における観光ネットワーク
出所：Baggio (2008)

図 4-12　エルバ島における観光関係のウェブネットワーク
出所：Baggio (2008)

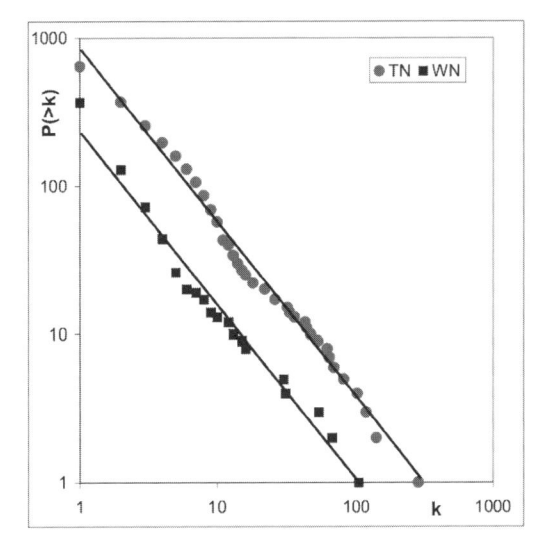

図 4-13　次数分布（両対数グラフ）
出所：Baggio (2008)

（両対数グラフ）である。図にみられるように，二つの次数分布は線形的な点分布を呈しており，ベキ乗則に従っている。そのため，観光ネットワークとウェブネットワークは上記の「成長」と「優先的選択」にもとづいて形成されたスケールフリー・ネットワークであることが認められる。

この研究では，ネットワークの類似性を確認するために，Kolmogorov-Smirnov (KS) 検定 (Kolmogorov-Smirnov test)[3] を用いて両ネットワークの特徴測度の度数分布 (frequency distribution) の差を比較した。KS 検定統計量 D を以下のように求める。

$$D = \max_x |F(x) - G(x)| \tag{4-7}$$

ここで，$F(x)$ と $G(x)$ は二つのネットワークの特徴測度の累積相対度数である。D はネットワークの規模と関係しない，ノンパラメトリック統計量である。

まず，次数，クラスター係数，近接中心性，媒介中心性といたネットワークの特徴測度について，式 (4-7) によってウェブネットワーク (WN) と観光ネットワーク (TN) の KS 検定統計量 D を求める（表 4-2 の第 2 欄）。次に，ウェブネットワークのノード数と等しいランダムネットワーク (RN) を生成し，このネットワークと観光ネットワークとの KS 検定統計量 D を求める（表 4-2 の第 3 欄）。表 4-2 の第 2 欄を第 3 欄と比較すると，すべての特徴測度の値 D は第 2 欄（WN と TN）のほうが第 3 欄（RN と TN）より小さい。したがって，ウェブネットワークと観光ネットワークの類似性が高いことが認められる。つまり，ウェブネットワークは，観光地の社会・経済と係わる観光ネットワークの一つの代表として，ウェブネットワークを通じて観光ネットワークを考察することが可能である。

表 4-2　Kolmogorov-Smirnov 検定統計量 D

ネットワーク特徴測度	WN と TN	RN と TN
次数	0.119	0.147
クラスター係数	0.147	0.178
近接中心性	0.044	0.083
媒介中心性	0.030	0.077

出所：Baggio (2008)

注

1) グラフが連結でない場合は，連結されないノード間の距離は無限大になってしまうので，そのような距離は除き，また対角にある 0 の値も除いて平均値を算出する．
2) 新しい接続先は，つなぎかえるまえと同じノード，リンクの両端が同じノードになってループができるノードは選べないこととする．
3) Kolmogorov-Smirnov（KS）検定に関する詳しいことについて，本書第 6 章の 6.3 を参照してください．

参考文献

増田直紀・今野紀雄（2010）:『複雑ネットワーク入門 基礎から応用まで』，近代科学社．

Baggio, R. (2008): Tourism network and computer network. http://arxiv.org/ftp/arxiv/papers/0801/0801.2196.pdf, 2012.1

Barabasi, A.L. and Albert, R. (1999): Emergence of scaling in random networks. *Science*, **286**, 509-512.

Barabasi, A.L. (2002): *Linked: The New Science of Network*, Perseus.（青木薫訳（2002）:『新ネットワーク思考－世界のしくみを読み解く』，NHK 出版）

Erdõs, P. and Rényi, A. (1959): On random graphs. *Publications Mathematicae (Debrecen)* **6**, 290-297.

Watts, D.J. (2003): *Six Degrees: The Science of a Connected Age*, W. W. Norton.（辻竜平，友知政樹訳（2004）:『スモールワールド・ネットワーク－世界を知るための新科学の思考法』，阪急ミュニケーションズ．）

Watts, D.J. and Strogatz, S. (1998): Collective dynamics of 'small-world' networks. *Nature* **393**, 440-442.

第Ⅱ部
観光データ分析

第5章　観光データの収集

　観光データ分析でも，観光モデリングでも，信頼性の高い正確なデータが必要である。データは，伝達，解釈，処理などに適する形式をとって概念や実世界を客観的に表現し，観察や観測のプロセスを通して得られた複数個の事象の数値集合である。データ自身はただの一連の記号だけで特別な意味をもたないが，データを一旦概念や実世界に取り込んだら，物事間の関係の仮定，事象への認識，人々の意思決定に役立つ情報になる。他の分野と同様に観光研究でも大量のデータが必要である。正確なデータを能率的に探し出して手に入れ，入手したデータを効率的に管理してデータから有効な研究成果を得ることは，研究上大切な仕事である。

　本章では，まず，観光業務や研究に利用されるデータの数値の種類とデータ入手方法によるデータ分類を簡単にレビューし，観光データ分析 (data analysis in tourism) で有効かつ信頼できる結果を得るために，データ品質に関するおもな特性を検討する。さらに，日本国内外の既成の観光データとその整備状況を紹介する。

5.1　データの数値の種類

　観光データ分析において，どのような分析手法を採用するかを明確に判断するために，まずデータの数値の種類を見定めなければいけない。一般に，数値の種類に名義尺度，順序尺度，区間尺度，比率尺度の4種数がある。名義尺度と順序尺度のデータはカテゴリーデータ (categorical data)，区間尺度と比率尺度のデータは定量的データ (quantitative data) と呼ばれる。

(1) 名義尺度

観光対象のある属性について，対象をカテゴリに分類したり，対象を記述するために標識や記号を与えることにより，対象とカテゴリ，対象と記号を1対1に関係づける場合がある。観光地域のコード番号や観光資源の分類番号などがこの尺度に該当する。このように観光属性がカテゴリ，標識，記号によって記述されるとき，属性は名義尺度（nominal scale）で測定されるという。名義尺度は，等値関係だけがあり，特定の順序と距離の意味をもたない。例えば，旅行者について男と女の二つのカテゴリを設けて，男に1と女に0を与えるが，男の1が女の0より大きいという意味はない。ネットワーク分析の分野でも名義測度がよく使われている。人間関係を表わしたきわめて単純なネットワークでは，人を点として2点の間に見られる線はこの二人の間に関係があることを意味する。点間の線の有無は，有の1と無の0という名義測度で表示すると，隣接行列が得られる[1]。

その他に，観光資源に関しては，自然資源，人文資源，複合資源の大分類，自然資源の山岳，高原，湿地，滝，海岸，岩石・洞窟など，人文資源の史跡，寺社，城跡・城郭，博物館・美術館など，複合資源の歴史景観，田園景観，都市景観などの小分類は名義尺度の例である。

(2) 順序尺度

観光対象のある属性について，等値関係のみならず固有の順序関係を記述されるとき，観光属性は順序尺度（ordinal scale）で測定されるという。例えば，観光客の学歴（小学校，中学校，高校大学，大学院）は，自然数的順序をもつ順序尺度である。小学校に1，中学校に2，高校大学に3，大学院に4という順序を示す数値を与えると，中学校の2が小学校の1より，高校大学の3が中学校の2より，大学院の4が高校大学の3より，階級が上で教育歴が長いことがわかる。しかし，順序尺度によって各階級間の差は数値で表示することができない。なお，正確な数値が得られないデータを順序尺度のデータに変えれば，観光データ分析の利用する際にかなり有用になる。

その他に，ホテルを一つから五つまでの星をつけることによるホテルランク分けが観光分野での順序尺度の例である。

(3) 区間尺度

　観光対象のある属性について，自然数的順序関係の他に各階級間の差の意味が明確にされるとき，観光属性は区間尺度（interval scale）で測定されるという。例えば，10°と20°の温度の差は20°と30°の差と等しいが，20°は10°の2倍の温度とは言えない。要するに，区間尺度は事象間の差を測れるが，それに対応する大きさは測れない。なお，ゼロという数値をどこに定めたかが対象によって異なる。温度の場合は純水が氷になる温度を摂氏0°と定める決まりにもとづいている。

(4) 比率尺度

　観光対象のある属性について，区間尺度のすべての性質をもつ他に，0値が絶対的な意味をもって定められるとき，観光属性は比率尺度（ratio scale）で測定されるという。例えば，物理的な距離の0は二つの地点間に距離がないという意味であり，20 kmは10 kmの2倍の長さである。距離の他に重量，面積，収入などは典型的な比率尺度であり，あらゆる算術演算をすることが可能である。

5.2　データの分類

　データは様々な規準によって分類される。例えば，上記の数値の種類によってカテゴリーデータと定量的データに，入手方法によって新規データと既成データにそれぞれ分けられる。さらに，データの測定レベル，観測規模，データ取得のメディア・方式を規準にしてデータを分類することもある。本節では，入手方法によるデータ分類について概説する。

　データ入手方法とデータ源によってデータは新規データと既成データに大きく分けられる。

(1) 新規データ

　新規データ（primary data）とは，研究者が観光目的地調査，アンケート調査，聞き取り調査，サンプリングによって調査対象から直接得たデータであり，自作

データ，一次データとも呼ばれる。

　新規データはある研究目的のために収集されたデータなので，有効なものが多いといえる反面，データ収集には時間や労力やコストが多くかかってしまう。最近，新規データの収集ではウェブサイトや他の情報通信技術を用いた自動的なデータ収集法，オンラインアンケート調査がよく利用されている。このようにインターネットやウェブサイトの利用によってデータ収集のコストと所要時間を大幅に節約し，インターネットサーベイは聞き手や助手などを雇わずに回答者から直接データを収集し分析用データベースに集めることが可能になった。しかも収集されたデータは信頼性が高く，誤差が少ないというメリットもある（Dillman, 2007）。

　しかし，このようなオンラインサーベイは，標本の代表性や利用したメディアの特性や回答者の個人差から生じた様々な問題とデータのバイアス問題を無視してはいけない。研究者はデータ収集方法の他に，データの代表性や標本サイズ，データ品質などもよく考える必要がある。そのために，本番のデータ収集のまえにまず試験的にサンプルを抽出し，研究への関連性を調べる。抽出されたサンプルは母集団パラメータ推定やデータ分布，標本サイズの確定によく利用され，大規模な観光調査にも役に立つ。

(2) 既成データ

　新規データの取得が難しいまたは新規データより既成データのほうが研究や業務に適する場合，例えば，訪日外国人旅行者（foreign visitor to Japan）の消費動向（consumption trend）を調べる際に，観光庁に刊行された訪日外国人の泊数や旅行支出，土産品購入金額などの既成データを利用すれば調査が進められると考えられる。

　既成データ（secondary data）とは，他の目的のために，過去に自分または他人によって収集され，蓄えられたデータであり，二次データとも呼ばれる。観光の既成データは，主に国際観光組織，政府の観光部門，観光企業，個人によって整備され，データ提供者組織や図書館，オンラインデータベースなどを通じて手にいれられる。これらのデータは普段フリーまたは低価格のものが多く，様々なデータ源からいろいろなデータを抽出し組み合わせ利用も可能である。

　しかし，既成データの利用には様々な問題がある。その一つは，既成データは

各組織あるいは企業から作成されたため，データベース構造とデータフォーマットを調べることが困難であり，データ要素の特徴とその意味を理解しにくいこともある．したがって，既成データを利用するまえにデータの品質や自分の研究に適合できるか否かを確認するために，データの作成仕様書と利用説明をよく読む必要がある．いま一つは，世の中で流通している既成データが集計されたものが多いので，より小さい単位地区ないし個票レベルのデータの必要な研究にはあまり適用できなくなってしまう．

(3) 新規データと既成データの組合せ利用

多くの研究では，様々なデータ源から研究用のデータを集め，新規データと既成データを組み合わせて利用している．既成データには有用の情報が多くあり，まずは既成データを検索したうえで，足りない部分を新規データで補うことが望ましい．勿論，これは順々にひとつひとつ完了させていくような性質のものではない．外から見たら順を追って進めたように見える研究でも，実は現地調査で得たデータや経験からスタートしたものは少なくない．例えば，観光の現状に興味をもったからといって，いきなり海外へ飛び立つのも一つのやり方なのである．

5.3 既成データの所在

国や地域のレベルの観光データ（tourism data）は観光省庁や統計局などの政府機関，民間企業によって，国際観光データは国際観光組織・協会，民間企業によって整備され，最近インターネットやウェブサイトでデータとデータ品質情報を提供し，ダウンロードの方法も教えてくれる．

5.3.1 日本の既成データ

日本では，官民様々な組織は観光に関する調査・統計データを整備・作成している．旅行時の流動や消費額，旅行に対する満足度に関する観光調査・統計では，調査の対象が国内旅行をする日本人と訪日旅行をする外国人に分けられている（国土交通省総合政策局観光企画課，2005）．これらはすべて定期的に実施されて

おり，累年的な利用が可能である。観光分析に役に立つ全国的な旅行者調査・統計とその刊行組織を列挙すると表5-1のようになる。

上記の書物は，政府機関，民間調査機関，民間企業による統計データを網羅的に収録しているが，地方的データは除かれている。これによって，課題をもって研究地域へおもむくまえに，政府機関で刊行されている課題に関連した既成のデータを収集し，それにもとづいて研究地域についてのデータを入手すれば，それを能率的にまた正確に行うことができる（奥野，1977）。

表5-1 主要旅行者調査・統計とその刊行組織

日本人旅行者流動実態（入込、宿泊）調査・統計
「全国旅行動態調査」　国土交通省
「観光の実態と志向」　（社）日本観光協会
「JTBF 旅行者動向調査」　（財）日本交通公社
「全国観光動向」　（社）日本観光協会
「観光地動向調査」　（財）日本交通公社，日本ホテル協会資料等
「幹線鉄道旅客流動実態調査」　国土交通省
「航空旅客動態調査」国土交通省
「国際航空旅客動態調査」　国土交通省
「全国道路交通情勢調査（自動車起終点調査）」　国土交通省
「幹線旅客純流動調査」　国土交通省
「宿泊白書」　JTB
「JTB REPORT　海外旅行実態調査」　JTB等
日本人旅行者消費額調査と統計
「旅行・観光消費動向調査」　国土交通省
訪日外国人旅行者流動実態（入込、宿泊）調査・統計
「訪日外国人旅行者調査」　（財）国際観光振興機構（JNTO）
「国際航空旅客動態調査」　国土交通省　等
訪日外国人旅行者消費額調査と統計
「国際収支統計」　財務省・日本銀行
「訪日外国人旅行者消費額等の動向調査」　財務省・みずほ総合研究所(株)　（平成14年）
「訪日外国人客消費額調査」　（財）国際観光振興機構（JNTO）　（平成8年まで）
「訪日外国人旅行の経済波及効果に関する基礎調査」　（財）国際観光振興機構（JNTO）（平成12年）等

5.3.2 国際の既成データ

観光に力を入れている欧米諸国では，観光統計を観光政策の重要なインフラと位置づけており，きめ細かな調査にもとづいて統計データを様々な観光政策に反映させている事例が多くみられている。

国際組織・協会，民間企業は世界レベルの観光データの作成と整備を進

表 5-2　主要国際組織・協会，民間会社と観光データサイト

	サイト名	URL
組織	世界観光機関（UNWTO）	http://www.unwto-osaka.org
	国際観光基金（WTF）	http://www.worldtourismfoundation.org/
	国連の統計データベース（UNDATA）	http://data.un.org/
	経済協力開発機構（OECD）	http://www.oecd.org/
	欧州旅行委員会（ETC）	http://www.etc-corporate.org/
	EU統計局（Eurostat）	http://epp.eurostat.ec.europa.eu/
	米州機構（OAS）	http://www.oas.org/
	世界銀行（The World Bank）	http://www.worldbank.org/
	世界経済フォーラム（WEF）	http://www.weforum.org/
	国際通貨基金（IMF）	http://www.imf.org/
協会	ホテル，レストラン，および機関教育国際評議会（CHRIE）	http://www.chrie.org/
	国際ホテル＆レストラン協会（IH&RA）	http://www.ih-ra.org/
	太平洋アジア観光協会（PATA）	http://www.pata.org/
	南太平洋観光局（SPTO）	http://www.spto.org/
	旅行・観光研究会（TTRA）	http://www.ttra.org/
	国際旅行業協会（WATA）	http://www.wata.org/
	世界ガイド連盟（WFTGA）	http://www.wftga.org/
	世界旅行ツーリズム協議会（WTTC）	http://www.wttc.org/
民間企業	ヨーロッパ旅行モニタ/IPK国際	http://www.ipkinternatioanal.com/
	メン・コンサルティング・グループ	http://www.menloconsulting.com/
	ミンテル（トラベル＆ツーリズム・インテリジェンス）	http://www.mintel.com/
	ニールセン・カンパニー	http://www.nielsen.com/
	ガートナー・グループ	http://www.gartner.com/

め，観光統計をまとめたデータ集に刊行している。なお，多くの国際組織と協会はウェブサイトでデータを無料に提供している。しかし，民間企業の市販データは値段の高いものが多い。

おもな国際組織と観光データ源を整理すると表 5-2 にまとめられる。

5.4 観光データ品質と統合

5.4.1 データ形式

データの形式はデータの重要な要素の一つである。観光データはいろいろな形式で表現され，多種の媒体に記録されている。観測変数の数によれば単変量データと多変量データに区分される。情報通信技術の進歩につれ，観測変数データのほかに地理空間データ，マップデータ，イメージデータ，統計グラフ，テキストなど多種多様なデータも整備され，そのほとんどはデジタル化され数値形式になっている。さらに，行政機関と民間企業は時系列の観光データの整備も進めており，データを時系列的に作成・管理すれば，膨大の観光データベースが発生され，データの管理とメンテナンスがますます重要な課題になろうと考えられる。

5.4.2 データ品質

観光データ分析のよい結果を得るために，まず品質の高いデータが必要である。データ品質の明白な定義は困難であるが，特定情況の中で品質に関する概念を考えるのは有益である。品質の高いデータはいくつかの重要な特徴があり，国際通貨基金（IMF）や欧米の統計当局はその評価の方法が考案された。データ品質はおもなに以下の六つの項目で評価する。

① 正確性（accuracy）
データの値が「真値」に近い値であることを示す尺度である。データの誤差の小ささ，調査方法の正確さを言う。

② 関連性（relevance）

データは調査研究，意思決定，計画などの目的に適しており，データの重要性を表すことである。

③ 同等性（comparability）

データの概念と分類と調査方法のガイドラインはすべて国際基準を使用することである。

④ 一貫性（coherence）

データ集合内の観測データ，データ集合間に矛盾がなく，時間上で一貫性を保つことである。

⑤ 近接性（accessibility）と透明性（claricy）

データへのアクセス条件（方式，サポート，制限など）とデータに関する情報（文書資料，説明書，利用有効の限度，ユーザへの支援など）の有効さである。

⑥ 適時性（timeliness）

データの作成と配布の日時はちょうどデータへの需要に間にあっていることである。

定量的データ品質評価では，数量化方法を用いて評価項目の数値変化範囲を算出し，それを指標値としてデータ品質を評価する。一般には，データ収集のまえに品質評価項目一覧表をあらかじめ用意して，それにもとづいて収集されたデータの品質を評価する。Pipino ほか（2002）はデータ品質評価に正確性，関連性，同等性，一貫性，近接性，適時性の他に，データ量，信用度，完全性，簡潔性，客観性，評判，セキュリティ，操作のやすさ，エラーフリー，相互利用，わかりやすさ，付加価値という 12 評価項目を加えて計 18 項目を考案した。しかし，実際応用では研究課題や業務内容に応じてその中から一部の項目を選んで，各項目に評価の点数（例えば，1〜10）を付けてデータを評価することが多い。このようなデータ品質評価によって入手した新規データまたは既成データを評価し，複数のデータ集合を比較することが可能であり，実際の仕事にあうようなデータをいちはやく見つけることができる。

5.4.3　データの統合と標準化

複数のデータ源から集まった既成データは利用まえにデータの統合と標準化が

重要である。一般に，国際データ標準化組織は様々な国に整備されたデータをデータの作成仕様書やメタデータにもとづいて統合する。しかし，国際観光組織からデータ標準化の規準や勧告書がすでに刊行されたにもかかわらず，多くの国や地域は必ずしもそれに則ってデータ整備を行うわけではないので，データ統合は依然として困難な仕事である。例えば，ホスピタリティー建造物の分類においては，ほとんどの国や自治体が独自のスキーマや規準が整備されたものの，国や自治体に刊行されたホテルデータを用いてホテルを比較するのはまだ難しいことである（Cser and Ohuchi, 2008）。

　世の中はすでにデータの電子配布時代になっているが，既成の技術標準はまだ受け入れられないため，データの収集と比較のときにはいろいろな障害が生じている。いかに人の手が介入せず，異なるソフトウェア間と異質な計算プラットフォーム間にデータ自動変換を確立するかは重要な課題として残っている。このようなシステム間のデータ相互利用は大規模なオンライン・コマーシャル環境で最も重大な課題の一つであり，研究目的のためのデータ抽出とデータ利用の可能性にも大きい影響を与えている。観光電子データの表現と交換標準化によってこの問題を克服するために国際的な努力もいまだに続いている。例えば，観光業界団体オープン旅行アライアンス（Open Travel Alliance, OTA）は観光と観光情報技術に関する二つの提案を出した。その一つは語義側面の提案である。つまり，分類と定義スキーマの作成によってトリップ，観光目的地，ホテル，客室などの対象物の標準定義と正式名前を規定する。いま一つは観光データの保存と変換のため，XML（eXtensible Markup Language）にもとづくサービス指向仕様への利用の提案である。この提案により Nesstae システムという市販ソフトウェアが開発され，多くの国と国際観光組織がこのシステムを利用している。

　研究成果や報告に利用されたデータの公開は観光データの統合と協力のもう一つの注目ところである。いま，多くの出版社は著者に発表された論文のオリジナルデータの公開を支援しており，図書館や大学は SPARC[2] の活動によってデータ公開を推進している。なお，コンピュータ利用の多様化とくに計算モデルとシミュレーションの多用に伴い，利用データ種類も増えつつあり，画像データ，アルゴリズム・ソフトウェアの情報，モデル構築のパラメータは数値データと同様に重要視されている。これらのデータは研究機関のみならず，企業の観光商品開

発や技術開発でもよく利用されている。これらのデータの公開と標準化は今後の課題として残している。

注
1) 隣接行列について第 2 章の 2.1.2 項を参照してください。
2) 1998 年米国の研究図書館連合によって設立された Scholarly Publishing and Academic Resources Coalition（以下 SPARC）と呼ばれる大学・研究組織と図書館の連合組織が活動を行っている。日本では 2003 年に，国立情報学研究所によって SPARC／JAPAN と呼ばれる事業が始まった。これは，日本の学協会が刊行する学術誌の電子化，国際化を強化し，財政的基盤の確保のための事業モデルの確立を支援し，日本の優れた研究成果の海外への発信を推進する事業である。

参考文献
奥野隆史（1977）:『計量地理学の基礎』，大明堂。
国土交通省総合政策局観光企画課（2005）:『我が国の観光統計の整備に関する調査報告書』。
Cser, K. and Ohuchi, A. (2008): World practices of hotel classification systems, *Asia Pacific Journal of Tourism Research*, **13**, 379-398.
Dillman, D.A. (2007): *Mail and Internet Surveys: The Tailored Design Method*. Hoboken, NJ: John Wiley.
Pipino, L.L., Lee, Y.W. and Wang, R.Y. (2002): Data quality assessment, *Communications of the ACM*, **45**(4), 211-218.

第6章　データの仮説検定

　統計的検定は観光データ分析で最も重要な方法の一つである。本章では，まず，検定の考え方と検定方法を解説し，検定力と効果量を検討する。次に，ブートストラップ法やメタアナリシスという検定結果の信頼性を向上させる方法を取り上げて紹介する。

6.1　検定の考え方

　仮説検定（hypothesis testing）は統計的仮説の有意性を測るパラメトリック検定である。仮説検定の目的は，母集団（population）に関する仮説の下でわれわれが期待するものと，観測したデータと一致するか否か，その信頼性を検定することである。

　仮説検定の基本的な考え方を一言でいえば，小さい確率で発生する事象は一回の試験でほとんど発生しないといえる（王，1976）。例えば，箱に100個のボールがある。その中で白いボールが99個，黒いボールが一つであるという仮説をたて，箱から無作為に一つのボールを取り出して，このボールが黒いという事件 A が発生した確率は $p(A)=\frac{1}{100}$ であり，極めて小さいといえる。仮に，一回の試験で取り出したボールが黒いものになると，箱には黒いボールが一つだけでなく，もっとあるはずであろうと自然に考えられる。したがって，黒いボールが一つしかないという仮説を棄却することになる。しかし，このような判定によって仮説が棄却されても，黒いボールが確かに一つしかないが，たまたま一回の試験でこのボールのあたった可能性がある。このように，仮説が正しいが，誤って棄却される誤りは第I種の誤り（type I error）という。これに対して，仮説は正し

くないが，誤って採用される場合もある．この誤りは第 II 種の誤り（type II error）という．仮説検定では，100 個のボール中で白いものが 99 個，黒いものが一つであるような仮説は帰無仮説（Hull hypothesis）H_0 と，箱に黒いボールが一つだけでなく，もっとあるような仮説は対立仮説（alternative hypothesis）H_1 という．

6.2　検定の手順

仮説検定は，初めに帰無仮説をたて，その内容に係わる検定統計量の計算にもとづいて仮説を採用するか棄却するかを決める手続きである．具体的に以下のようなステップを踏まえて実施される．

ステップ 1：帰無仮説 H_0 の設定

例えば，二つの母平均[1] μ_1 と μ_2 が等しいという帰無仮説を以下のように示す．

$H_0 : \mu_1 = \mu_2$

ここで，μ_1 と μ_2 はそれぞれ地域 A と地域 B に住んでいる人の平均観光日数である．

ステップ 2：観測データに関する仮設

観測データはある母集団から任意抽出された標本（sample）であり，その母集団の分布を仮設できれば，どの検定法を利用するかを決定することができる．例えば，観測データは正規分布の母集団から任意抽出された一つの無作為標本であることを仮設できれば，パラメトリック検定を用いることが可能である．逆に，観測データに関する仮設をたてない場合はノンパラメトリック検定を利用しなければならない．一般に，観測データ数（n）は標本サイズ（sample size）と呼ばれる．

ステップ 3：検定の選定と検定統計量の算出

パラメトリック検定で最もよく使われている仮説検定と検定統計量（test

statistic）は次節の表 6-2 に示される。標本が抽出された母集団のパラメーターを検定する場合は，独立的に抽出されたデータ数を計算する必要がある。このデータ数を標本の自由度（degrees of freedom, df）という。例えば，n 個のデータを含む標本をもとにして 1 標本 t 検定を用いて標本平均と母平均との有意な差を検定する場合，その標本の自由度は $df = n-1$。

ステップ 4：有意水準 α と棄却域の決定

上述したように検定統計量と自由度を算出したら，検定統計量に従う分布と自由度に係わる有意確率（significance probability）p を求めることができる。さらに，有意水準（significance level）α を決めると，α に相応する検定統計量 T の限界値（critical value）[2] t_α を用いて，帰無仮説 H_0 を採用するか棄却するかを決める。すなわち，$T > t_\alpha$ ならば帰無仮説 H_0 を棄却する。逆に，$T \le t_\alpha$ ならば H_0 を採用する（図 6-1）。言い換えれば，H_0 を棄却する証拠の強さは，有意確率

$$p = \Pr(T > t_\alpha | H_0)$$

で測る。t_α が大きければ，p 値は小さくなり，H_0 を棄却する証拠が強くなる。このような意味で，分布の限界値 t_α より右側の部分，または $-t_\alpha$ より左側の部分を棄却域（critical region，図 6-1 の陰の部分），それらの中間を採用域あるいは信頼区間（confidence interval）という。有意確率 p による帰無仮説 H_0 の採用か棄却かを決める有意性（significance）は表 6-1 にまとめられる。ここで，有意性の省略形をアスタリスクで表す。

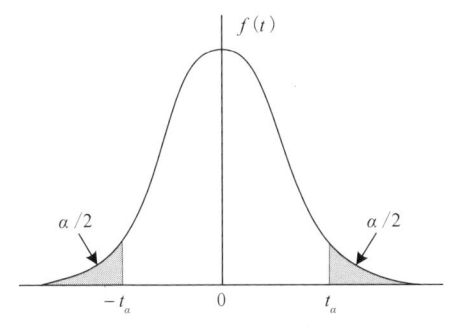

図 6-1　統計量分布と棄却域

表 6-1　仮説検定の有意性

有意確率 p	有意性	省略形
> 0.05	有意でない	
$0.01 - 0.05$	有意な	*
$0.001 - 0.01$	とても有意な	**
< 0.001	極端に有意な	***

6.3　検定の方法

6.3.1　パラメトリック検定

　この検定では，観測データを正規分布の母集団からの任意抽出されたものとし，その母集団に関する平均や分散をもとにして検定が行われる。このような正規分布の母集団を前提とする検定はパラメトリック検定（parametric test）と呼ばれる。表6-2には，様々なパラメトリック検定統計量や母集団に関する仮設が表されている。

　ある観光地で地域 A と地域 B からの旅行者をそれぞれ 10 人無作為に選んで，この観光地に訪れる年間の観光日数（length of stay of tourist）を調査したところ，地域 A からの旅行者の平均日数が $\bar{x}_1 = 5.8$ 日，標準偏差が $s_1 = 1.82$ 日であり，地域 B からの旅行者の平均日数が $\bar{x}_2 = 4.1$ 日，標準偏差が $s_2 = 1.63$ 日であった。ここでは，2 地域からの旅行者の平均観光日数に有意な差があるといえるかを考えてみよう。

　まず，有意な差はないとすると，問題は帰無仮説

$$H_0 : \mu_1 = \mu_2$$

を検定することとなり，対立仮説は

(a)　両側ならば $H_1 : \mu_1 \neq \mu_2$，

(b)　片側ならば $H_1 : \mu_1 > \mu_2$ または $H_1 : \mu_1 < \mu_2$

H_0 のもとで 2 標本 t 検定統計量は

$$t = \frac{(\bar{x}_1 - \bar{x}_2) - (\mu_1 - \mu_2)}{\sqrt{\dfrac{s_1^2}{n_1} + \dfrac{s_2^2}{n_2}}} = \frac{5.8 - 4.1}{\sqrt{\dfrac{1.82^2}{10} + \dfrac{1.63^2}{10}}} = \frac{1.7}{\sqrt{0.3312 + 0.2657}} = 2.2$$

第6章　データの仮説検定　101

表6-2　パラメトリック検定

検定	統計量	仮説あるいは注
1標本z検定	$z = \dfrac{\bar{x} - \mu_0}{\sigma/\sqrt{n}} \sim N(0,1)$	正規分布母集団あるいは$n > 30$，σが既知
2標本z検定	$z = \dfrac{(\bar{x}_1 - \bar{x}_2) - (\mu_1 - \mu_2)_0}{\sqrt{\dfrac{\sigma_1}{n_1} + \dfrac{\sigma_2}{n_2}}} \sim N(0,1)$	正規分布母集団，独立標本，σ_1とσ_2が既知
1標本t検定	$t = \dfrac{\bar{x} - \mu_0}{s/\sqrt{n}} \sim t(df)$ $df = n - 1$	正規分布母集団あるいは$n > 30$，σが未知
ペアー標本t検定	$t = \dfrac{\bar{d} - d_0}{s_d/\sqrt{n}} \sim t(df)$ $df = n - 1$	差の正規分布母集団あるいは$n > 30$，σが未知
2標本t検定（分散が等しい）	$t = \dfrac{(\bar{x}_1 - \bar{x}_2) - (\mu_1 - \mu_2)_0}{s_d\sqrt{\dfrac{1}{n_1} + \dfrac{1}{n_2}}} \sim t(df)$ $s_d^2 = \dfrac{(n_1-1)s_1^2 + (n_2-1)s_2^2}{n_1 + n_2 - 2}$ $df = n_1 + n_2 - 2$	正規分布母集団あるいは$n_1 + n_2 > 40$，独立標本，σ_1とσ_2が未知，ただし，$\sigma_1 = \sigma_2$
2標本t検定（分散が等しくない）	$t = \dfrac{(\bar{x}_1 - \bar{x}_2) - (\mu_1 - \mu_2)_0}{\sqrt{\dfrac{s_1^2}{n_1} + \dfrac{s_2^2}{n_2}}} \sim t(df)$ $df = \dfrac{\left(\dfrac{s_1^2}{n_1} + \dfrac{s_2^2}{n_2}\right)^2}{\dfrac{\left(\dfrac{s_1^2}{n_1}\right)^2}{n_1 - 1} + \dfrac{\left(\dfrac{s_2^2}{n_2}\right)^2}{n_2 - 1}}$	正規分布母集団あるいは$n_1 + n_2 > 40$，独立標本，σ_1とσ_2が未知，ただし，$\sigma_1 \neq \sigma_2$
1標本χ^2検定	$\chi^2 = \dfrac{(n-1)s^2}{\sigma_0^2} \sim \chi^2(n-1)$	正規分布母集団あるいは$n > 30$

注：添字0が付いている記号は，帰無仮説H_0と関係するもの。例えば，$(\mu_1 - \mu_2)_0$は$H_0: \mu_1 - \mu_2 = 0$。
　　n = 標本サイズ（観測データの数），n_1 = 標本1のサイズ，n_2 = 標本2のサイズ，
　　$\bar{x}$ = 標本平均，μ_0 = 母平均，μ_1 = 母集団1の平均，μ_2 = 母集団2の平均，
　　σ = 母標準偏差，σ^2 = 母分散，
　　s = 標本標準偏差，s^2 = 標本分散，s_1^2 = 標本1の分散，s_2^2 標本2の分散，
　　t = t統計量，χ^2 = χ^2統計量，df = 自由度，
　　$\bar{d}$ = 差の標本平均，d_0 = 母平均の差，s_d = 差の標準偏差

自由度は

$$df = \frac{\left(\frac{s_1^2}{n_1} + \frac{s_2^2}{n_2}\right)^2}{\left(\frac{s_1^2}{n_1}\right)^2 + \left(\frac{s_2^2}{n_2}\right)^2} = \frac{\left(\frac{1.82^2}{10} + \frac{1.63^2}{10}\right)^2}{\left(\frac{1.82^2}{10}\right)^2 + \left(\frac{1.63^2}{10}\right)^2} = \frac{0.5969^2}{\frac{0.3312^2}{9} + \frac{0.2657^2}{9}} = \frac{0.3563}{0.0122 + 0.0078} \approx 18$$

t 検定表での限界値は $t_{0.05}(18) = 2.101$，$t_{0.10}(18) = 1.734\ (< t = 2.2)$ から，帰無仮説 $H_0 : \mu_1 = \mu_2$ は，両側検定（有意水準 $\alpha = 0.025$）でも右片側検定（有意水準 $\alpha = 0.05$）でも棄却される。同様に，有意確率は

$$p = \Pr(T > t \mid H_0) = \Pr(T > 2.2 \mid H_0)$$

両側検定の場合は $p = 0.021$（< 有意水準 $\alpha = 0.025$），右片側検定の場合は $p = 0.041$（< 有意水準 $\alpha = 0.05$）であるので，H_0 を棄却する。したがって，2 地域からの旅行者の平均観光日数に有意な差がないとの仮説は認められない。

6.3.2　ノンパラメトリック検定

　正規母集団から得られたデータの検定に利用されているパラメトリック検定に対して，特定の母集団を前提しない検定がノンパラメトリック検定（non-parametric test）といわれる。この検定は母平均や母分散に関する知識を利用しないだけに，効率が低いことに注意すべきである（奥野，1977）。主要なノンパラメトリック検定とそれらに対応するパラメトリック検定は表 6-3 に表される。

表 6-3　ノンパラメトリック検定とパラメトリック検定

検定	パラメトリック検定	ノンパラメトリック検定
2 標本	t 検定	Mann-Whitney U 検定
ペアー標本	ペアー t 検定	Wilcoxon 符号検定
k 標本	一元配置分散分析	Kruskal-Wallis 検定
分布	χ^2 検定	Kolmogorov-Smirnov 検定
相関	Pearson 相関係数	Spearmen 相関係数

注：$k > 2$

　表 6-4 のような二つの国の観光客旅行費用（expense of tourist）が度数分布で表れ

表 6-4 観光客旅行費用の度数分布と検定のための計算

階級 (x)	度数 国A	度数 国B	相対度数 国A	相対度数 国B	累積相対度数 国A $F(x)$	累積相対度数 国B $G(x)$	差の絶対値 D
0 - 100 ドル	2	0	0.04	0.00	0.04	0.00	0.04
100 - 200	4	6	0.08	0.12	0.12	0.12	0.00
200 - 300	16	5	0.32	0.10	0.44	0.22	0.22
300 - 400	2	7	0.04	0.14	0.48	0.36	0.12
400 - 500	6	28	0.12	0.56	0.60	0.92	0.32
500 以上	20	4	0.40	0.08	1.00	1.00	0.00
合計	50 人	50 人					

るデータについて，二つの国の間で観光客旅行費用の分布に有意な差がみられるか否かを検定するときには，Kolmogorov-Smirnov（KS）検定を用いて，まず有意な差はないという帰無仮説H_0をたてる．次に，KS検定統計量Dを以下のように求める．

$$D = \max_x |F(x) - G(x)| \tag{6-1}$$

ここで，$F(x)$と$G(x)$は二つの累積相対度数である．表 6-4 にみられるように最大の累積相対度数の差は$D = 0.32$であり，$\alpha = 0.05$とすれば，これはKolmogorov-Smirnov（KS）検定表での$D_{0.05}(50) = 0.188$を上回る．したがって，帰無仮説は棄却され，二つの国の間で観光客旅行費用の分布には有意な差があると結論できる．

6.4 検定の評価

統計的検定では，標本サイズ，有意水準，検定力，効果量という四つの要素が検定結果に強い影響を与える．したがった，検定を正しく利用するために，それらの要素の概念を理解することが重要である．

6.4.1 検定力

仮説検定のときは，帰無仮説H_0が正しくても，統計量の値が棄却域に入った

ら，H_0 を棄却してしまう。これは，第 I 種の誤りであるが，その確率は検定の有意水準 α に等しい。その一方，帰無仮説 H_0 が正しくないにもかかわらず，たまたま統計量の値が棄却域に入らなかったために，H_0 を採用する誤りが生じる。これは，第 II 種の誤りであるが，その確率を β とする（表 6-5）。

表 6-5 仮説検定とその誤り

検定結果	H_0 が正しい	H_0 が正しくない
H_0 を採用	結果が正しい： 確率＝$1-\alpha$	第 II 種の誤り： 確率＝β
H_0 を棄却	第 I 種の誤り： 確率＝α	結果が正しい： 検定力＝$1-\beta$

α，β は検定方法，つまり棄却域のとり方によるが，図 6-2 にみられるように，棄却域の範囲を狭くすれば，α は小となるが，β は大となる。逆に，棄却域の範囲を広くとれば，β は小，α は大となる。標本サイズ一定というもとでは，α，β を共に小さくすることは不可能である。

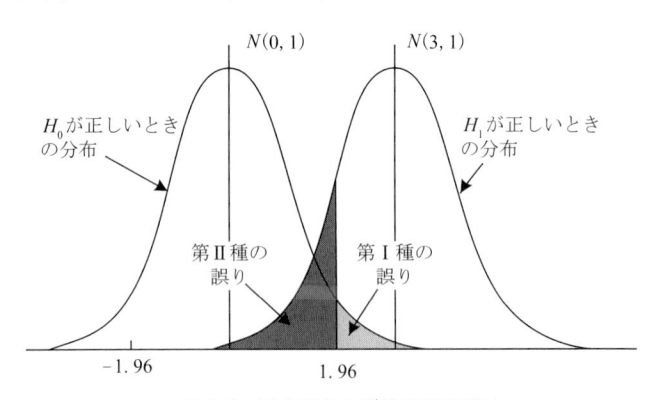

図 6-2 第 I 種および第 II 種の誤り

仮説検定では，α を先に固定している。その条件で β をなるべく小さく，すなわち，第 II 種の誤りを犯さない確率 $1-\beta$ をなるべく大きくする。この確率を検出力（statistical power）という。検出力は，帰無仮説 H_0 が正しくないとき，その

とおりにこれを棄却する確率である．検出力は，検定方法の良さの評価基準であり，検出力の大きいものほど，そのような誤りを犯さない厳しい検定である（東京大学教養部統計学教室，1991）．

例えば，図 6-2 のように，帰無仮説は

H_0：母集団は標準正規分布 $N(0, 1)$ に従う

とする．対立仮説は

H_1：母集団は正規分布 $N(3, 1)$ に従う

とする．そのとき，有意水準 $\alpha = 0.05$ の棄却域は $(-1.96, 1.96)$ である．第Ⅱ種の誤りの確率 β は，帰無仮説 H_0 が正しくない，すなわち，対立仮説 H_1 が正しいときに，統計量が棄却域に入らないという確率である．つまり，母集団（確率変数 X）は正規分布 $N(3, 1)$ に従うときの第Ⅱ種の誤りの確率は

$$\beta = P(-1.96 < X < 1.96)$$

ここで，$Y = X - 3$ とすると，

$$\beta = P(-4.96 < Y < -1.04) \approx 0.15$$

したがって，第Ⅱ種の誤りを犯さない確率

$$1 - \beta = 1 - P(-1.96 < X < 1.96) = 0.85$$

が検出力なのである．図 6-2 の濃い陰の部分は，X が正規分布 $N(3, 1)$ に従うときの $\beta = P(-1.96 < X < 1.96)$ を表している．

6.4.2　効果量

上述したように，標本のデータから，母平均の差を検定する際にパラメトリック検定を利用している．シミュレーションによれば，標本サイズが大きければ大きいほど，統計的に有意であるという結果になりやすい．具体的に言えば，慣例として有意水準は $\alpha = 0.05$ に定められると，シミュレーションによるデータを用いて，標本サイズの大きいデータから得られた有意確率 p は，標本サイズの小さいそれより小さいので，$p < \alpha$ になりやすくなる．そのため，標本サイズによって変化することのない，標準化された指標である効果量（effect size）が用いら

れることとなる。

Cohen（1988）は，t 検定による 1 標本の平均値と母平均を比較する際に，効果量 d を以下のような式で求める。

$$d = \frac{\bar{x} - \mu}{s} \tag{6-2}$$

この式は，標本の平均値 ($\bar{x}$) と母平均 (μ) の差が標準偏差 (s) に比べてどれぐらい大きいかを表す。この d の値の範囲は 0 から 1.0 である。$d = 1.0$ は，標本の平均値が母平均から 1 標準偏差離れていることを意味する。効果量の大きさの目安が表 6-6 に表されている。

表 6-6　効果量の大きさの目安

効果量	効果量の目安		
	小（small）	中（Medium）	大（Large）
d	0.10	0.50	0.80

同様に，2 標本の平均値の差を比較する際に，効果量 d を次のように定式化する。

$$d = \frac{\bar{x}_1 - \bar{x}_2}{\sqrt{\dfrac{s_1^2 + s_2^2}{2}}} \tag{6-3}$$

6.3.1 節の地域 A と地域 B からの旅行者の平均観光日数を例にして，効果量を計算してみると，

$$d = \frac{5.8 - 4.1}{\sqrt{\dfrac{1.82^2 + 1.63^2}{2}}} = \frac{1.7}{\sqrt{\dfrac{3.3124 + 2.6569}{2}}} = \frac{1.7}{1.7276} = 0.98$$

表 6-6 の目安によれば，効果量 $d = 0.98$ はかなり大きいほうなので，2 地域からの旅行者の平均観光日数の差は大きいことがわかる。このように，実質的な平均値の差を示す効果量が大きく，さらに上記のパラメトリック検定で統計的有意差もある（$p < \alpha$）ということが二重に確認されたため，大変よい統計的検定で

あろう。

6.4.3 標本サイズと有意水準

上述したように，標本サイズは，統計的検定に大きい影響を与えており，一つのよい標本があればより正確の検定結果が得られる。それ故に，観光調査やデータ収集を実施するまえに，どのくらい標本を抽出すればよいかを考えなければならない。

どの程度の標本サイズを定めれば，標本が母集団を代表することができるようになるであろうか。もちろん，標本が母集団に対する代表性の度合は，標本誤差をどの範囲まで認めるかによって左右される。したがって，標本抽出の際には，あらかじめ決められた標本誤差のもとで標本サイズを定め，その後に各種の抽出法を利用すべきである。

標本サイズの計算方法は，多くの教科書（奥野，1977, Triola, 2009, Zwllinger and Kokoska, 2000）に述べている。母集団が正規分布 $N(\mu, \sigma)$ に従うときに，1標本 t 検定の標本サイズは次式によって与えられる。

$$n = \frac{N}{\left(\frac{E}{t_\alpha}\right)^2 \frac{N-1}{\sigma^2} + 1} \tag{6-4}$$

ここで，n は求めるべき標本サイズ，N は母集団サイズ，t_α は有意水準 α での t 値，E は標本誤差，σ^2 は母集団の分散である。この式は，母集団サイズがきわめて大きいならば，次のように改めることができる。

$$n = \left(\frac{t_\alpha \sigma}{E}\right)^2 \tag{6-5}$$

その他に，表6-7は，母集団が正規分布 $N(\mu, \sigma)$ に従うときの z 検定の標本サイズ計算を表している。

データ収集は，長時間とハードな仕事であり，いつも適切なサイズの標本を手に入れる保証もない。時間，機会，実現可能性は常にデータ収集を妨げており，とくに，一つの観光事象に対して反復観測や複数のデータを短時期に手に入れることが不可能である。そのため，1組の標本から母集団に関するより多くの情報をいかに引き出すかについてブートストラップ法を，過去に行われた研究成果をいかに統合するかについてメタアナリシスを，以下の6.5と6.6でそれぞれ解説しよう。

表 6-7 母集団が正規分布 $N(\mu, \sigma)$ に従うときの z 検定の標本サイズ計算

	有意水準 α			
	0.10	0.05	0.01	0.001
z_α	1.6449	1.9600	2.5758	3.2905
母平均（差）	標本平均値（差）	標本サイズ		
μ	$\bar{x}$	$n = \left(\dfrac{z_\alpha \sigma}{E}\right)^2$		
$\mu_1 - \mu_2$	$\bar{x}_1 - \bar{x}_2$	$n_1 = n_2 = \dfrac{(z_\alpha)^2(\sigma_1^2 + \sigma_2^2)}{E^2}$		

出所：Zwllinger and Kokoska（2000）による作成

6.5 ブートストラップ法

Eforn（1979）は，1組の標本から重複を許して同じ標本サイズのデータを抽出するブートストラップ（bootstrap）法を提案した。ブートストラップの基本的な考え方は，母集団から抽出された標本には，母集団に関する情報が最も多く含まれており，標本のリサンプリング（resampling）により，母集団に関する情報をえて，標本サイズが少なくても精度の高いパラメーターの推定やデータ検定を行うことができる。

1組の初期標本 $x_1, x_2, \cdots, x_n$ から，n 個のデータを重複を許して無作為に抽出する。このように得られるデータ $x_1^*, x_2^*, \cdots, x_n^*$ をブートストラップ標本（bootstrap sample）またはリサンプル（resample）と，このような標本を抽出することをブートストラップ標本抽出（bootstrap sampling）またはリサンプリングという。

6.5.1 ブートストラップ標本統計量分布と信頼区間

ブートストラップ法によって標本統計量と信頼区間を次の手順で計算する。

ステップ1：1から n までの整数 1, 2, $\cdots$, n から重複を許して抽出し，それらを $i_1, i_2, \cdots, i_n$ とする。$i_1, i_2, \cdots, i_n$ を用いて，ブートストラップ標本 $x_1^*, x_2^*, \cdots, x_n^*$ を構成する。

ステップ2：ステップ1にもとづき，ブートストラップ標本統計量（平均値や中位数など）$\hat{\theta}^{(1)} = \Phi(x_1^*, x_2^*, \cdots, x_n^*)$ を計算する。

ステップ3：ステップ1とステップ2を B（=1000～2000）回繰り返し，その標本統計量を $\hat{\theta}^{(1)}, \hat{\theta}^{(2)}, \cdots, \hat{\theta}^{(B)}$ とかく。その平均値は

$$\bar{\hat{\theta}} = \frac{1}{B}\sum_{j=1}^{B}\hat{\theta}^{(j)} \tag{6-6}$$

ステップ4：$\hat{\theta}^{(1)}, \hat{\theta}^{(2)}, \cdots, \hat{\theta}^{(B)}$ を昇順に並べて順番統計量 $\hat{\theta}_1, \hat{\theta}_2, \cdots, \hat{\theta}_B$ を求め，$\hat{\theta}$ の $1-\alpha$ 信頼区間を $(\hat{\theta}_{[B\cdot\alpha/2]}, \hat{\theta}_{[B\cdot(1-\alpha)/2]})^{3)}$ とする。

表6-8は，法務省出入国管理統計年報および日本政府観光局（JNTO）により集計された2001年から2010年までの10年間における訪日外国人旅行者数を示している。この表にみられるように，リーマショック後の2009年を除けば，訪日外国人旅行者が年々増え続けている。このデータの平均を求めてみると，

$$\bar{x} = \frac{1}{10}\sum_{i=1}^{10}x_i = 675.15$$

まず，1から10までに整数から重複を許して10個の整数を無作為に抽出し，$(i_1, i_2, \cdots, i_{10}) =$（1, 3, 8, 3, 3, 4, 3, 4, 6, 8）。それを用いてブートストラップ標本 $(x_1^*, x_2^*, \cdots, x_n^*) =$（477.2, 521.2, 835.1, 521.2, 521.2, 613.8, 521.2, 613.8, 733.4, 835.1）を構成する。その中で，3番目，4番目，8番目の初期標本がそれぞれ4回，2回，2回抽出され，2番目，5番目，7番目，9番目，10番目の初期標本が1回も抽出されていない。このとき，ブートストラップ標本平均（$\hat{\theta}^{(1)} = \bar{x}^{*(1)}$）は

$$\bar{x}^{*(1)} = \frac{1}{10}\sum_{i=1}^{10}x_i^* = 619.32$$

初期標本平均 $\bar{x} = 675.15$ に近い値になっていることがわかる。

表6-8 訪日外国旅行者数の推移（単位：万人）

年	2001	2002	2003	2004	2005	2006	2007	2008	2009	2010
外国人旅行者数	477.2	523.2	521.2	613.8	672.8	733.4	834.7	835.1	679.0	861.1

出所：http://www.mlit.go.jp/kankocho/siryou/toukei/in_out.html（2012. 2, 観光庁）による作成

次に，ブートストラップ標本抽出とブートストラップ標本平均の計算を2000

回繰り返して行い，2000個のブートストラップ標本平均値 $\bar{x}^{*(1)}, \bar{x}^{*(2)}, \cdots, \bar{x}^{*(2000)}$ を求める。さらに，それらを用いてヒストグラフを描くと，図6-3になる。このヒストグラフは，正規分布の形にみられ，ブートストラップ分布とも呼ばれる。ブートストラップ標本平均 $\bar{x}^*$ の平均は674.4である。

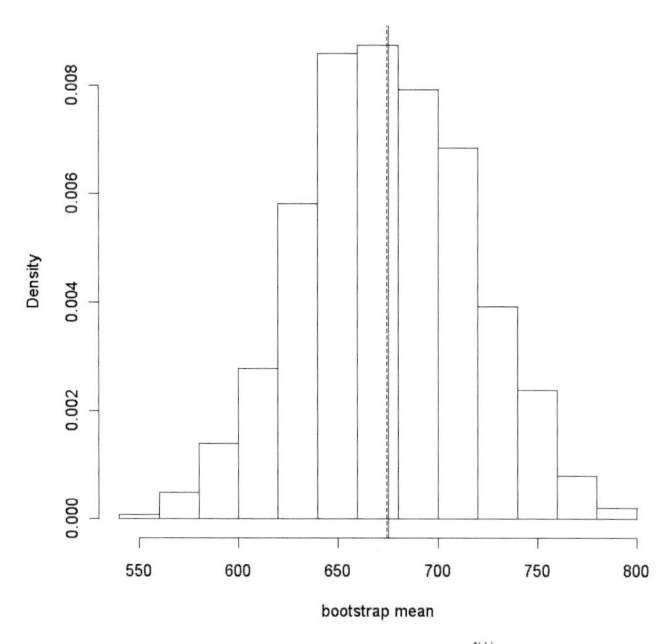

図6-3 ブートストラップ標本平均値 $\bar{x}^{*(b)}$ の分布
(2000回の標本抽出，実線はデータの平均 $\bar{x} = 675.15$，点線はブートストラップ標本平均 $\bar{x}^* = 674.4$)

最後に，ブートストラップ標本平均値 $\bar{x}^{*(1)}, \bar{x}^{*(2)}, \cdots, \bar{x}^{*(2000)}$ を昇順に並べて順番平均値 $\bar{x}_1^*, \bar{x}_2^*, \cdots, \bar{x}_{2000}^*$ を求め，信頼係数を $1 - \alpha = 0.95$ にすると，$\bar{x}^*$ の両側95％の信頼区間 $(\bar{x}_{2000 \times 0.025}^*, \bar{x}_{2000 \times 0.975}^*) = (590.9, 757.1)$ が得られる。

上記のように，ブートストラップ法はコンピュータを用いた繰り返し計算によりブートストラップ標本統計量分布や信頼区間を求めることができるが，大量の反復計算が必要である。しかし，近年高速かつ大容量のパソコン技術の進歩につれ，この方法がすでに日常的に利用されるようになった。

6.5.2 ブートストラップ検定

まず，2 標本問題における分布 F と分布 G をもつ母集団からの初期標本 $x = (x_1, x_2, \cdots, x_m)$ と $y = (y_1, y_2, \cdots, y_n)$ にもとづく，帰無仮説 H_0：母平均 $\mu_F = \mu_G$ という検定問題を考えよう。x と y を混合した標本 $z = (x, y)$ とおく。初期標本 x, y と混合標本 z の平均値は $\bar{x}$，$\bar{y}$，$\bar{z}$ であり，

$$\hat{x}_i = x_i - \bar{x} + \bar{z} \quad (i = 1, 2, \cdots, m)$$
$$\hat{y}_j = y_j - \bar{y} + \bar{z} \quad (j = 1, 2, \cdots, n) \tag{6-7}$$

として，F は $\hat{x}_1, \hat{x}_2, \cdots, \hat{x}_m$ にもとづく経験分布 $\hat{F}$，G は $\hat{y}_1, \hat{y}_2, \cdots, \hat{y}_n$ にもとづく経験分布 $\hat{G}$ によって推定すれば，検定統計量を

$$t(z) = \frac{\bar{x} - \bar{y}}{\sqrt{\dfrac{s_x^2}{m} + \dfrac{s_y^2}{n}}}$$

とした場合のブートストラップ検定は次の手順で行われる。ただし，s_x^2 と s_y^2 はそれぞれ初期標本 x, y の母分散の不偏推定量で次式に示される。

$$s_x^2 = \frac{1}{m-1}\sum_{i=1}^{m}(x_i - \bar{x})^2, \quad s_y^2 = \frac{1}{n-1}\sum_{j=1}^{n}(y_j - \bar{y})^2$$

帰無仮説 $H_0 : \mu_F = \mu_G$ に対するブートストラップ検定手順は以下のとおりである。

ステップ 1： $\hat{x}_i = x_i - \bar{x} + \bar{z}$ $(i = 1, 2, \cdots, m)$ と $\hat{y}_j = y_j - \bar{y} + \bar{z}$ $(j = 1, 2, \cdots, n)$ を計算する。
ここで，$\bar{x}$，$\bar{y}$，$\bar{z}$ は初期標本 x, y と混合標本 z の平均値である。さらに，$\hat{x}_1, \hat{x}_2, \cdots, \hat{x}_m$ にもとづく経験分布を $\hat{F}$ と，$\hat{y}_1, \hat{y}_2, \cdots, \hat{y}_n$ にもとづく経験分布 $\hat{G}$ とする。

ステップ 2： $\hat{F}$ から大きさ m のブートストラップ標本 $x_1^*, x_2^*, \cdots, x_m^*$ を，$\hat{G}$ から大きさ n のブートストラップ標本 $y_1^*, y_2^*, \cdots, y_n^*$ をそれぞれ抽出する。

ステップ 3： ステップ 2 を $B(= 1000 \sim 2000)$ 回繰り返し，検定統計量

$$t(z^{*(b)}) = \frac{\bar{x}^{*(b)} - \bar{y}^{*(b)}}{\sqrt{\dfrac{(s_x^{*(b)})^2}{m} + \dfrac{(s_y^{*(b)})^2}{n}}} \quad (b = 1, 2, \cdots, B) \tag{6-8}$$

を計算する．ここで，$\bar{x}^{*(b)} = \frac{1}{m}\sum_{i=1}^{m} x_i^{*(b)}$，$\bar{y}^{*(b)} = \frac{1}{n}\sum_{j=1}^{n} y_j^{*(b)}$，

$(s_x^{*(b)})^2 = \frac{1}{m}\sum_{i=1}^{m}(x_i^{*(b)} - \bar{x}^{*(b)})^2$，$(s_y^{*(b)})^2 = \frac{1}{n}\sum_{j=1}^{n}(y_j^{*(b)} - \bar{y}^{*(b)})^2$

である．

ステップ4：ブートストラップ p 値のモンテカルロ近似値を

$$\hat{p} = \frac{1}{B}\sum_{b=1}^{B} I(t(z^{*(b)}) \geq t(z)) \tag{6-9}$$

により計算する．ここで，$I(t(z^{*(b)}) \geq t(z))$ は関係式 $t(z^{*(b)}) \geq t(z)$ を満たすときが1，そうではないときが0の値が与えられる関数である．

ステップ5：有意水準 α に対して

$\hat{p} \leq \alpha$ のとき，帰無仮説 H_0 を棄却する

$\hat{p} > \alpha$ のとき，帰無仮説 H_0 を採用する

表6-9は，法務省出入国管理統計年報および日本政府観光局（JNTO）により計算された2001年から2010年までの10年間における訪日中国人と韓国人旅行者数の対前年度比を示している．この表にみられるように，中国人旅行者はこの10年間で前年度と比べて増え続けており，韓国人旅行者も2008年と2009年を除いて増え続けている．このデータをもとに，中国人旅行者数の対前年度比平均は

$$\bar{x} = \frac{1}{10}\sum_{i=1}^{10} x_i = 116.12\%$$

韓国人旅行者数の対前年度比平均は

$$\bar{y} = \frac{1}{10}\sum_{j=1}^{10} y_j = 110.19\%$$

と求められる．両者の差は $\bar{x} - \bar{y} = 5.93$ という小さい値となる．

表6-9 訪日中国人と韓国人旅行者数の対前年度比（単位：%）

年	2001	2002	2003	2004	2005	2006	2007	2008	2009	2010
中国人旅行者 (x)	100.0	115.6	114.8	137.2	105.8	124.5	116.0	106.2	100.6	140.5
韓国人旅行者 (y)	100.0	112.4	115.0	108.9	110.1	121.1	122.6	91.5	66.8	153.5

出所：http://www.mlit.go.jp/kankocho/siryou/toukei/in_out.html（2012.2, 観光庁）による作成

次に，上述のような計算手順によって，この 2 標本母平均の帰無仮説 $H_0 : \mu_x = \mu_y$（全体的に，訪日中国人と韓国人の旅行者数の対前年度比平均が等しい）に対するブートストラップ検定を行ってみる。

ブートストラップ標本抽出とブートストラップ検定統計量の計算を 1000 回繰り返して行い，1000 個のブートストラップ検定統計量 $t(z^{*(b)})$ ($b = 1, 2, \cdots, 1000$) を算出する。さらに，それらをヒストグラフに図化すると，図 6-4 になる。なお，ブートストラップ p 値のモンテカルロ近似値は 0.232 である。すなわち，1000 回のブートストラップ標本抽出において $t(z^{*(b)}) \geq t(z)$ になったのが 232 回であった。帰無仮説 H_0 を棄却することができない。つまり，ここ 10 年間，訪日中国人と韓国人旅行者数の対前年度比は平均的に等しいといえる。

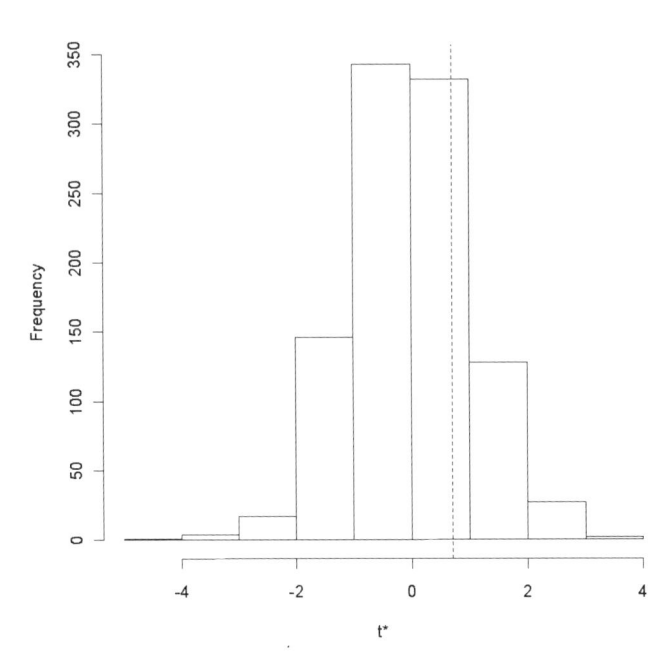

図 6-4　ブートストラップ検定統計量 t の分布
（1000 回の標本抽出，点線は初期標本の検定統計量 $t(z)$）

6.6 メタアナリシス

世の中には,同じテーマに関する様々な研究論文や同じ計測に対する色々な実験結果がある。メタアナリシス(meta-analysis)は,心理学者 Glass(1976)が初めて提案した名称であり,過去に行われた複数の独立な研究成果や研究のデータを統合し(combine),より信頼性の高い結果を求めるための統計方法である。一般に研究成果を統合することを結果統合(combination of result)という。例えば,n 個の研究に得られた平均差 MD_i ($i = 1, 2, \cdots, n$) を研究成果とする場合,各 MD_i を統合した重み付き平均差

$$MD_{all} = \frac{\sum_{i=1}^{n} w_i MD_i}{\sum_i w_i} \tag{6-10}$$

は結果統合になる。ここで,w_i は重みである。重みは普段,各研究の標本サイズの逆数や推定された標準誤差の逆数などで表れる。

現在,メタアナリシスは医学や教育の研究でよく利用されているが,他の学問の研究では,大量の標本を手に入れ実験を繰り返すことが困難であるため,いまだに普及されていない。観光分野でもメタアナリシスを利用した研究成果はあまりみられない。

6.6.1 メタアナリシスの手順

ステップ1:研究者が調査対象を決め,特定の基準を満たす研究成果を選ぶ。つまり,なるべく綜合的な観点を含む,または調査対象に対して深い観測を行った研究成果を選択する。

ステップ2:公表された研究成果からデータを収集する。さらに,これらのデータを比較しやすいために,データを共通規準に変換する。よく使われている共通規準は効果量である。

ステップ3:統計方法を用いて各研究の特徴や発見の間の関係,研究の均質性(homogeneity,つまり共通の平均値が存在すること)と結果統合の有意性を評価する。

6.6.2 バイアスの種類

メタアナリシスでは，研究成果を選ぶときに様々なバイアスがある。ここで，「公表バイアス」と「語学バイアス」のみを紹介する。

①公表バイアス

メタアナリシス研究において，過去に行われた研究をいかに選ぶのは重要である。しかし，研究者は思うような研究結果が出なければ論文を投稿しようとしないだろう。たとえ，投稿しようとしても学会誌等の編集者が統計学的に有意な結果の得られていないものはリジェクトしてしまうかもしれないだろう。なお，世の中に本当にネガティブなのかわからず，書類を引き出しに閉まったままの状態にされる研究成果が多く存在している。その結果，研究成果の選択には公表バイアス（publication bias）問題が生じる。このような公表バイアスは書類引き出し問題（file-drawer problem）とも呼ばれる。それ故に，選択された研究成果をメタアナリシスに適用するまえに，漏斗プロット（funnel plot）というグラフィクテストを用いてデータの完全性を視覚的に検討する必要がある。

②語学バイアス

英語が世界の共通語となった現在，非英語圏の多くの研究者がよい研究成果を得た論文を英文誌に，そうでもない論文を母国語の雑誌に投稿しているので，英語で公表された研究は母国語より質が高く，より重要である。したがって，英語の文献だけを収集したメタアナリシスにはバイアスがあると考えられる。

6.6.3 バイアスの検出方法

メタアナリシスに存在するバイアスを検出するための方法はいくつか開発された。漏斗プロットはその一つである。漏斗プロットでは，効果量の推定値をx軸に，効果量の推定値の精度をy軸にした座標上で，各研究結果を点としてプロットする。公表バイアスがなく，研究の数が多ければ，点のバラツキ具合が漏斗を逆さにしたような対称形を表す（図6-5のA）。逆に，多くの研究が見落とされ公表バイアスが存在すれば，非対称形を表す（図6-5のB）。このように漏斗プロットでは，プロットの対称性によってバイアスの有無の推定が可能である。図

116 第Ⅱ部 観光データ分析

A

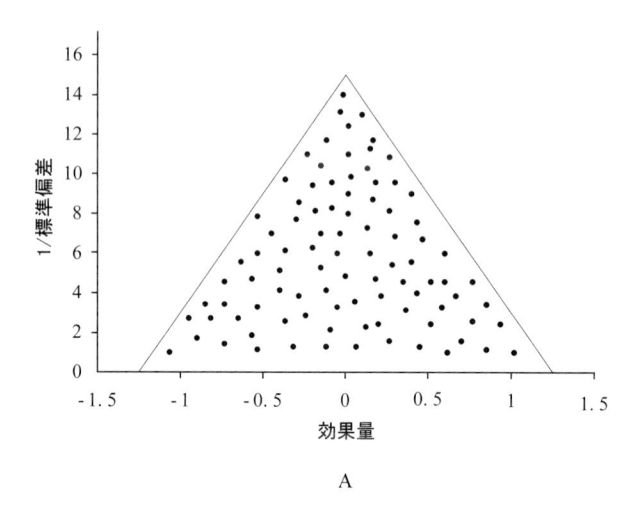

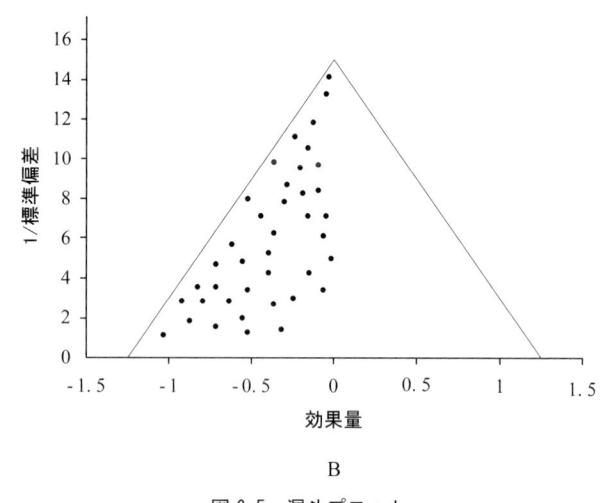

B

図 6-5 漏斗プロット
A：対称，公表バイアスはない　B：非対称，公表バイアスがある

6-5 の B に見落とされたデータをシミュレーション方法により補間することができる。

6.6.4 旅行者消費額のメタアナリシス

旅行者一日消費額のデータは観光マーケティング活動の改善にとって大変役に立つ情報である。表6-10は10個の研究発表や報告から集められた旅行者一日消費額に係わる統計結果データである。表6-10では，MD_i はマーケティング活動が実施された前後の旅行者一日平均消費額の差，se_i はその標準誤差，p_i 値は t 検定の有意確率，ES_i は効果量である。このデータを用いてメタアナリシスを行ってみよう。

表6-10 メタアナリシスのデータ（単位：ドル）

研究番号	MD_i	se_i	p_i値	ES_i	w_i	w_iMD_i	$-2\ln p_i$	w_iES_i
1	3.30	0.62	0.21	0.38	2.60	8.58	3.12	0.99
2	3.70	0.45	0.04	0.29	4.94	18.27	6.44	1.43
3	3.50	0.42	0.48	0.36	5.67	19.84	1.47	2.04
4	3.61	0.44	0.05	0.47	5.17	18.65	5.99	2.43
5	3.92	0.67	0.05	0.31	2.23	8.73	5.99	0.69
6	3.74	0.66	0.08	0.34	2.30	8.59	5.05	0.78
7	3.53	0.50	0.10	0.35	4.00	14.12	4.61	1.40
8	3.58	0.35	0.04	0.41	8.16	29.22	6.44	3.35
9	3.74	0.55	0.01	0.36	3.31	12.36	9.21	1.19
10	3.66	0.53	0.13	0.28	3.56	13.03	4.08	1.00
合計	36.28				41.93	151.40	52.40	15.29
平均	3.63							

まず，平均消費額の差を次式のように標準化する。

$$x_i = \frac{MD_i - \overline{MD}}{\sqrt{\sum_{i=1}^{10}(MD_i - \overline{MD})^2}} \quad (i=1, 2, ..., 10)$$

標準化した平均消費額の差 x_i [4] を x 軸に，標準誤差の逆数を y 軸にして漏斗プロットを描く（図6-6）。図には格別の非対称形が現れないので，データをそのままメタアナリシスを実施することが可能である。

次に，データの標準誤差 se_i ($i=1, 2, …, 10$) にもとづく重みを

$$w_i = \frac{1}{se_i^2} \quad (i=1, 2, ..., 10) \tag{6-11}$$

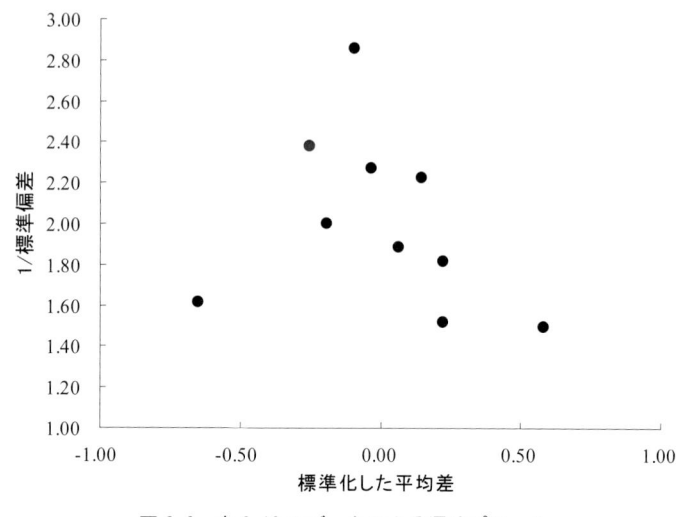

図 6-6　表 6-10 のデータによる漏斗プロット

とすれば，以下のように重み付き平均差を計算して，結果を統合した全体的な平均消費額の差が得られる。

$$MD_{all} = \frac{\sum_{i=1}^{10} w_i MD_i}{\sum_{i=1}^{10} w_i} = \frac{151.40}{41.93} = 3.61$$

この標準誤差は

$$se_{MD} = \sqrt{\frac{1}{\sum_{i=1}^{10} w_i}} = \sqrt{\frac{1}{41.93}} = 0.15$$

全体的な平均消費額の差の有意性を推定するために，Fisher 検定法（Rao, 2004）を用いて全体的な有意確率 p を計算する。すなわち，研究発表や報告に公表された p_i 値 (1, 2, …, 10) が独立であれば，

$$P = \sum_{i=1}^{10} -2\ln p_i$$

は自由度 $2n = 20$ の χ^2 分布に従う。ここで，$P = 52.40$，全体的な有意確率 $P <$

0.0001 なので，全体的な平均消費額の差の有意水準は非常に高いといえる。

同様に，以下のように重み付き効果量を計算して，結果を統合した全体的な効果量 ES_{all} が得られる。

$$ES_{all} = \frac{\sum_{i=1}^{10} w_i ES_i}{\sum_{i=1}^{10} w_i} = \frac{15.29}{41.93} = 0.36$$

この標準誤差は $se_{ES} = 0.15$。統合した効果量の信頼区間は $ES_{all} \pm 1.96 \times se_{ES}$ である。すなわち (0.066, 0.654)。統合した効果量の検定量 z は

$$z = \frac{ES_{all}}{se_{ES}} = \frac{0.36}{0.15} = 2.40$$

この両側有意確率 p 値は 0.02 である。

均質性の検定は「各研究発表や報告から得られた効果量 ES_i が同じ母集団を推定できる」という仮説を評価することである。言い換えれば，「各研究発表や報告に用いられている標本データが同じ母集団から抽出されたものである」という仮説を検定する。この仮説が採用されれば，効果量 ES_i が均質的であり，計算された全体的な効果量 ES_{all} が母集団分布の一つのよい推定値であると考えられる。ここで，Q 検定を用いてこの仮説を検定する。効果量の Q 検定統計量が以下のように求められる。

$$Q = \sum_{i=1}^{10} w_i \left(ES_i - \frac{\sum_{i=1}^{10} w_i ES_i}{\sum_{i=1}^{10} w_i} \right)^2 = \sum_{i=1}^{10} w_i ES_i^2 - \frac{(\sum_{i=1}^{10} w_i ES_i)^2}{\sum_{i=1}^{10} w_i} = 0.14$$

そして，Q 統計量は自由度 $n-1$ の χ^2 分布に従う。有意水準 $\alpha = 0.05$ とすれば，Q の値は $\chi_\alpha^2(9) = 16.92$ より小さい。したがって，各研究発表や報告から得られた効果量（ES_i）が均質であると認められる。

注

1) 母集団分布の平均，分散，標準偏差などを母平均，母分散，母標準偏差などという。
2) 限界値は信頼限界（confidence limit）とも呼ばれる。

3) $[B \cdot \alpha / 2]$ と $[B \cdot (1 - \alpha) / 2)]$ は $B \cdot \alpha / 2$ と $B \cdot (1 - \alpha) / 2)$ の整数部分を表す。
4) 変数 x_i の平均は 0，分散は 1 になる。

参考文献

王　梓坤（1976）:『確率論基礎及其応用』，科学出版社。
奥野隆史（1977）:『計量地理学の基礎』，大明堂。
東京大学教養部統計学教室（1991）:『統計学入門』，東京大学出版社。
丹後俊郎（2002）:『メタ・アナリシス入門』，朝倉書店。
吉原健一・金川秀也（2007）:『やさしい統計』，培風館。
Cohen, J. (1988): *Statistical Power Analysis for the Behavioral Science*, Hillsdale, N.J.: Lawrence Erlbaum Associates.
Efron, B. (1979): Bootstrap methods: Another look at the jackknife. *Annals of Statistics* **7**, 1-26.
Efron, B. and Tibshirani, R.J. (1993): *An Intraduction to the Bootstrap*, New York: Chapman & Hall.
Glass, G.V. (1976): Primary, secondary and meta-analysis of research. *Educational Researcher* **5**, 3-8.
Rao, C.R. (2004): Combining information from different sources to estimate a common effect and use of multiple measurements for ecological assessment. *Environmetrics* **15**, 415-422.
Triola, M.F. (2009): *Elementary Statistics*. Boston, MA: Addison Wesley.
Zwllinger, D. and Kokoska, S. (2000): *CRC Standard Probability and Statistics Tables and Formulae*, Boca Roton, FL: Chapman & Hall/CRC.

第7章　データの構造分析

　本章では，データ構造分析に関して因子分析，クラスター分析，多次元尺度構成法，対応分析を解説し，それらの方法の強みや弱点，観光調査研究への応用について紹介する。

　大量のデータを管理・説明しやすい，少数のデータに変える方法が多く存在するが，観光行列データ（表7-1）をもとにして，因子分析は列に並ぶ観光指標（変数）の共通パターンを明らかにするために，クラスター分析は行に並ぶ観光個体の共通パターンを判明するためにそれぞれ開発されたデータ構造分析法である。例えば，因子分析を用いて多くの観光指標を数個の観光に係わる地理・社会・経済的共通因子にまとめ，クラスター分析を用いて観光指標の類似性にもとづいて多数の観光個体を数個のグループに分類する。しかし，それらの共通因子の数とグループの数は統計的検定よりも利用者の判断によって決められるものが多い。多次元尺度構成法と対応分析は観光指標と観光個体を同時に比較しながら，データ構造を考察する分析法である。

表 7-1　観光行列

		観光指標（変数）				
		X_1	X_2	$\cdots$	X_j	$\cdots$	X_p
個体	1	X_{11}	X_{12}	$\cdots$	X_{1j}	$\cdots$	X_{1p}
	2	X_{21}	X_{22}	$\cdots$	X_{2j}	$\cdots$	X_{2p}
	$\vdots$	$\vdots$	$\vdots$		$\vdots$		$\vdots$
	i	X_{i1}	X_{i2}	$\cdots$	X_{ij}	$\cdots$	X_{ip}
	$\vdots$	$\vdots$	$\vdots$		$\vdots$		$\vdots$
	N	X_{N1}	X_{N2}	$\cdots$	X_{Nj}	$\cdots$	X_{Np}

7.1 因子分析

因子分析法は，心理学の分野で開発された方法として20世紀初頭からSpearman（1904）をはじめとする先達のすぐれた創意によって育てられてきた（Spence and Taylor, 1970）。観光学の分野においては，観光エリアの地物イメージ評価，町並景観と観光資源としての建築物の調査・分析，地域イメージの構造分析，住民の観光意識調査に適用するものが多くある（棚橋ほか，1998；河津・坪井，2004；田村・森田，2006；張，2007）。

因子分析（factor analysis）は上記の観光行列のような観測変数データからいくつかの共通因子（因子）を推定する方法である。因子分析には二つの類型がある。一つを探索的因子分析（exploratory factor analysis, EFA），もう一つを検証的因子分析（confirmatory factor analysis, CFA）という。単に因子分析といえば，探索的因子分析をいうことが多い。本節で因子分析（すなわち，探索的因子分析）を詳細に解説する。

7.1.1 因子分析の考え方

因子分析の基本的な考え方は，表7-1に示されるようなN個の個体（case）についてのp個の観測変数（observed variable, 以下変数と略称する）に対して，p個の変数$x_1, x_2, \cdots, x_p$を$m (<p)$個の共通因子（common factor）$f_1, f_2, \cdots, f_m$とp個の独自因子$e_1, e_2, \cdots, e_p$で表す。この考え方を定式化すると次のようになる。

$$x_{ij} = a_{j1}f_{i1} + a_{j2}f_{i2} + \cdots + a_{jm}f_{im} + e_{ij} \quad (i=1, 2, \cdots, N;\ j=1, 2, \cdots, p) \quad \text{(7-1a)}$$

ここで，共通因子の個体$f_{i1}, f_{i2}, \cdots, f_{im}$の値は因子得点（factor score）と，$a_{j1}, a_{j2}, \cdots, a_{jm}$は共通因子の重みを示す係数で因子負荷量（factor loading）とそれぞれ呼ばれる。e_{ij}は変数x_j固有の変動を表す独自因子の得点である。変数$x_1, x_2, \cdots, x_p$と共通因子$f_1, f_2, \cdots, f_m$は平均0，分散1に標準化し[1]，独自因子$e_1, e_2, \cdots, e_p$は平均0，分散$d_1^2, d_2^2, \cdots, d_p^2$であると，各共通因子，各独自因子，共通因子と独自因子はそれぞれ互いに無関係であると仮定する。

式（7-1a）を次のような行列形式で表すことができる。

$$\underset{N\times p}{X} = \underset{N\times m}{F}\underset{m\times p}{A^T} + \underset{N\times p}{E} \tag{7-1b}$$

$$X = \begin{pmatrix} x_{11} & x_{12} & \cdots & x_{1p} \\ x_{21} & x_{22} & \cdots & x_{2p} \\ \vdots & \vdots & \cdots & \vdots \\ x_{N1} & x_{N2} & \cdots & x_{Np} \end{pmatrix} \quad F = \begin{pmatrix} f_{11} & f_{12} & \cdots & f_{1m} \\ f_{21} & f_{22} & \cdots & f_{2m} \\ \vdots & \vdots & \cdots & \vdots \\ f_{N1} & f_{N2} & \cdots & f_{Nm} \end{pmatrix} \quad A = \begin{pmatrix} a_{11} & a_{12} & \cdots & a_{1m} \\ a_{21} & a_{22} & \cdots & a_{2m} \\ \vdots & \vdots & \cdots & \vdots \\ a_{p1} & a_{p2} & \cdots & a_{pm} \end{pmatrix}$$

$$E = \begin{pmatrix} e_{11} & e_{12} & \cdots & e_{1p} \\ e_{21} & e_{22} & \cdots & e_{2p} \\ \vdots & \vdots & \cdots & \vdots \\ e_{N1} & e_{N2} & \cdots & e_{Np} \end{pmatrix}$$

その相関行列は

$$\underset{p\times p}{R} = \underset{p\times m}{A}\underset{m\times p}{A^T} + D \tag{7-2}$$

$$D = \begin{pmatrix} d_1^2 & 0 & \cdots & 0 \\ 0 & d_2^2 & \cdots & 0 \\ \vdots & \vdots & \cdots & \vdots \\ 0 & 0 & \cdots & d_p^2 \end{pmatrix}$$

となる。ここで，R は変数 $x_1, x_2, \cdots, x_p$ の相関行列[2]，A は因子負荷量 a_{jk} からなる行列，D は対角要素に独自因子 $e_1, e_2, \cdots, e_p$ の分散 $d_1^2, d_2^2, \cdots, d_p^2$ をもつ対角行列である。さらに，R の対角要素は

$$r_{jj} = 1 = a_{j1}^2 + a_{j2}^2 + \cdots + a_{jm}^2 + d_j^2 \tag{7-3}$$

となる。すなわち，標準化された変数 x_j の分散 r_{jj}（= 1）は，その変数の各共通因子の負荷量の平方和

$$h_j^2 = a_{j1}^2 + a_{j2}^2 + \cdots + a_{jm}^2 \tag{7-4}$$

と，その変数の独自因子の分散 d_j^2 とに分けられる。このうち，h_j^2 で表れた部分は，共通因子にかかわるもので共通性（communality）と呼び，変数 x_j の分散が m 個の共通因子によってどの程度説明されるかを示唆する。

因子分析は $p \times p$ の相関行列 R から $p \times m$（$m < p$）の因子負荷量行列 A を求めるプロセスである（図7-1）。

$$\begin{array}{c} \begin{array}{cccc} x_1 & x_2 & \cdots & x_p \end{array} \\ \begin{array}{c} x_1 \\ x_2 \\ \vdots \\ x_p \end{array} \begin{pmatrix} r_{11} & r_{12} & \cdots & r_{1p} \\ r_{21} & r_{22} & \cdots & r_{2p} \\ \vdots & \vdots & & \vdots \\ r_{p1} & r_{p2} & \cdots & r_{pp} \end{pmatrix} \\ \boldsymbol{R} \end{array} \Longrightarrow \begin{array}{c} \begin{array}{cccc} f_1 & f_2 & \cdots & f_m \end{array} \\ \begin{array}{c} x_1 \\ x_2 \\ \vdots \\ x_p \end{array} \begin{pmatrix} a_{11} & a_{12} & \cdots & a_{1m} \\ a_{21} & a_{22} & \cdots & a_{2m} \\ \vdots & \vdots & & \vdots \\ a_{p1} & a_{p2} & \cdots & a_{pm} \end{pmatrix} \\ \boldsymbol{A} \end{array}$$

図 7-1 相関行列から因子負荷量行列 A を求める

因子分析の最終目標は，共通因子 $f_1, f_2, \cdots, f_m$ を探し出すのみならず，一つの変数 x_j は共通因子の中の一つにだけ強い関係をもち，他の共通因子とは弱い関係を維持する。つまり，式（7-1a）の因子負荷量 $a_{j1}, a_{j2}, \cdots, a_{jm}$ の中で一つだけ絶対値が大きく，他の値がすべてゼロに近いことになる。そうすると，数個の共通因子が変数をこの数のグループに分けて表示することができる。例えば，表7-2 では二つの共通因子が九つの変数（観光関連サービスの評価項目）を二つのグループに分けて簡潔に表示する。

表 7-2　観光関連サービスの評価項目と因子負荷量

項　目	因子1	因子2
1　（観光産業で働く人の）人的なサービスがよい		0.599
2　観光情報の無料提供があるなど観光情報を積極的に提供していてよい		0.607
3　観光施設や観光場所にガイド案内や説明看板などがあり分かりやすい		0.499
4　商店やレストランなどの料金が安い	0.542	
5　交通の便がよい	0.584	
6　地域住民が外来者に対して親切である	0.703	
7　観光する場所がたくさんある	0.682	
8　食べ物がおいしい	0.721	
9　観光土産品が多い	0.629	

注：ゼロに近い因子負荷量が省略された。

7.1.2　因子数の決め方

因子負荷量を推定するまえに，因子の数（m）を決めなければならない。その

ために，まず，相関行列 R の固有値を算出する．次に，算出された固有値をもとに因子数の決め方は二つある．その一つは，1.0 より大きい固有値の数を因子の数とする方法である．その理由は，1.0 が p 個の変数の全分散の平均[3]を示していることにある．いま一つは，Cattell（1966）が提唱したスクリーテスト（scree test）である．相関行列 R の固有値を固有値順位に対してプロットし，これに最下位固有値から傾向線を引き，その傾向線から離れる固有値の順位が因子数となる．図 7-2 にスクリープロット（scree plot）の例があるが，この図から 3 因子と判断できる．

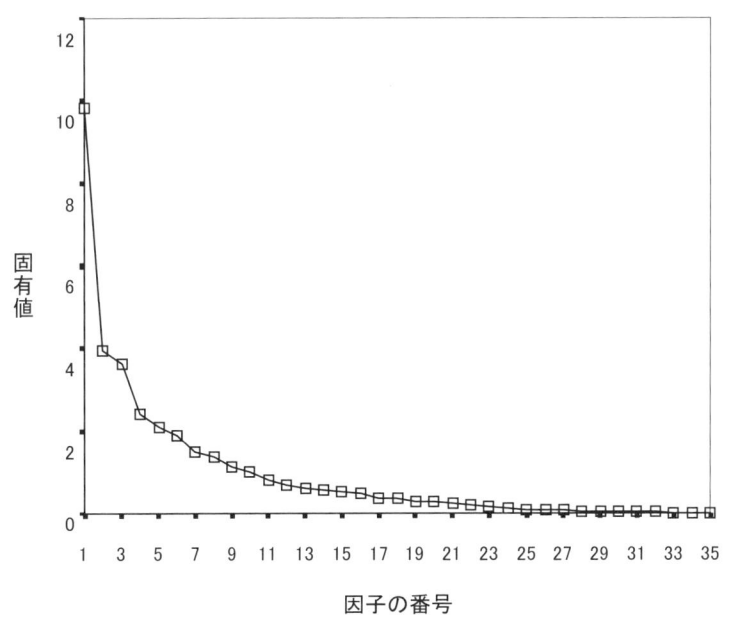

図 7-2　固有値のスクリープロット

7.1.3　因子負荷量の推定

因子負荷量を推定するために様々な解法が利用されている．例えば，セントロイド法，正準因子分析法，主因子分析法，最尤法などである．観光学の分野では，主として主因子分析法（principal factor analysis，主因子法）が広く用いられてい

るようである。以下，主因子分析法について説明する。

式（7-2）より

$$R - D = AA^T \tag{7-5}$$

が成り立つが，もし行列 D が既知であれば固有値問題を解くことにより，因子負荷量 A を求めることができる。実際には D が未知であるので，次のような反復法により A と D を求める。

ステップ1：独自因子の分散の初期値 $D^{(0)}$ の設定
ステップ2：n 回目の反復をした時の推定値 $D^{(n)}$ を用いて，$R - D^{(n)}$ の固有値 $\lambda_1 \geq \lambda_2 \geq \cdots \geq \lambda_m$ に対応する固有ベクトル $v_1, v_2, \cdots, v_m$ を計算し，
$$A^{(n)} = (a_1, a_2, \cdots, a_m) = (\sqrt{\lambda_1} v_1, \sqrt{\lambda_2} v_2, \cdots, \sqrt{\lambda_m} v_m)$$
とおく。
ステップ3：$R - A^{(n)} A^{(n)T}$ の対角要素を $D^{(n+1)}$ とおく。
ステップ4：もし $D^{(n)}$ と $D^{(n+1)}$ の各要素が十分近ければ，すなわち，
$$\left| (d_k^{(n)})^2 - (d_k^{(n+1)})^2 \right| < \varepsilon \quad (k = 1, 2, \cdots, p)$$
ならば，繰り返しが終了する。そうでなければ，$n \leftarrow n+1$，$D^{(n)} \leftarrow D^{(n+1)}$ とおいて，ステップ2に戻る。

7.1.4　因子軸の回転と因子の解釈

前述のとおり，因子負荷量 a_{jk} が推定されると，因子負荷量はある因子に各変数がどのくらい影響しているかを表す係数であるから，この因子負荷量をもとに因子を解釈することになる。

その要領は因子負荷量の符号と大きさに注目して解釈が行われる。解釈をしやすくするために，いくつかの変数は絶対値の大きい因子負荷量をもち，残りの変数の因子負荷量はゼロに近いという形の単純構造（simple structure）になることが望ましい。そのために，因子負荷量の座標軸を回転する。

表7-3は，ウェブ上でコンピューター合成による観光ガイドサイトに関する六つの評価項目と，これらの評価項目から抽出された座標軸の回転前後の因子負荷量を表している。図7-3は，回転前の因子負荷量ⅠとⅡ（表7-3の第2欄と第3

表 7-3　回転前後の因子負荷量

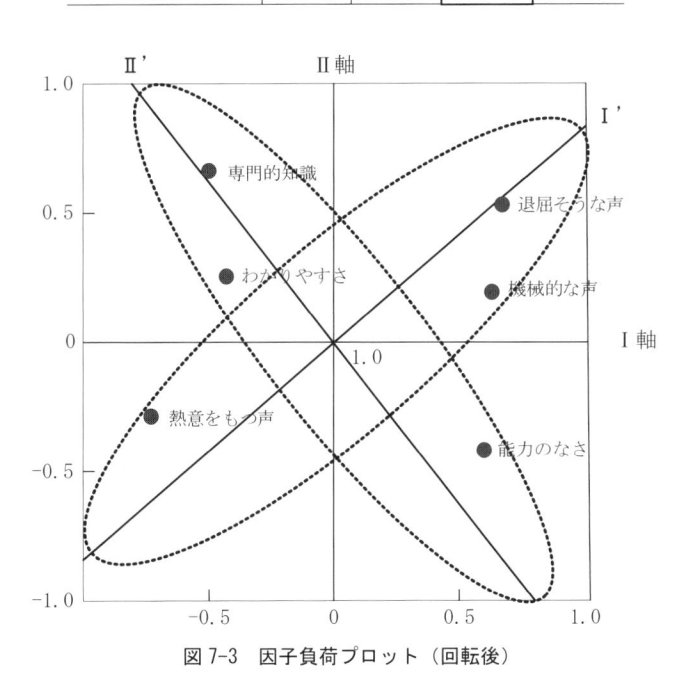

評価項目	回転前 因子 I	回転前 因子 II	回転後 因子 I'	回転後 因子 II'
1　専門的知識	-0.48	0.67	0.06	**0.82**
2　わかりやすさ	-0.44	0.26	-0.17	**0.48**
3　能力のなさ	0.60	-0.41	0.20	**-0.70**
4　退屈そうな声	0.67	0.52	**0.85**	-0.03
5　機械的な声	0.62	0.21	**0.61**	-0.24
6　熱情をもつ声	-0.73	-0.28	**-0.74**	0.25

図 7-3　因子負荷プロット（回転後）

欄），回転後の因子負荷量 I' と II'（表 7-3 の第 4 欄と第 5 欄）をプロットしたものである．図に示されるように，軸を約 40 度回転させた後，各変数に対して，一つの因子負荷量がゼロに近く，もう一つの因子負荷量の絶対値が 0.4 以上になった．すなわち，専門的知識，わかりやすさ，能力のなさといた専門系の評価項目は，第 I' 因子負荷量が小さく，第 II' 因子負荷量が大きい．逆に，退屈そう

な声,機械的な声,情熱をもつ声といった音声系の評価項目は,第Ⅰ'因子負荷量が大きく,第Ⅱ'因子負荷量が小さいような単純構造になった。したがって,第Ⅰ'因子はガイドの音声の質を,第Ⅱ'因子はガイドの専門性をそれぞれ評価する因子になっていることが考えられる。

因子軸の回転（rotation）方法には回転後の因子が直交している直交回転（orthogonal rotation）と互いに相関している斜交回転（oblique rotation）がある。ここでは,直交回転としてバリマックス（varimax）法について紹介しよう。

回転前後の因子負荷行列 A と B とおけば,両者の関係は

$$\underset{p \times m}{B} = \underset{p \times m}{A} \underset{m \times m}{T} \tag{7-6}$$

あるいは

$$\begin{pmatrix} b_{11} & \cdots & b_{1m} \\ \vdots & & \vdots \\ b_{p1} & \cdots & b_{pm} \end{pmatrix} = \begin{pmatrix} a_{11} & \cdots & a_{1m} \\ \vdots & & \vdots \\ a_{p1} & \cdots & a_{pm} \end{pmatrix} \begin{pmatrix} t_{11} & \cdots & t_{1m} \\ \vdots & & \vdots \\ t_{m1} & \cdots & t_{mm} \end{pmatrix}$$

のように表すことができる。因子軸回転のバリマック法では,回転後の因子負荷行列 B の個々の要素の2乗した b_{jk}^2 を小さいものと大きいものの二つに分極させるため,すべての共通因子について因子負荷量 b_{jk}^2 の平方の分散の和

$$V = \sum_{k=1}^{m} \left(\frac{1}{p} \sum_{j=1}^{p} (b_{jk}^2 - \frac{1}{p} \sum_{j=1}^{p} b_{jk}^2)^2 \right) \tag{7-7}$$

を最大化するという基準を設けて,次のような反復直交回転により T を求める。

ステップ1:m 個の共通因子の中から二つ（例えば,因子 k と l)を選び,因子 k と l の平面内で

$$\begin{cases} b_{jk} = a_{jk} \cos \varphi_{kl} + a_{jl} \sin \varphi_{kl} \\ b_{jl} = -a_{jk} \sin \varphi_{kl} + a_{jl} \cos \varphi_{kl} \end{cases}$$

のように回転される。ここの回転角 φ_{kl} は

$$\tan 4\varphi_{kl} = \frac{D - 2AB/p}{C - (A^2 - B^2)/p}$$

$$(D - 2AB/p) \sin 4\varphi_{kl} > 0$$

を満たす解として与えられる。ただし,

$$A = \sum_{j=1}^{p}(a_{jk}^2 - a_{jl}^2)$$

$$B = 2\sum_{j=1}^{p} a_{jk} a_{jl}$$

$$C = \sum_{j=1}^{p}(a_{jk}^2 - a_{jl}^2)^2 - 4a_{jk}^2 a_{jl}^2$$

$$D = 4\sum_{j=1}^{p} a_{jk} a_{jl}(a_{jk}^2 - a_{jl}^2)$$

ステップ2：m 個の共通因子の中から二つを選ぶ組み合せ数は $m(m-1)/2$ であるから，回転の回数 $< m(m-1)/2$ 回ならば，回転を続けるためステップ1に戻す．もし回転の回数 $= m(m-1)/2$ 回ならば，1回のサイクルが終了する．

ステップ3：このようなサイクルを繰り返すと，逐次 V は大きくなり，ついには収束する．すなわち，第 $n+1$ 回のサイクル終了後，$\left|V^{(n+1)} - V^{(n)}\right| < \varepsilon$ ならば因子軸回転が終了する．

7.1.5 因子得点の推定

因子得点の推定法には様々なものが提唱されているが，lawley and Maxwell (1963) による回帰法は最も一般的な推定法である．回帰法では，因子得点の推定値が次のように表示される．

$$\hat{f}_{ik} = \sum_{j=1}^{p} b_{jk} x_{ij} \quad (i=1, 2, \cdots, N; \ k=1, 2, \cdots, m) \tag{7-8a}$$

この式を行列形式で表示すると，

$$\underset{N \times m}{\hat{F}} = \underset{N \times p}{X} \underset{p \times m}{B} \tag{7-8b}$$

となる．ここで，B を求めるために回帰分析の最小2乗法を適用する場合，推定値 $\hat{f}_{ik}$ が真値 f_{ik} との誤差平方和

$$Q_k = \sum_{i=1}^{N}(f_{ik} - \hat{f}_{ik})^2 = \sum_{i=1}^{N}\left(f_{ik} - \sum_{j=1}^{p} b_{jk} x_{ij}\right)^2 \quad (k=1, 2, \cdots, m) \tag{7-9a}$$

あるいは，

$$Q_k = (\boldsymbol{f}_k - \hat{\boldsymbol{f}}_k)^T(\boldsymbol{f}_k - \hat{\boldsymbol{f}}_k) = (\boldsymbol{f}_k - X\boldsymbol{b}_k)^T(\boldsymbol{f}_k - X\boldsymbol{b}_k) \tag{7-9b}$$

$$\boldsymbol{f}_k = \begin{pmatrix} f_{1k} \\ f_{2k} \\ \vdots \\ f_{Nk} \end{pmatrix}, \quad \hat{\boldsymbol{f}}_k = \begin{pmatrix} \hat{f}_{1k} \\ \hat{f}_{2k} \\ \vdots \\ \hat{f}_{Nk} \end{pmatrix}, \quad \boldsymbol{b}_k = \begin{pmatrix} b_{1k} \\ b_{2k} \\ \vdots \\ b_{pk} \end{pmatrix}$$

を最小にする回帰係数ベクトル $\boldsymbol{b}_k$ を求めることにする。それ故に最小2乗法が利用できる。すなわち，Q_k を $\boldsymbol{b}_k$ に関して偏微分して得られる偏導数をゼロにおき，

$$\frac{\partial Q_k}{\partial \boldsymbol{b}_k} = \frac{\partial(\boldsymbol{f}_k^T \boldsymbol{f}_k - 2\boldsymbol{b}_k^T X^T \boldsymbol{f}_k + \boldsymbol{b}_k^T X^T X \boldsymbol{b}_k)}{\partial \boldsymbol{b}_k}$$

$$= -2X^T \boldsymbol{f}_k + 2X^T X \boldsymbol{b}_k = 0$$

この方程式を解けば，$\boldsymbol{b}_k$ が得られる。

$$\boldsymbol{b}_k = (X^T X)^{-1} X^T \boldsymbol{f}_k \quad (k=1, 2, \cdots, m) \tag{7-10}$$

ところが，変数 $x_1, x_2, \cdots, x_p$ は平均0, 分散1に標準化されているので，

$$X^T X = R$$

となる。一方，式 (7-1b) により，

$$X^T \boldsymbol{f}_k = (FA^T + E)^T \boldsymbol{f}_k = AF^T \boldsymbol{f}_k + E^T \boldsymbol{f}_k$$

となるが，共通因子 $\boldsymbol{f}_1, \boldsymbol{f}_2, \cdots, \boldsymbol{f}_m$ の平均は0, 分散は1, 各共通因子，独自因子と共通因子はそれぞれ互いに無関係であるという仮定を考慮すれば，結局 $\boldsymbol{b}_k$ が次式から得られる。

$$\boldsymbol{b}_k = R^{-1} \boldsymbol{a}_k \quad (k=1, 2, \cdots, m) \tag{7-11}$$

7.2　観光促進対策の因子分析

都市はそれぞれに多種多様な機能を有し，観光機能もその一つである。従来の外

来観光客目あての都市観光開発は，地元に一時的な繁栄をもたらし，その繁栄が長くつづくことができない。しかし，住民のための都市観光開発は，住民参画によって地域の環境整備，観光休養地区の整備，住民の保健と福祉の促進，教養観光の充実が中心的事業を優先的に考慮し，それによってきれいで住みやすい都市をつくることができる。なお，都市の観光レクリエーション施設は，都市住民によって利用されるウェイトが高く，地域外からの観光レクリエーション客と共用されるところに大きな特色がある。それ故に，都市観光（urban tourism）事業を促進するために，その対策がどの程度必要かをまず地元住民に問い合わせなければならない。

本節では，中国における東北地区の三つの主要都市に住んでいる1,019人（瀋陽336人，長春343人，ハルビン340人）の住民を調査対象として実施されたアンケート調査のデータにもとづいて因子分析を行い，観光事業促進対策への3都市住民の見方を明らかにした。調査質問[4]では，観光促進の必要な対策に関するアンケート質問は5段階評価項目（1～9）と自由回答形式（10）を採用した。この質問1～9の回答結果を用いて中国東北地区の3都市における観光促進対策の分析を進めていく。

7.2.1 観光促進対策の因子構造

因子分析は調査質問での九つの観光促進に必要な対策（1～9）を変数とし，主因子分析法を用いた。因子分析では，まず，九つの変数をもとにして9×9の相関行列をつくり，主因子法によって主要因子を抽出し，解釈可能な因子についてバリマックス回転を行う。これにより新たな因子負荷量を得る。次に，回帰法を用いて1,019人のアンケート対象者の各因子に対する因子得点を算出する。

因子分析を援用して観光促進対策を分析する場合，因子の選択とその解釈は非常に重要である。多くの研究は固有値1.0以上を取り上げている。ここでは，固有値1.0以上の因子が三つある。それらの因子は，表7-4のとおりであり，正の因子負荷量が0.4以上の変数にもとづいて全変動の58.4%を説明する。

全変動の34.7%を説明する第1因子は，まちのセキュリティ面での安全性強化（0.783）をはじめ，観光宣伝（0.706）や観光サービスの向上（0.447）という観光地のソフト整備，観光地の整備・保全（0.675）というハード整備が比較的大きい負荷量をもつ。それらをみると，第1因子は観光関連のハード・ソフト整備

132　第Ⅱ部　観光データ分析

表7-4　必要な対策項目と因子負荷量

項目	因子1	因子2	因子3
1　ホテルなどの宿泊施設をつくる		0.725	
2　博物館などの文化施設をつくる		0.783	
3　テーマパークなどの娯楽施設をつくる		0.697	
4　観光専門教育を行う教育機関をつくる			0.859
5　観光サービスを向上させる	0.447		
6　観光業に携わる人材を育成する			0.721
7　観光宣伝を行う	0.706		
8　観光地を整備し，保全する	0.675		
9　まちのセキュリティ面での安全性を高める	0.783		
説明量	34.7	12.4	11.3
累積説明量	34.7	47.1	58.4

注：ゼロに近い因子負荷量が省略された。

に関連するものである。つまり，観光を促進するためには，まず，まちのセキュリティ面での安全性を高め，観光サービス向上を図ると同時に，都市の観光名所・旧跡などを宣伝する必要があり，観光地のまちづくりも欠かせないことが認められる。

　第2因子は全変動の12.4%を説明する。第2因子に高い負荷量をもつ変数は，博物館などの文化施設（0.783），ホテルなどの宿泊施設（0.725），テーマパークなどの娯楽施設（0.697）を充実する対策である。したがって，第2因子は観光関連の施設整備に関わる因子といえる。瀋陽，長春，ハルビン市が東北地区に位置し，東部沿海の他の地域に比べて経済が比較的立ち遅れている。中央政府の東北地域再開発プロジェクトに対して地元住民が観光関連の施設整備を強く求めていることが分かる。

　第3因子は全変動の11.3%を説明し，主に観光教育と人材育成に密接に関係している。高い負荷量をもつ変数は，観光専門教育を行う教育機関をつくる（0.859）と観光業に携わる人材を育成する（0.721）ことである。

7.2.2 因子得点分析

表 7-5 は調査対象者属性と属性別因子得点の平均値を一覧表にしたものである。表に示されるように，まず，因子の得点平均値を性別でみると，男性は正の第 2 因子と第 3 因子の得点平均値を持ち，女性は正の第 1 因子の得点平均値を持っている。年齢でみると，正の第 1 因子の平均値を示した者は 30 歳以下の若い者であり，第 2 因子のそれは 20 歳未満と 40 歳以上の者であり，第 3 因子のそれは 40 歳以上と 70 歳以下の者である。収入（月収）によっては，3,000 元以下と 5,000 元以上 10,000 元未満の所得者が正の第 1 因子の得点平均値を，2,000 元未満の比較的低所得者と 3,000 元以上 5,000 元未満の中所得者が正の第 2 因子の得点平均値を，5,000 元以上 10,000 元未満の比較的高所得者が正の高い第 3 因子の得点平均値をそれぞれ示している。つまり，所得にかかわらず若い女性は，正の第 1 因子の得点平均値を持ち，観光宣伝や観光サービスの向上，観光地の安全性を求めると同時に，観光地のインフラ整備も重視している。しかし，低中所得の若い男性と中年以上の男性は，正の第 2 因子の得点平均値を持つため，ホテル

表 7-5　調査対象者の属性別因子得点平均値

		因子1	因子2	因子3
性別	男性	-0.0008	0.0293	0.0278
	女性	0.0009	-0.0330	-0.0313
年齢	20 歳以下	0.0585	0.2363	-0.1198
	21 歳-30 歳	0.0733	-0.0494	-0.0370
	31 歳-40 歳	-0.0412	-0.0214	-0.0506
	41 歳-50 歳	-0.1569	0.0250	0.2599
	51 歳-69 歳	-0.0855	0.1257	0.1433
	70 歳以上	-0.1868	0.5533	-0.7941
収入	2000 元未満	0.0215	0.0651	-0.0631
	2001-3000 元	0.0243	-0.0527	-0.0074
	3001-5000 元	-0.0659	0.0447	0.0012
	5001-10000 元	0.0624	-0.1839	0.2463
	10000 元以上	-0.2713	-0.1256	-0.1020

や博物館，テーマパークなど観光関連の施設整備を求めている。比較的高所得の40歳以上の男性は，正の第3因子の得点平均値を持ち，観光教育と人材育成を最も重視し，観光関連のハード整備より教育や人材育成などのソフト充実を望んでいる。その一方，月収10,000元以上の高所得者は，すべて負の因子の得点平均値を持ち，それは，彼（彼女）らは少人数ながら，旅行の際にほとんど高級ホテルに泊まり，世界の有名な旅行施設やリゾート地をよく利用し，地元の観光促進対策についてあまり関心を持っていないことを示しているようである。

7.3　検証的因子分析

　上述したように，探索的因子分析は，その名のとおり，因子を探すための因子分析である。つまり，観測データをもとに因子をあぶりだして，因子の数，因子と関連づく観測変数など，試行錯誤を繰り返しながら分析を進めて因子構造を調べる。その背景にはとくにモデルを想定していない。それに対して，検証的因子分析は，事前にある程度明確な仮説を設定しており，観測データをもとに仮説としてたてた因子構造が正しいといえるかどうかを検証する。

　検証的因子分析では，一つの因子は特定の観測変数にのみ影響を与え，その他の観測変数に対しては影響力をもたないと仮定する。すなわち，探索的因子分析と異なり，検証的因子分析ではいくつかの因子負荷量を0とすることで因子回転の問題が生じないという利点がある。さらに，このような仮説にもとづいて特定のモデルが解析に先立って想定され，統計学的にはモデルとのよりよい適合性が確保できる。例えば，一つの因子が特定の観測変数にのみ影響を与えるような因子構造仮説をもとにして構造方程式モデリング（SEM）[5]を適用すると，因子構造仮説を統計学的に検定することができる。

　このように，検証的因子分析は因子構造に関する良い仮説が前提とされるため，因子構造に関する理論や仮説が欠けている場合は，まず探索的因子分析を用いて簡単な因子構造を探り出し，つぎに構造方程式モデリングを導入するという方法がよく使われる（Brown, 2006）。検証的因子分析に関する具体的な理論と計算について第10章の10.2に述べる。

7.4 クラスター分析

表7-1の観測データをもとにして因子分析は多数の観測変数を数個の共通因子で表示する方法である。本節では，観測変数が似ている多数の個体を数個のクラスターやグループにまとめるクラスター分析を解説する。クラスター分析はとくに観光マーケティング研究によく利用される。例えば，Hudson and Ritchie（2002）は，カナダアルバータ地域にくる国内旅行者3017人を対象にして，宿泊設備の質，観光活動の多様性，休日の期間，天気状況などの観光への影響要因の重要性についてアンケート調査を行った。そのアンケート回答にもとづいてクラスター分析を適用して，旅行者が五つのクラスターに分けられる。さらに，各クラスターに含まれる旅行者の共通属性や観光への影響要因を考察した結果，五つの観光マーケットを明らかにした。すなわち，若者・都市アウトドアマーケット，インドア・レージャ旅行者マーケット，子供優先マーケット，都合のよいときだけのマーケット，高齢・コスト重視者のマーケットである。

7.4.1 クラスター分析の考え方

クラスター分析（cluster analysis）は変数の正規性や線形関係などの仮定が必ずしも必要ではなく，個体間の関係を表す距離や非類似度だけが与えられれば，分類が可能になる扱いやすい分類法である。クラスター分析の結果は，すべての個体が数個のクラスターに分類され，クラスター内の個体間の距離をできるだけ小さくすることである。言い換えれば，クラスター内の個体の類似性（similarity）をできるだけ大きくすることである。例えば，図7-4には2変数x_1とx_2の値にもとづき50個の個体がプロットされ，はっきりと二つのクラスターが現れる。すなわち，左下のクラスターと右上のクラスターでは，クラスター内の点からクラスター中心への距離は他のクラスター中心への距離より近い。

クラスター分析は非階層的クラスター分析と階層的クラスター分析に分けられる。非階層的クラスター分析（non-hierarchical cluster analysis）は，あらかじめ分割の妥当性を判断する基準が設けていて，個体を並列的に数個のクラスターに分類する方法である。それに対して，階層的クラスター分析（hierarchical cluster analysis）は，対象間の距離や非類似度を手がかりにして，樹形図（dendrogram）

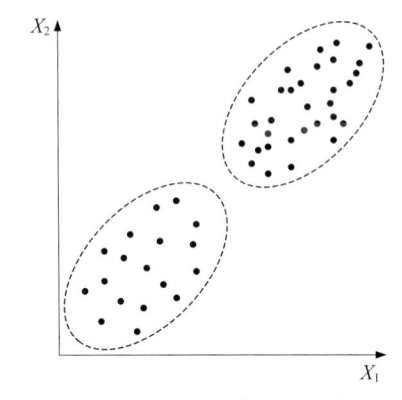

図7-4　2変数データの分布

と呼ばれる樹状の分類構造を構成することを目標とする分類法である。

7.4.2　非階層的クラスター分析

k 平均法（k-means）は非階層的クラスター分析として観光分析によく利用されている。k 平均法は，研究目的に応じてクラスター数 k をあらかじめ指定し，次に p 個の変数における N 個の個体を，クラスター内平方和が最小になるように k 個のクラスターに分割する。

k 個のクラスターの中心は，そのクラスターに属する個体の観測データの，変数ごとの平均値である。すなわち，

$$\overline{X}_j^{(l)} = \frac{\sum_{i=1}^{n_l} X_{ij}^{(l)}}{n_l} \quad (j=1, 2, \cdots, p\,;\ l=1, 2, \cdots, k)$$

ここで，$X_{ij}^{(l)}$ は l 番目のクラスターに属する個体の観測データ，$\overline{X}_j^{(l)}$ は l 番目のクラスターの j 番目の変数の平均値，n_l は l 番目のクラスターに含まれる個体数である。

クラスター内平方和 SS_w は，各クラスターに属する観測データとそのクラスターの中心との間のユークリッド平均距離の合計である。すなわち，

$$SS_w = \sum_{l=1}^{k} \sum_{j=1}^{p} \sum_{i=1}^{n_l} (X_{ij}^{(l)} - \overline{X}_j^{(l)})^2 \tag{7-12}$$

k 平均法によるクラスター分析手順は次のとおりである。

ステップ1：k 個の初期クラスターの中心を決める。
ステップ2：すべての個体をクラスター内平方和が最小になるクラスターに再分類する。
ステップ3：新たにできたクラスターの中心を算出する。
ステップ4：クラスターの中心に変化があれば，ステップ2にもどる。

7.4.3 階層的クラスター分析

　階層的クラスター分析は，最初に一つの個体が一つのクラスターにして，似ているクラスターを逐次合併し，クラスター数がだんだん減り，最後にすべての個体を一つのクラスターにまとめられる分類法である。このようなクラスター形成の過程では，各クラスターに属する個体間の距離または非類似度，クラスター間の距離の定義にはいくつかの考え方があり，その各々が別々のクラスター分析の方法に対応している。

(1) 類似性の測度

　クラスター分析では，個体がもっている諸特性によって個体間とクラスター間の互いの類似性が数値で示され，クラスターを形成する。類似性の測度としては，距離のように値の小さいほうが類似性が高い場合と，相関係数のように値の大きいほうが類似性が高い場合がある。
　N 個の個体のうち，個体 i と個体 j の p 個の変数の観測値を次のようなベクトルで示す。

$$X_i^T = (X_{i1}, X_{i2}, \cdots, X_{ip})$$

$$X_j^T = (X_{j1}, X_{j2}, \cdots, X_{jp})$$

個体間のユークリッド距離は

$$d_{ij} = \sqrt{\sum_{k=1}^{p}(X_{ik} - X_{jk})^2} \qquad (7\text{-}13a)$$

ところで，それぞれの変数が必ずしも測定単位が同じでないため，標準化した

変数（注1を参照して下さい）を用いれば，

$$d_{ij} = \sqrt{\sum_{k=1}^{p}(x_{ik} - x_{jk})^2} \tag{7-13b}$$

とするほうが適切である場合もある。

他の重要な距離がマハラノビス距離（Mahalanobis,1936）である。すなわち，

$$d_{ij} = (X_i - X_j)^T \sum (X_i - X_j) \tag{7-14}$$

ここで，$\sum$ は変数の分散共分散行列の逆行列である。

一方，p 個の変数を用いて次式のように個体間の相関係数を求め，類似度として分析することも可能である。すなわち，

$$r_{ij} = \frac{\sum_{k=1}^{p}(X_{ik} - \overline{X}_i)(X_{jk} - \overline{X}_j)}{\sqrt{\sum_{k=1}^{p}(X_{ik} - \overline{X}_i)^2 \sum_{k=1}^{p}(X_{jk} - \overline{X}_j)^2}} \quad (i, j = 1, 2, \cdots, N) \tag{7-15}$$

以下，距離を類似性の測度として記述を進めていく。

(2) クラスター間の距離の決め方

クラスター間の距離の定義によってクラスター分析は多種多様な作成方法がある。代表的な方法としては，最短距離法（nearest neighbor），最長距離法（furthest neighbor），メジアン法（median），群平均法（group average），重心法（centroid），ウォード法（ward）の6種の方法（図7-5）があるが，利用する際に距離の性格や個体の分布特徴により最も適当なものを選択する。クラスター作成方法によるクラスター間の距離の各定義は以下のようになる。

クラスター i とクラスター j が合併されてクラスター s が作られるとする。d_{ij}，d_{ti}，d_{tj} をクラスター i とクラスター j が合併されるまえの各クラスター間の距離としたとき，合併後のクラスター s とクラスター t $(t \neq i, j)$ との距離は次式のように示される。

$$d_{ts} = \alpha_i d_{ti} + \alpha_j d_{tj} + \beta d_{ij} + \gamma |d_{ti} - d_{tj}| \tag{7-16a}$$

$$d_{ts}^2 = \alpha_i d_{ti}^2 + \alpha_j d_{tj}^2 + \beta d_{ij}^2 + \gamma |d_{ti}^2 - d_{tj}^2| \tag{7-16b}$$

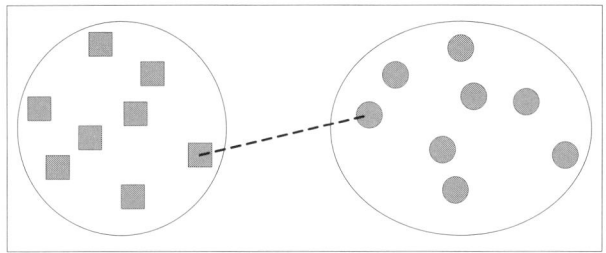

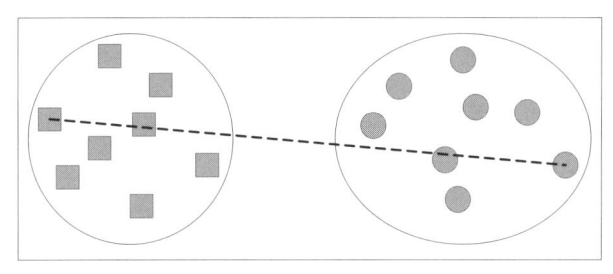

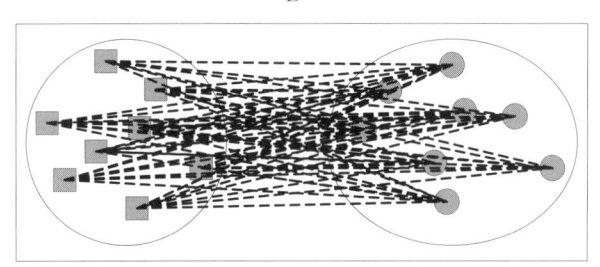

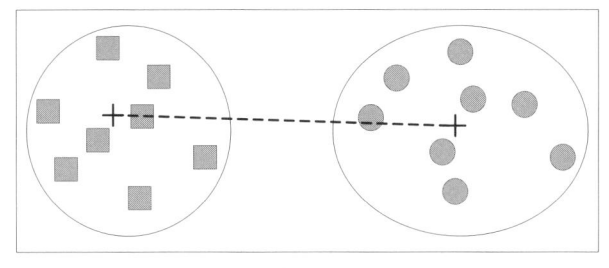

図 7-5 色々なクラスター作成法
（A：最短距離法　B：最長距離法　C：群平均法　D：重心法）

ここで，$\alpha_i, \alpha_j, \beta, \gamma$ はクラスター作成方法によって表 7-6 のように定義される。

表 7-6 クラスター作成方法による距離の定義において用いられるパラメータ

クラスター作成方法	α_i	α_j	β	γ	使用される式
最短距離法	0.5	0.5	0	-0.5	(7-16a)
最長距離法	0.5	0.5	0	0.5	(7-16a)
メジアン法	0.5	0.5	-0.25	0	(7-16a)
群平均法	$\dfrac{n_i}{n_i+n_j}$	$\dfrac{n_j}{n_i+n_j}$	0	0	(7-16b)
重心法	$\dfrac{n_i}{n_i+n_j}$	$\dfrac{n_j}{n_i+n_j}$	$-\dfrac{n_i n_j}{(n_i+n_j)^2}$	0	(7-16b)
ウォード法	$\dfrac{n_t+n_i}{n_t+n_s}$	$\dfrac{n_t+n_j}{n_t+n_s}$	$-\dfrac{n_t}{n_t+n_s}$	0	(7-16b)

(3) クラスター分析の手順

クラスター分析は次のような段階で行う。

ステップ 1：式（7-13）により，個体間のユークリッド距離を計算する。

ステップ 2：（Ⅰ）ユークリッド距離の最も近い二つのクラスターを合併して，一つのクラスターにし，このクラスターを合併まえのクラスターの小さいほうの番号と名づける。

（Ⅱ）式（7-16）により，合併後のクラスターと他のクラスターとの距離を計算する。

ステップ 3：二つのクラスターが一つのクラスターにまとめられたので，総クラスター数が一つ減る。クラスター数が 1 になるまでステップ 2 を繰り返す。

(4) 観光事例

図 7-6 は観光資源データによる都道府県の分類である。観光資源データには，ホテル・旅館・簡易宿所等の宿泊施設，博物館・美術館の文化施設，動植物園・

Cluster Dendrogram

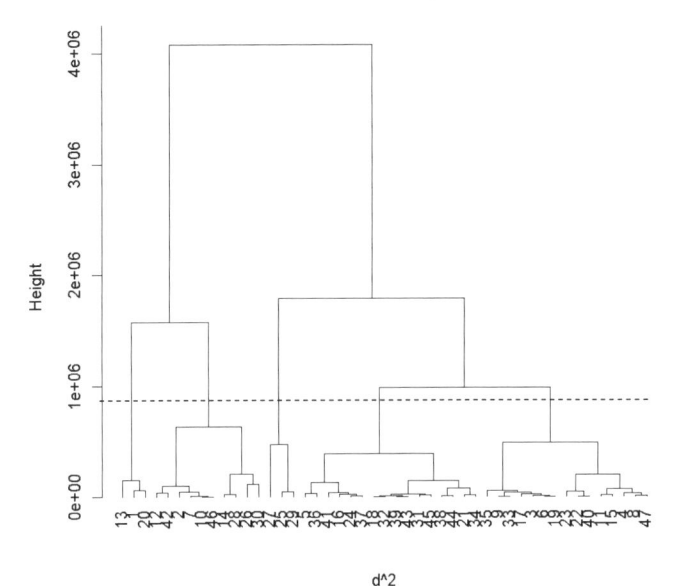

図 7-6　観光資源データに基づく都道府県の分類

水族館の自然施設，国宝指定・重要文化財の文化遺産の 14 観光変数が含まれている．これらの観光変数をもとに都道府県間の距離を算出し，ウォード法を用いてクラスター分析を行った．その結果は図 7-6 のような樹形図として表現される．

　樹形図にもとづいてグループ分けをするときは，クラスターを合併した後で距離が大きく変化する箇所に注目すればよいであろう．ここで，樹形図において点線が示す高さのところで切ったら，左から右へとそれぞれ五つのグループが形成される．

7.4.4　分析結果の評価と分析方法の発展

　一般に，クラスター分析法自身は分類結果の評価基準や統計的検証法を提供していない．観測データの個体規模が非常に大きい場合は，すべての個体をいくつかの個体群に分けて，分け方によって様々な個体群集合を生成することができる．各個体群集合に同じクラスター分析法を適用し，各個体群集合の分類結果が似て

いるならば，このクラスター分析法が信頼できると断定する。しかし，様々な個体群集合に異なるクラスター分析法を用いたら，異なる分類結果が得られることになる。クラスター分析の結果の質を検証するもう一つの方法は，観測データに異なるクラスター分析法を用いても，似たような結果が得られれば，クラスター分析は安定した分類結果を提供できるといえる。

なお，クラスター分析の結果は観測変数の数やデータの性質に大きく左右される。観測変数があまり多すぎてしかも互いに相関している場合は，分析の結果にバイアスが現れることがしばしばある。そのために，変数の変換や変数間の相関を取り除く方法を採用することが必要になる（Everitt et al.,2001）。

結局，クラスター分析において，観測変数データの収集，個体間の距離の選定，クラスター数と最終クラスターの決定，分類結果の応用がユーザの正しい判断に多く頼っている。例えば，観光行動による若者や観光活動の個人嗜好による顧客を分類する際には，まず新聞や雑誌などを読んで若者や観光客の最近の動向に関する基本知識を身につけてから，分類を行うべきであろう。

7.5　多次元尺度構成法

多次元尺度構成法（multidimensional scaling, MDS）は，観測された個体間の距離，類似性，親近性などのデータに対して，その構造をできるだけ損なわないように新たな座標値を付与し，似ているものを近くに，似ていないものを遠くに，2次元あるいは3次元空間に配置することによって，個体間の関係を直感的に理解する手法である（Hair et al., 2006）。多次元尺度構成法は計量的多次元尺度構成法と非計量的多次元尺度構成法に大別される。計量的多次元尺度構成法では，区間尺度あるいは比率尺度で測定されたデータを計量的（metric）データと，順序尺度で測定されたデータを非計量的（nonmetric）データといい，距離の公理[6]を満足するデータに対しては，計量的多次元尺度構成法が適用され，そうではないデータに対しては，非計量的多次元尺度構成法が適用される（斉藤・宿久，2006）。観光マーケティングの研究では，これらの分析方法が観光地間の距離や人々の認知と評価のデータにより，観光地分布，観光商品，ホテル・レストラサービスを

比較・評価するときによく利用されている。

7.5.1 計量的多次元尺度構成法の考え方と推定方式

いま，N の個体があり，個体 i と個体 j のユークリッド距離は d_{ij} で与えられているとする。このとき，図上での個体 i と個体 j の p 次元座標がベクトル

$$X_i^T = (X_{i1}, X_{i2}, \cdots, X_{ip})$$

$$X_j^T = (X_{j1}, X_{j2}, \cdots, X_{jp})$$

で与えられているとする。この2点間のユークリッド平方距離は

$$d_{ij}^2 = \sum_{k=1}^{p}(X_{ik} - X_{jk})^2 = \sum_{k=1}^{p} X_{ik}^2 - 2\sum_{k=1}^{p} X_{ik}X_{jk} + \sum_{k=1}^{p} X_{jk}^2$$

と定義される。二つのベクトルの内積

$$b_{ij} = \sum_{k=1}^{p} X_{ik} X_{jk} \tag{7-17}$$

を考えて

$$d_{ij}^2 = b_{ii} + b_{jj} - 2b_{ij} \tag{7-18}$$

になる。ユークリッド距離は座標系の移動や回転により変化しないので，座標系の原点を重心 $\overline{X} = (\overline{X}_1, \overline{X}_2, \cdots, \overline{X}_p)$ に移動したら，

$$x_{ik} = X_{ik} - \overline{X}_k , \quad \sum_{i=1}^{N} x_{ik} = \sum_{i=1}^{N}(X_{ik} - \overline{X}_k) = 0$$

となり，ベクトルの内積は

$$b_{ij} = \sum_{k=1}^{p} x_{ik} x_{jk} = \sum_{k=1}^{p}(X_{ik} - \overline{X}_k)(X_{jk} - \overline{X}_k)$$

となる。

結果的に，i，j および i と j の両方にわたって式（7-17）に与えた関係式の和をとると，以下の一連の式が導かれる。

$$\sum_{i=1}^{N} d_{ij}^2 = \sum_{i=1}^{N} b_{ii} + N b_{jj}$$

$$\sum_{j=1}^{N} d_{ij}^2 = \sum_{j=1}^{N} b_{jj} + N b_{ii}$$

$$\sum_{i=1}^{N}\sum_{j=1}^{N}d_{ij}^2 = N\sum_{i=1}^{N}b_{ii} + N\sum_{j=1}^{N}b_{jj}$$

これらの式と式（7-18）によって

$$b_{ij} = -\frac{1}{2}(d_{ij}^2 - b_{ii} - b_{jj})$$

$$= -\frac{1}{2}(d_{ij}^2 - \frac{1}{N}\sum_{j=1}^{N}d_{ij}^2 - \frac{1}{N}\sum_{i=1}^{N}d_{ij}^2 + \frac{1}{N^2}\sum_{i=1}^{N}\sum_{j=1}^{N}d_{ij}^2) \tag{7-19}$$

このようにユークリッド平方距離によってベクトルの内積 b_{ij} を導出したので，内積 b_{ij} を要素とする内積行列 $\boldsymbol{B} = (b_{ij})$ は半正定値行列となる。ここから，新たな k 次元の座標値を与えるために，以下のように分解する。

$$\boldsymbol{B} = \boldsymbol{V}\Lambda\boldsymbol{V}^T = (\boldsymbol{V}\Lambda^{1/2})(\boldsymbol{V}\Lambda^{1/2})^T = \boldsymbol{Y}\boldsymbol{Y}^T$$

ここで，$\Lambda = diag(\lambda_1, \lambda_2, \cdots, \lambda_N)$ は $\boldsymbol{B}$ の固有値の対角行列，$\boldsymbol{V}$ は固有値 Λ に対応する固有ベクトルの行列，$\boldsymbol{Y} = \boldsymbol{V}\Lambda^{1/2}$ は個体の座標である。

また，k 次元の座標値は $\boldsymbol{B}$ の k 番目までの最大固有値とそれらに対応する k 個の固有ベクトルにより与えられる。この k 次元の座標値の適切性は

$$p_k = \frac{\sum_{i=1}^{k}\lambda_i}{\sum_{i=1}^{N}\lambda_i} \tag{7-20}$$

の大きさにより判断できる。一般に，$p_k = 0.8$ は妥当である。

7.5.2　計算手順

上記の説明により，計量的多次元尺度構成法の計算手順は次のとおりになる。

ステップ 1：式（7-19）により，距離行列 $\boldsymbol{D} = (d_{ij})$ から内積行列 $\boldsymbol{B} = (b_{ij})$ を作成する。

ステップ 2：$\boldsymbol{B}$ の固有値を求める。式（7-20）により，k を決め，k 番目までの最大固有値に対応するベクトル $(v_1, v_2, \cdots, v_k)$ を求める。

ステップ 3：個体 i の座標は $y_i = (y_{i1}, y_{i2}, \cdots, y_{ik})^T = \lambda^{1/2}(v_{i1}, v_{i2}, \cdots, v_{ik})^T, (i = 1, 2, \cdots, N)$ として求められる。ここで，$\lambda^{1/2} = diag(\lambda_1^{1/2}, \lambda_2^{1/2}, \cdots, \lambda_k^{1/2})$ 。

7.5.3 観光スポット配置の再現

図 7-7 は東京都における観光スポット分布である．この図では，浅草から秋葉原，上野，皇居，銀座，新宿の距離を点線で示している．このような任意の 2 点間の距離を表 7-7 に示す．

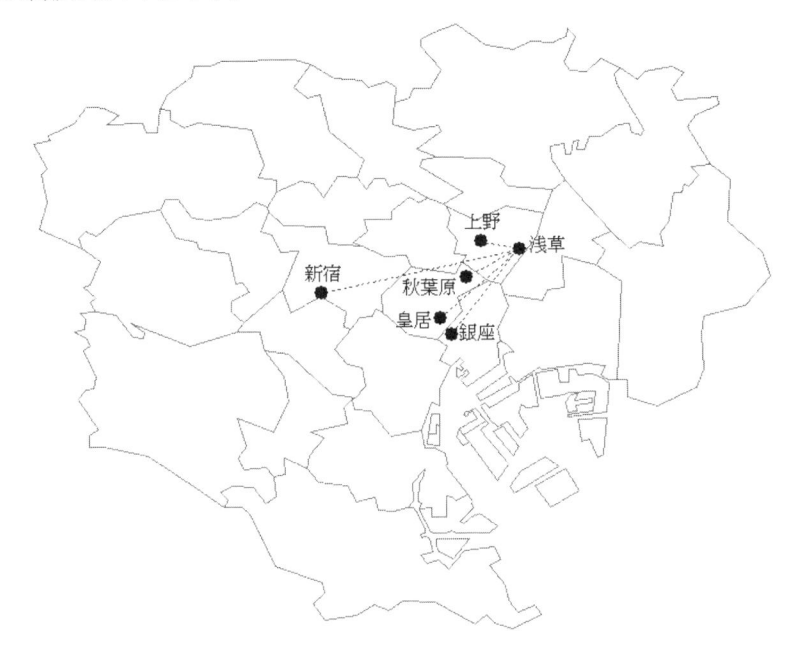

図 7-7 東京都における有名な観光スポット分布

表 7-7 観光スポット間の距離（単位：km）

	浅草	秋葉原	上野	皇居	銀座	新宿
浅草	0.0	2.3	1.4	4.6	5.3	8.6
秋葉原	2.3	0.0	1.7	2.3	3.1	6.7
上野	1.4	1.7	0.0	4.0	4.8	7.3
皇居	4.6	2.3	4.0	0.0	1.0	5.7
銀座	5.3	3.1	4.8	1.0	0.0	6.2
新宿	8.6	6.7	7.3	5.7	6.2	0.0

計量的多次元尺度構成法をこの距離行列に適用し，内積行列 $B = (b_{ij})$ の 2 番目

までの最大固有値は $\lambda_1 = 45.03$, $\lambda_2 = 14.53$ と求められ，新たな2次元の座標値は表 7-8 の第2欄と第3欄に示されている．さらに，その結果を図化すると図 7-8 になる．この図を時針回りに 180°ほど回転すれば，本来の図 7-7 と同じようになり，観光スポットの配置がうまく再現されていることがわかる．

表 7-8 座標値

観光スポット	横軸 v_1	縦軸 v_2
浅草	-3.3	-1.0
秋葉原	-1.2	0.0
上野	-2.0	-1.5
皇居	0.6	1.6
銀座	0.7	2.5
新宿	5.3	-1.7

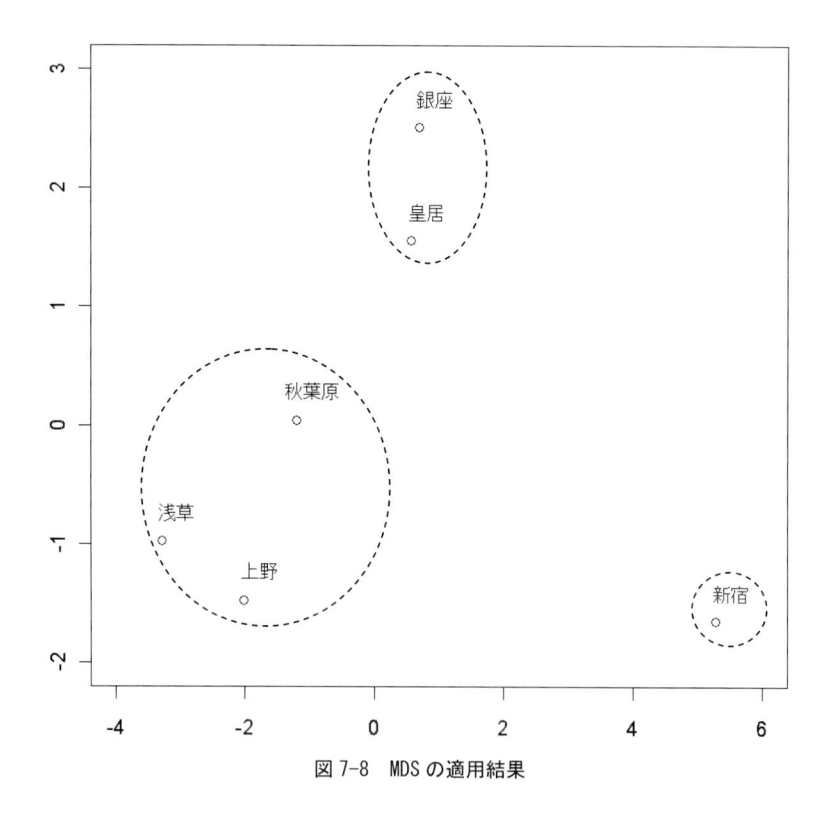

図 7-8 MDS の適用結果

7.5.4 非計量的多次元尺度構成法

観光地間の時間距離や費用距離や認知距離，人々の印象による観光地や観光施

設間の非類似度は距離の公理を満たさないことが多い。このような場合は，この方法が適用される。

　非計量的多次元尺度構成法は Kruskal をはじめ何人かの計量心理学者によって開発された。非計量的多次元尺度構成法では，個体 i と個体 j 間の距離 d_{ij} を配置すべく k 次元空間における距離 $\hat{d}_{ij}$ との差の 2 乗和が最小になるような座標値を求める。Kruskal（1964）は，次のストレス（stress）と名づけられた目的関数

$$Strss = \left(\frac{\sum\sum_{j<i}(d_{ij}-\hat{d}_{ij})^2}{\sum\sum_{j<i}d_{ij}^2} \right)^2 \to \min$$

表 7-9　$Stress$ の値による評価目安

$Strss$ 値	評価
0.200	悪い
0.100	まずまず
0.050	良い
0.025	非常に良い
0.000	完全に適合

を定義し，それを最小にするような個体の布置を求めた。$Stress$ を最小化させるためには，制約条件のない最適化問題を解く最急降下法が用いられる。なお，$Stress$ の値による評価目安は，Kruskal が表 7-9 のように与えられている。

7.6　対応分析

　対応分析（correspondence analysis）は，フランスの Benzecri によって 1960 年代に提唱され，アンケートの回答項目のような順序尺度や名義尺度の質的データに適用する分析方法である。

7.6.1　質的データの分割表

　対応分析の計算方法を説明するために，年齢層別旅行者における観光活動の個人嗜好（preference）への調査結果データを用いて説明する。

　旅行者の注文サービスにより，様々な年齢層の 500 名の旅行者を調査対象にして観光活動の個人嗜好のアンケート調査を行った。表 7-10 はアンケート調査データ，表 7-11 はその分割表である。表 7-10 は個票の集計であり，例えば，回答者 A001 は 35 から 54 歳の旅行者なので，年齢層の 35-54 歳の欄が 1 となり，そ

表 7-10　年齢層別観光客における観光活動の個人嗜好の調査：個票の集計

回答者	年齢層（カテゴリー）			観光活動の個人嗜好									
	18－34歳	35－54歳	55歳以上	サイクリング	ハイキング	スポーツ	果物狩り	料理教室	美食観光	キャンプ	遺跡見物	イベント	都市観光
A001	0	1	0	0	1	0	0	0	0	0	0	0	0
A002	0	1	0	0	0	0	1	0	0	0	0	0	0
A003	1	0	0	0	0	1	0	0	0	0	0	0	0
A004	0	0	1	0	0	0	0	0	1	0	0	0	0
A005	0	0	1	0	0	0	0	0	0	0	0	1	0
A006	1	0	0	0	0	0	0	0	0	1	0	0	0
A007	0	1	0	0	0	0	0	1	0	0	0	0	0
A008	0	0	1	0	0	0	0	0	0	0	0	0	1
A009	0	1	0	0	0	0	0	0	0	0	1	0	0
…	…	…	…	…	…	…	…	…	…	…	…	…	…
A500	1	0	0	1	0	0	0	0	0	0	0	0	0

表 7-11　年齢層別観光客における観光活動の個人嗜好の調査：分割表

		年齢層			合計
		18－34歳	35－54歳	55歳以上	
嗜好	サイクリング	33	8	6	47
	ハイキング	30	12	10	52
	スポーツ	34	15	5	54
	果物狩り	8	35	10	53
	料理教室	8	38	7	53
	美食観光	9	25	8	42
	キャンプ	2	16	25	43
	遺跡見物	8	14	25	47
	イベント	12	28	25	65
	都市観光	16	14	14	44
	合計	160	205	135	500

れ以外は0である。個人嗜好でハイキングを選んでいるので，観光活動（activities of tourist）の個人嗜好のハイキングの欄が1となり，それ以外は0である。表7-11はこのデータをクロス集計した結果であり，例えば，サイクリングが好きな旅行者で18-34歳の人が33名，35-54歳の人が8名，55歳以上の人が6名であることを示している。以下同様に，各観光活動の好きな年齢層の旅行者がどれぐらいいるのか，その度数を見ればわかる。

7.6.2 計算方法

表7-12は度数に関係する分割表の一般形式である。各度数を総度数 N で割ったものを相対度数という。すなわち，

$$p_{ij} = \frac{f_{ij}}{N} \quad (i=1, 2, \cdots, n\,;\, j=1, 2, \cdots, m) \tag{7-21}$$

表7-12 分割表

		カテゴリー A					合計
		A_1	A_2	$\cdots$	A_j	$\cdots$ A_m	
カテゴリー B	B_1	f_{11}	f_{12}	$\cdots$	f_{1j}	$\cdots$ f_{1m}	$f_{1\bullet}$
	B_2	f_{21}	f_{22}	$\cdots$	f_{2j}	$\cdots$ f_{2m}	$f_{2\bullet}$
	$\vdots$	$\vdots$	$\vdots$	$\vdots$	$\vdots$	$\vdots$	$\vdots$
	B_i	f_{i1}	f_{i2}	$\cdots$	f_{ij}	$\cdots$ f_{im}	$f_{i\bullet}$
	$\vdots$	$\vdots$	$\vdots$	$\vdots$	$\vdots$	$\vdots$	$\vdots$
	B_n	f_{n1}	f_{n2}	$\cdots$	f_{nj}	$\cdots$ f_{nm}	$f_{n\bullet}$
合計		$f_{\bullet 1}$	$f_{\bullet 2}$	$\cdots$	$f_{\bullet j}$	$\cdots$ $f_{\bullet m}$	$f_{\bullet\bullet}$

注：ここで，行和 $f_{i\bullet}=\sum_{j=1}^{m}f_{ij}$，同様に，列和 $f_{\bullet j}=\sum_{i=1}^{n}f_{ij}$，総和 $f_{\bullet\bullet}=\sum_{i=1}^{n}\sum_{j=1}^{m}f_{ij}$

これらは表7-13として表される。

対応分析では，分割表の行方向のカテゴリー B を個体とし，列方向のカテゴ

表 7-13 分割表の相対度数

		カテゴリーA						合計
		A_1	A_2	$\cdots$	A_j	$\cdots$	A_m	
カテゴリーB	B_1	p_{11}	p_{12}	$\cdots$	p_{1j}	$\cdots$	p_{1m}	$p_{1\bullet}$
	B_2	p_{21}	p_{22}	$\cdots$	p_{2j}	$\cdots$	p_{2m}	$p_{2\bullet}$
	$\vdots$	$\vdots$	$\vdots$	$\vdots$	$\vdots$	$\vdots$	$\vdots$	$\vdots$
	B_i	p_{i1}	p_{i2}	$\cdots$	p_{ij}	$\cdots$	p_{im}	$p_{i\bullet}$
	$\vdots$	$\vdots$	$\vdots$	$\vdots$	$\vdots$	$\vdots$	$\vdots$	$\vdots$
	B_n	p_{n1}	p_{n2}	$\cdots$	p_{nj}	$\cdots$	p_{nm}	$p_{n\bullet}$
合計		$p_{\bullet 1}$	$p_{\bullet 2}$	$\cdots$	$p_{\bullet j}$	$\cdots$	$p_{\bullet m}$	1

注：ここで，行和 $p_{i\bullet} = \sum_{j=1}^{m} p_{ij}$ ，同様に，列和 $p_{\bullet j} = \sum_{i=1}^{n} p_{ij}$

リー A を変数としており，多次元の変数を 2 次元か 3 次元の低次元座標系に射影することにする。このような考え方を実現するために，次のような手順で対応分析を進める。

ステップ 1：相対度数から $X = (x_{ij})$ $(i = 1, 2, \cdots, n ; j = 1, 2, \cdots, m)$ という行列を作成する。ここで，

$$x_{ij} = \frac{p_{ij}}{p_{i\bullet}\sqrt{p_{\bullet j}}} \tag{7-22}$$

さらに，$X = (x_{ij})$ の分散共分散行列 $S = (s_{jk})$ を次のように計算する。

$$\bar{x}_j = \sum_{i=1}^{n} p_{i\bullet} x_{ij} = \sqrt{p_{\bullet j}}$$

$$s_{jk} = \sum_{i=1}^{n} p_{i\bullet}(x_{ij} - \bar{x}_j)(x_{ik} - \bar{x}_k) = \sum_{i=1}^{n} \frac{p_{ij} - p_{i\bullet}p_{\bullet j}}{\sqrt{p_{i\bullet}p_{\bullet j}}} \cdot \frac{p_{ik} - p_{i\bullet}p_{\bullet k}}{\sqrt{p_{i\bullet}p_{\bullet k}}}$$

$$= \sum_{i=1}^{n} \frac{p_{ij}p_{ik}}{p_{i\bullet}\sqrt{p_{\bullet j}p_{\bullet k}}} - \sqrt{p_{\bullet j}p_{\bullet k}} \quad (j, k = 1, 2, \cdots, m) \tag{7-23}$$

ステップ2：分散共分散行列 S の固有方程式

$$\underset{m\times m}{S}\underset{m\times 1}{a} = \lambda \underset{m\times 1}{a}$$

から，固有値 λ_v と固有ベクトル a_v $(v = 1, 2, \cdots, q; q = \min(n, m) - 1)$ を求める。

ステップ3：固有ベクトルを用いてカテゴリー B の数量化得点は

$$z_{iv} = \sum_{j=1}^{m} a_{jv} x_{ij} = \sum_{j=1}^{m} a_{jv} \frac{p_{ij}}{p_{i\bullet}\sqrt{p_{\bullet j}}} \tag{7-24}$$

と求める。ここで，$i = 1, 2, \cdots, n; v = 1, 2, \cdots, q; q = \min(n, m) - 1$ である。

同様に，分割表の列方向のカテゴリー A を個体とし，行方向のカテゴリー B を変数としており，つまり行列 X を転置して同じ計算プロセスを経ることで，カテゴリー A の数量化得点も得られる。

7.6.3 観光活動に対する個人嗜好分析

上記の対応分析の計算方法を表 7-11 の分割表に適用した結果，図 7-9 に観光活動の個人嗜好の得点（カテゴリー）と観光客の年齢層（カテゴリー）の数量化得点を示している。図における観光活動の個人嗜好の配置をみると，「キャンプ」は第 1 軸と第 2 軸の大きい正の値が現れ，「サイクリング」は第 1 軸の大きい負の値，第 2 軸のゼロになっていることがわかる。また観光活動の個人嗜好のかたまりと近くの年齢層グループをみると，「美食観光（gourmet tours）」，「果物狩り」，「料理教室」の近くには 35-54 歳，「サイクリング」，「スポーツ」，「ハイキング」の近くには 18-34 歳の旅行者グループがそれぞれ現れている。かたまりになっていない観光活動の個人嗜好の近くには，特定の年齢層のグループが現れないため，幅広い年齢層の観光客を有することが解釈される。

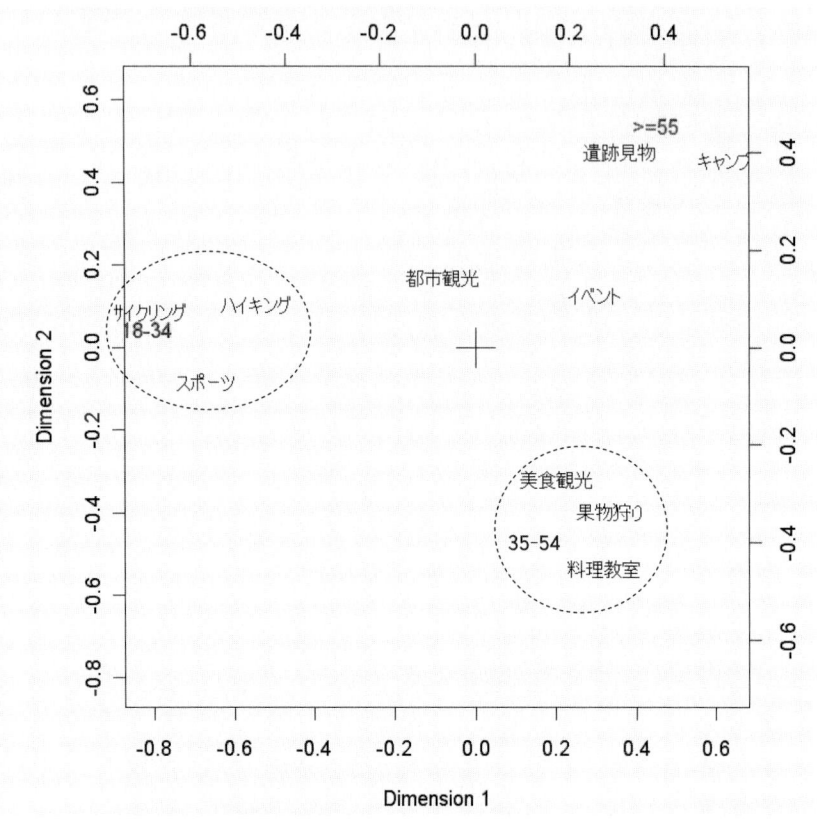

図 7-9 異なる年齢層の旅行者における観光活動の個人嗜好を表す 2 次元散布図

注
1) 各々の変数値（観測値）X_{ij} に対して，次式の形の変換を施して変数 x_j ($j = 1, 2, \cdots, p$) の平均が 0 に，分散が 1 に標準化する。

$$x_{ij} = \frac{X_{ij} - \overline{X}_j}{\sqrt{\sum_{i=1}^{N}(X_{ij} - \overline{X}_j)^2}} \quad (i = 1, 2, \cdots, N;\ j = 1, 2, \cdots, p)$$

ただし，$\overline{X}_j = \dfrac{\sum_{i=1}^{N} X_{ij}}{N}$ ($j = 1, 2, \cdots, p$)。

2) 標準化した変数 x_j ($j = 1, 2, \cdots, p$) の相関行列は

$$R = X^T X = \begin{pmatrix} r_{11} & r_{12} & \cdots & r_{1p} \\ r_{21} & r_{22} & \cdots & r_{2p} \\ \cdots & \cdots & \cdots & \cdots \\ r_{p1} & r_{p2} & \cdots & r_{pp} \end{pmatrix}$$

ただし，

$$r_{ij} = \sum_{k=1}^{N} x_{ki} x_{kj} = \frac{\sum_{k=1}^{N}(X_{ki} - \overline{X}_i)(X_{kj} - \overline{X}_j)}{\sqrt{\sum_{k=1}^{N}(X_{ki} - \overline{X}_i)^2 \sum_{k=1}^{N}(X_{kj} - \overline{X}_j)^2}} \quad (i = 1, 2, \cdots, p \,; \, j = 1, 2, \cdots, p)$$

3) 固有値の合計が変数の全分散と等しく，その全分散が，変数値が標準化されているときは変数の個数（p）と等しくなる。

4) 調査質問　あなたが現在住んでいるまちへの観光を促進するためには，必要な政策として，下表に書かれている対策について，どの程度必要だと思いますか。各項目について該当だと思う解答欄に○をつけてください。ただし，その他の場合は，あなたが必要と考える対策を具体的にお書きください。

必　要　な　対　策	全然必要ではない	あまり必要ではない	どちらともいえない	必要	最も必要
	1	2	3	4	5
1　ホテルなどの宿泊施設をつくる					
2　博物館などの文化施設をつくる					
3　テーマパークなどの娯楽施設をつくる					
4　観光専門教育を行う教育機関をつくる					
5　観光サービスを向上させる					
6　観光業に携わる人材を育成する					
7　観光宣伝を行う					
8　観光地を整備し，保全する					
9　街のセキュリティ面での安全性を高める					
10　その他（記述）					

5) 構造方程式モデリング（SEM）について第 10 章の 10.2 節を参照してください。

6) 個体と個体の距離が d_{ij} で与えられたとき，距離の公理は
   ① 非負性　　$d_{ij} \geq 0$
   ② 同一性　　$d_{ii} = 0$
   ③ 対称性　　$d_{ij} = d_{ji}$
   ④ 三角不等式　$d_{ij} + d_{jk} \geq d_{ik}$

を満足しているとする。

参考文献

河津正哉・坪井善道 (2004):「観光地における町並景観と観光資源としての建築物の関わりについての調査・分析：伊豆・松崎町を例として」，2004年度日本建築学会関東支部研究報告集，273-276。

斉藤尭幸・宿久　洋 (2006):『関係性データの解析法 ― 多次元尺度構成法とクラスター分析法』，共立出版株式会社。

棚橋美佐諸・西井和夫・川崎雅史・酒井弘 (1998): 京都観光エリアイメージにおける構成地物と評価因子に関する基礎分析，都市計画論文集，33. 31-36。

田村良一・森田昌嗣 (2006): 地域ブランド構築のための地域イメージの構造に関する研究：熊本県阿蘇郡小国町をケーススタディとして，デザイン学研究，53(4):13-22。

張　長平 (2007): 中国北部都市における住民の観光意識の調査，国際地域学研究　第10号，35-46。

Brown, T.A. (2006): *Confirmatory Factor Analysis for Applied Research*, New York: The Guilford Press.

Cattell, R.B. (1966): The scree test for the number of factors, *Multivariate Behavioral Research* **1**, 245-276.

Everitt, B.S., Landau, S. and Leese, M. (2001): *Cluster Analysis*, New York: Arnold.

Hair, J.F. Black, W.C., Babin, B.J., Anderson, R.E. and Tatham, R.L. (2006): *Multivariate Data Analysis*, Upper Saddle River, NJ: Pretice Hall.

Hudson, S. and Ritchie, B. (2002): Understanding the domestic market using cluster analysis: A case study of marketing efforts of Travel Alberta, *Journal of Vacation Marketing* **8** (3), 263-276.

Kruskal, J.B. (1964): Multidimensional scaling by optimizing goodness of fit to a nonmetric hypothesis, *Psychometrika* **29**, 1-27.

Lawley, D.N. and Maxwell, A. E. (1963): *Factor Analysis as a Statistical Method*, Butterworth.

（丘本正監訳（1970）：『因子分析法』，日科技連。）

Mahalanobis, P.C. (1936): On the generalised distance in statistics, *Proceedings of the National Institute of Sciences of India* **2** (1), 49-55.

Spearman, C. (1904): General intelligence, objective determined and measured, *American Journal of Psychology 15*, 201-293.

Spence, N.A. and Taylor, P.T. (1970): Quantitative methods in regional taxonomy, in Board, C. et al.(eds.) *Progress in Geography*, **2**, Edward Arnold, 1-64.

第III部
観光モデリング

第8章 線形回帰モデル

　モデリング（modeling）は，実世界に存在する自然現象や社会現象を抽象的かつ正確に再現する手法である．モデリングにより，様々な物理モデル・数学モデル・グラフィクモデル・概念モデルを作成し，これらのモデルを用いて実世界の現象やシステムを正確に解明・評価・予測を行う．健全な仮説にもとづき，適確な方法を駆使しているモデルは，実世界の現象やシステムを描く有力のツールであり，現象の変化とシステムの進展を予測することができる．

　社会現象を表現する計量的モデルの構築には多くの方法が用いられている．これらの方法は観光分野にもよく利用されている．モデル構築に際しては，まず，研究対象や対象に含まれている諸要素間の関係についての仮説をたて，つぎに，数学的手法やグラフィク表現，数値シミュレーションなどによって現象の再現を作成し，最後に，実世界から得られたデータとの比較によって再現結果の妥当性を評価する．モデルの適切性は，モデルの過去観測への説得力，将来への予測能力，簡潔で美しい表現によって判断される．

　本章では，観光モデリングで中心的な役割を果たしている線形回帰モデルを述べる．

8.1　単回帰モデル

　変数間の線形関係を探るのは統計モデリングアプローチの最も重要な目的の一つである．多変量間の線形関係を表す重回帰モデルを検討するまえに，本節では，2変数間の線形関係を表す単回帰モデルとモデルの評価を解説する．

8.1.1 散布図の作成と単回帰モデル式

散布図（scatter diagram）は研究対象における 2 変数間の線形関係を近似かつ直感的に表すものである。表 8-1 は，日本における宿泊客（hotel guests）数とホテル・旅館の客室（hotel room）数を表すデータである。このデータの散布図は図 8-1 ように表れる。

表 8-1　都道府県別宿泊客数とホテル・旅館客室数

都道府県	宿泊客数（千人泊） x	ホテル・旅館客室数 y
北海道	27,423	112,751
青森県	4,114	22,067
岩手県	4,844	23,283
⋮	⋮	⋮
東京都	64,412	118,854
⋮	⋮	⋮

注：新潟県，三重県，高知県，宮崎県，沖縄県のデータは欠損である。

出所：http://www.tourism.jp/statistics/（2012，ツーリズム・マーケティング研究所）と
http://www.pref.yamanashi.jp/（2012，山梨県統計データパック）による作成

この図にみてわかるように，宿泊客数である変数 x の値が大きくなるにつれ，ホテル・旅館客室数である変数 y も直線的に大きくなるという傾向がみられ，両者は明らかに共変動していることがわかる。

散布図により二つの変数の間に線形的な関係が存在することがわかれば，つぎの問題は，いかに両者の共変動を知るかということになる。その際の 2 変数間の関係を表わす線形モデルは線形単回帰モデル（linear simple regression model）または単回帰モデルといわれ，

$$y = b_0 + b_1 x + e \tag{8-1}$$

のような線形回帰モデルが想定される。上式の左側の変数 y は右側の変数 x の変

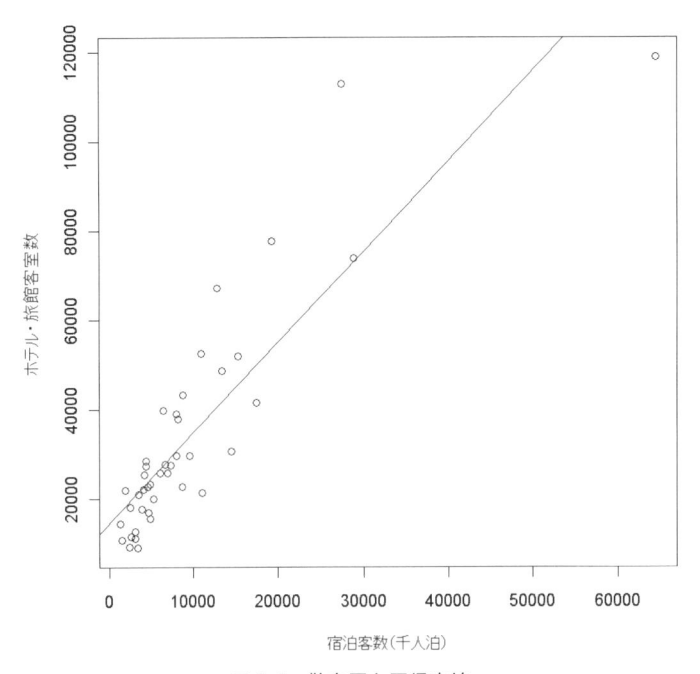

図 8-1　散布図と回帰直線

動に伴って変化すると考えられるので，従属変数（dependent variable）あるいは被説明変数（explained variable）と呼ばれ，変数 x は独立変数（independent variable）あるいは説明変数（explain variable）と呼ばれる。b_1 は線形モデルの勾配として x の変動量に対して y がどのくらい変動するかを示し回帰係数（regression coefficient）と呼ばれ，b_0 は線形モデルの切片として x が 0 のときの y 値であり回帰モデルの定数（constant）と呼ばれる。e は正規分布 $N(0, \sigma^2)$ に従う回帰モデルの誤差項（error）と仮定される。

8.1.2　パラメータ推定

観測データ (x_i, y_i) $(i = 1, 2, \cdots, N)$ に与えられて式（8-1）のパラメータ b_0 と b_1 と e を推定する方法として，最小 2 乗法（method of least squares）が最もよく用いられる。最小 2 乗法は観測値 y_i と推定量 $\hat{y}_i = b_0 + b_1 x_i$ の誤差平方和

$$Q = \sum_{i=1}^{N} e_i^2 = \sum_{i=1}^{N}(y_i - \hat{y}_i)^2 = \sum_{i=1}^{N}[y_i - (b_0 + b_1 x_i)]^2 \tag{8-2}$$

を最小にするような b_0 と b_1 を求める方法である。観測値 y_i と推定量 $\hat{y}_i$ の差 e_i を残差 (residual) と呼ぶ。Q を最小にする b_0 と b_1 を推定するために，Q を b_0 と b_1 でそれぞれ偏微分して 0 とおくと，つぎの連立方程式を得る。

$$\begin{cases} \dfrac{\partial Q}{\partial b_0} = \sum_{i=1}^{N}[y_i - (b_0 + b_1 x_i)](-1) = 0 \\ \dfrac{\partial Q}{\partial b_1} = \sum_{i=1}^{N}[y_i - (b_0 + b_1 x_i)](-x_i) = 0 \\ nb_0 + b_1 \sum_{i=1}^{N} x_i = \sum_{i=1}^{N} y_i \\ b_0 \sum_{i=1}^{N} x_i + b_1 \sum_{i=1}^{N} x_i^2 = \sum_{i=1}^{N} x_i y_i \end{cases} \tag{8-3}$$

この連立方程式を正規方程式（normal equation）と呼び，この方程式を解けば，結果はつぎのようになる。

$$b_1 = \dfrac{\sum_{i=1}^{N}(x_i - \bar{x})(y_i - \bar{y})}{\sum_{i=1}^{N}(x_i - \bar{x})^2}$$

$$b_0 = \bar{y} - b_1 \bar{x} \tag{8-4}$$

前掲の事例について，宿泊客数を独立変数 (x)，ホテル・旅館客室数を従属変数 (y) として宿泊客数からホテル・旅館客室数を単回帰モデルで説明することを考えてみよう。そのときの計算表は表 8-2 のとおりであり，この表の諸合計値を上式 (8-4) に代入すると，

$$b_1 = \dfrac{\sum_{i=1}^{N}(x_i - \bar{x})(y_i - \bar{y})}{\sum_{i=1}^{N}(x_i - \bar{x})^2} = \dfrac{9{,}632{,}426{,}511}{4{,}746{,}625{,}577} = 2.0293$$

$$b_0 = \bar{y} - b_1 \bar{x} = 33{,}400 - 2.0293 \times 9{,}314 = 14{,}499$$

と求められ，$\hat{y} = 14{,}499 + 2.0293x$ の回帰モデルが得られる。

この式から宿泊客数が与えられれば，このモデルに代入することによってホテル・旅館客室数を推定することができる。

表 8-2 宿泊客数とホテル・旅館客室数の回帰モデルの計算表

都道府県	x	y	$(x_i - \bar{x})$	$(y_i - \bar{y})$	$(x_i - \bar{x})^2$	$(y_i - \bar{y})^2$	$(x_i - \bar{x})(y_i - \bar{y})$
北海道	27,423	112,751	18,109	79,351	327,935,881	6,296,581,201	1,436,967,259
青森県	4,114	22,067	-5,200	-11,333	27,040,000	128,436,889	58,931,600
岩手県	4,844	23,283	-4,470	-10,117	19,980,900	102,353,689	45,222,990
⋮	⋮	⋮	⋮	⋮	⋮	⋮	⋮
東京都	64,412	118,854	55,098	85,454	3,035,789,604	7,302,386,116	4,708,344,492
⋮	⋮	⋮			⋮	⋮	⋮
合計	391,195	1,402,815			4,746,625,577	25,473,639,853	9,632,426,511
平均	9,314	33,400					

8.1.3 モデルのよさ

上述したように，単回帰モデルは 2 変数の観測データの直線的な傾向を一本の直線で描くことである。しかし，図 8-1 に示されるように，直線上に乗っているプロット点がいくつかあっても，多くは直線からはずれている。このとき，単回帰モデルでデータの直線傾向を表す能力，すなわち単回帰モデルの適合度を測る尺度として，決定係数（coefficient of determination）がある。ここで，単回帰モデルを例として決定係数について説明する。

単回帰モデルを描く直線と変数 y の平均を図 8-2 に示そう。任意のプロット点に対して，この点に関する従属変数 y の変動 $(y_i - \bar{y})$ を表す線分 AB の長さは，残差 $(y_i - \hat{y}_i)$ を表す線分 AC の長さと推定量と平均値の差 $(\hat{y}_i - \bar{y})$ を表す線分 BC の長さに分割することができる。このことを式で表すと，

$$\begin{aligned} S_{yy} &= \sum_{i=1}^{N}(y_i - \bar{y})^2 = \sum_{i=1}^{N}(y_i - \hat{y}_i + \hat{y}_i - \bar{y})^2 \\ &= \sum_{i=1}^{N}(y_i - \hat{y}_i)^2 + \sum_{i=1}^{N}(\hat{y}_i - \bar{y})^2 + 2\sum_{i=1}^{N}(y_i - \hat{y}_i)(\hat{y}_i - \bar{y}) \end{aligned}$$

$$= \sum_{i=1}^{N}(y_i - \hat{y}_i)^2 + \sum_{i=1}^{N}(\hat{y}_i - \overline{y})^2$$

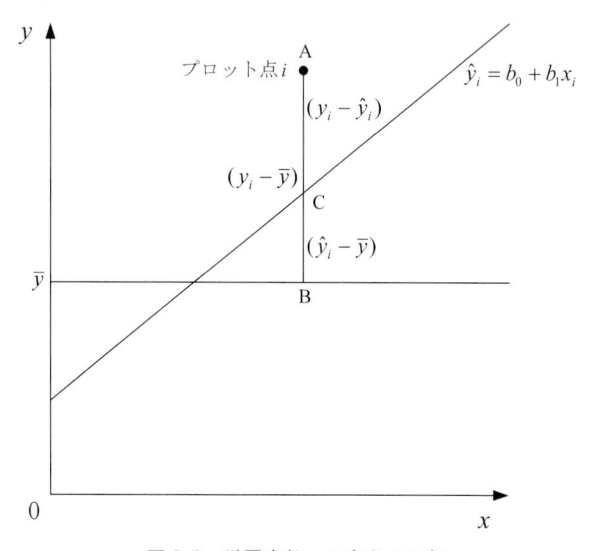

図8-2 従属変数 y の変動の分割

$$= S_e + S_r = S_t \tag{8-5}$$

ここで，S_t は平均値に対する従属変数 y の全変動を表すものとして全平方和と，S_r は回帰モデルの全変動を説明する部分として回帰平方和と，S_e は回帰モデルで説明不能の残差の部分として残差平方和と，それぞれ呼ばれる。このように全平方和を回帰平方和と残差平方和の和にすることを平方和分解という。

従属変数の平方和分解式（8-5）を用いると，次式に示されるように，決定係数

$$R^2 = \frac{S_r}{S_t} = 1 - \frac{S_e}{S_t} \tag{8-6}$$

が全変動 S_t に占める回帰モデルによって説明できる変動 S_r の割合を表す量であり，S_r が大きいほど，説明不能の残差の部分 S_e が小さくなり，回帰モデルがよいといえる。R^2 の値の範囲は 0 から 1.0 である。R^2 の値が 1.0 に近いほど，観測データが直線に近いことを示す。しかし，R^2 の値がいったいどれくらい大きけ

れば，回帰モデルが有意であるかという基準は学問分野によって様々である。例えば，社会学では，S_r が少なくとも全変動 S_t の 50%を説明しなければ，つまり R^2 の値が 0.5 未満であれば，回帰モデルがよいとはいえない。一方，金融専門では，R^2 の値が 0.1 になれば，回帰モデルが要因間の線形関係を説明できるということが認められる。観光の各分野でも，回帰モデルの利用目的と場所によって R^2 に関する基準も様々である。

単回帰モデルの場合，従属変数 y と独立変数 x の相関係数（correlation coefficient）は

$$r = \frac{\sum_{i=1}^{N}(x_i - \bar{x})(y_i - \bar{y})}{\sqrt{\sum_{i=1}^{N}(x_i - \bar{x})^2 \sum_{i=1}^{N}(y_i - \bar{y})^2}} = \frac{S_{xy}}{\sqrt{S_{xx}S_{yy}}} \tag{8-7}$$

で定義されるので，相関係数 r と決定係数 R との間に次式のような関係が成立する。

$$r = \sqrt{R^2} \tag{8-8}$$

前掲の事例について決定係数と相関係数を求めよう。まず，回帰平方和，残差，全平方和は

$$S_r = (70,149 - 33,400)^2 + (22,848 - 33,400)^2 + \cdots + (34,019 - 33,400)^2 = 19,547,284,483$$

$$S_e = (112,751 - 70,149)^2 + (22,067 - 22,848)^2 + \cdots + (29,542 - 34,019)^2 = 5,926,355,370$$

$$S_t = (112,751 - 33,400)^2 + (22,067 - 33,400)^2 + \cdots + (29,542 - 33,400)^2 = 25,473,639,853$$

と求められ，これらにより，決定係数とそのルートは

$$R^2 = \frac{19,547,284,483}{25,473,639,853} = 1 - \frac{5,926,355,370}{25,473,639,853} = 0.7674 \ , \quad \sqrt{R^2} = 0.8760$$

となり，相関係数は

$$r = \frac{9,632,426,511}{\sqrt{4,746,625,57 \times 25,473,639,853}} = 0.8760$$

となるので，$r = \sqrt{R^2}$ と一致することもわかる。

8.1.4 モデルの評価

(1) 線形回帰モデルの仮定

統計理論により，最小2乗法で求められた回帰モデルの良さを保証するために，誤差項 e の分布は正規分布 $N(0, \sigma^2)$ であるという仮定をおく必要がある。それによって回帰モデルには次のような三つの基本的な仮定が設けられている。

① $E(e) = 0$ ，つまり，e_i $(i = 1, 2, \cdots, N)$ の期待値がすべてゼロである。
② e_i $(i = 1, 2, \cdots, N)$ がすべて一定の分散 σ^2 をもつことと互いに独立的である。すなわち，e_u, e_v $(u \neq v;\ u,v = 1, 2, \cdots, N)$ は無関係である。
③ y の変動が e の変動によってもたらされる。

(2) 仮定の妥当性評価

上記の仮定の妥当性を評価する最も簡単な方法は，まず，観測データを図8-1のような散布図にプロットし，2変数の線形関係を視覚的に確認する。次に，残差の分散図を用いて回帰モデルの仮定を評価する。この方法は，残差分散図において独立変数 x_i を横軸に，残差 e_i を縦軸に表示し，様々な仮定からのずれを観察することである。残差の分布は正規分布に近いほど，回帰モデルの仮定は適切だといえる。

残差により，回帰モデルの仮定の妥当性を検討する場合，残差そのものよりも次式に示される標準化した残差（standardized residual）を用いるほうが有効である。

$$e_i^* = \frac{e_i}{\sqrt{s^2}} \tag{8-9}$$

ここで，$s^2 = \dfrac{1}{n-p-1}\sum_{i=1}^{N}(y_i - \hat{y}_i)^2$ である。e_i^* は近似的に互いに独立し，期待値0，分散1の標準正規分布 $N(0, 1)$ に従う確率変数である。標準正規分布は $(-1.96, 1.96)$ の範囲内に確率が95%であるから，残差がその範囲以外にある観測データ点は異常値（outlier）と考えることができる。簡単のため，実際の計算ではこの範囲を $(-2, 2)$ に設定すればよい。

標本データとその回帰直線を図8-3Aに表し，回帰モデルにより算出された観

測値 y_i と推定量 $\hat{y}_i$ の残差 e_i を標準化し棒グラフ（図 8-3 の B）と散布図（図 8-3 の C）に表す．棒グラフをみてみると，標準化した残差 e_i^* の平均値は 0 であり，e_i^* はほとんど (–2, 2) の範囲内に入っており，棒グラフが標準化正規分布に呈し

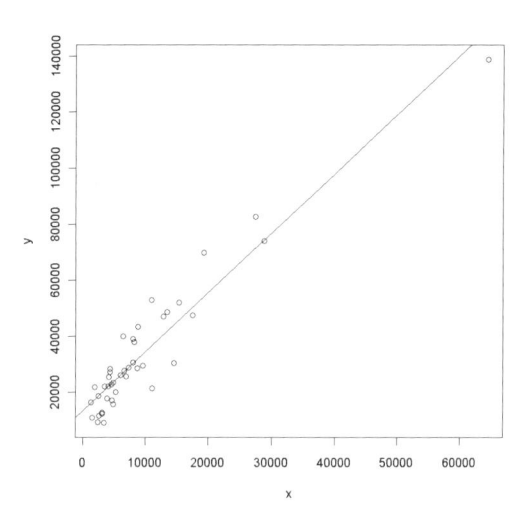

A 回帰モデルの標本データ

B 標準化した残差の棒グラフ　　　　C 標準化した残差の散布図

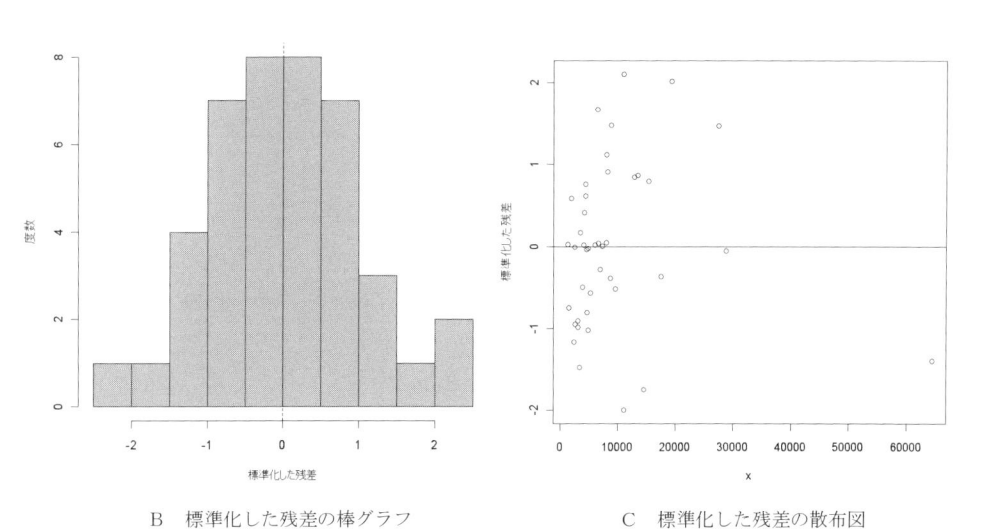

図 8-3　回帰モデルの標本データと標準化した残差

ていることがわかる。したがって，回帰モデルの仮定が妥当だといえよう。

しかし，前掲の事例についてその標準化した残差が図 8-4 に示される。その棒グラフはかなり左側に偏っており，残差の散布図は左下のプロット点が 0 線の周辺に集まり，宿泊客数 (x) が大きくなるにつれ残差も大きくなる傾向がみられる。したがって，回帰モデルの仮定が妥当ではないだろう。

A　標準化した残差の棒グラフ　　　　　　B　標準化した残差の散布図

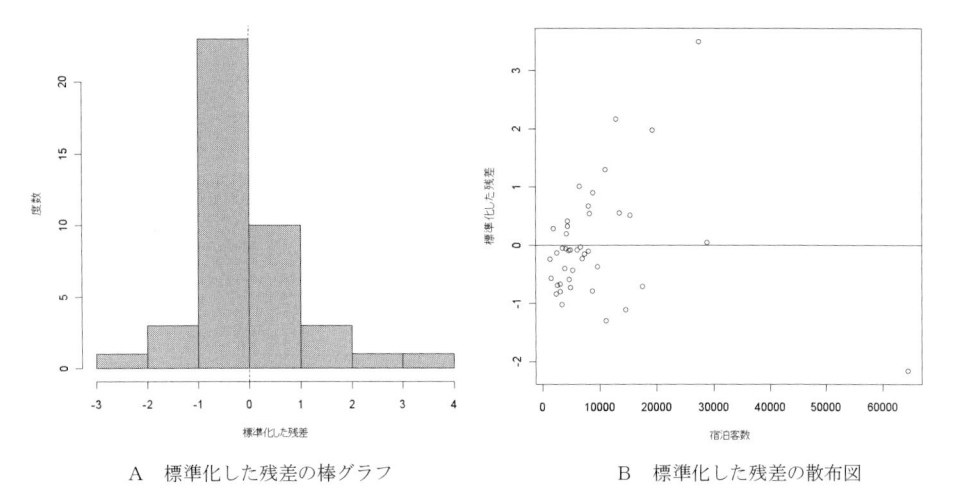

図 8-4　宿泊客数とホテル・旅館客室数の回帰モデルの標準化した残差

(3) 異常値の検討

図 8-4 に示されるように，残差の値が (−2, 2) の範囲から大きくかけ離れるものがある。このような残差をもつ観測値は異常値という。異常値は回帰直線の推定に大きい影響を与える。つまり，回帰直線が異常値に引っ張られて，その勾配と切片は大きく偏ることになる。

異常値は普段，観測データの散布図から見つけることができるが，標準化した残差を調べることも有効な方法である。上述したように，標準化した残差は平均 0，分散 1 の標準正規分布 $N(0, 1)$ に従うので，その絶対値が 1.96（あるいは 2）より大きければ，異常値の可能性があると判断できる。例えば，図 8-4 の A をみれば，2 より大きい標準化した残差は三つある。図 8-4 の B により，それらは

それぞれ宿泊客数が 12,860, 27,423, 64,412 ときのものである。

　異常値が見つかったら，その原因を調べる必要がある。単なる記載ミスか観測エラーであれば，しかも訂正や再観測ができない場合は，データからこのような異常値を取り除く処置をとればよい。しかし，異常値が観測対象の本質を反映する真の値である場合は，その発生原因を注意深く調べることが必要である。例えば，図 8-4 で 2 より大きい標準化した残差はそれぞれ大阪府，北海道，東京都のものであり，簡単にこれらを取り除くことができないだろう。

8.1.5　変数変換によるモデルの線形化

　線形回帰モデルは従属変数を独立変数と線形的に結合するモデルである。図 8-5 のような曲線的関係がみられるとき，変数を一つあるいは二つ同時に変換すれば，非線形的関係を線形的関係に変えることができる。例えば，図 8-5 では，従属変数 y と独立変数 x の間には関係がみられ，最初に x の増加に対して y も増加する。しかし，ある限界を超えると，y の増加が鈍くなり，だんだん x と無関係のように一定の値を保ったまま右へ伸ばしていくようになる。これによって y と x の間に指数関係 $y = ax^b$ があることが想定され，式の両側に対数変換 $y' = \log y$，$x' = \log x$ をすれば，$y' = \log a + bx'$ の線形モデルになる。

　適切な変数変換により線形化できる非線形モデルが表 8-3 に示されている。

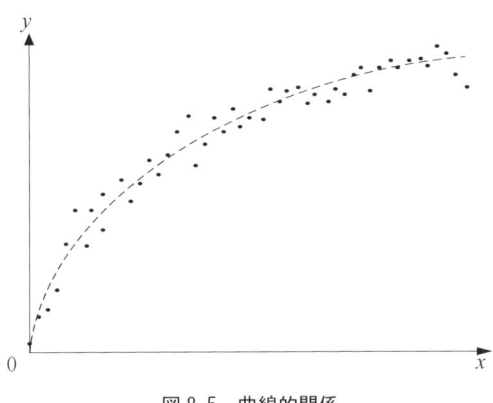

図 8-5　曲線的関係

表 8-3 変数変換の例

変換前の非線形的関数	変数変換	変換後の線形モデル
$y = ax^b$	$y' = \log y$, $x' = \log x$	$y' = \log a + bx'$
$y = ae^{bx}$	$y' = \log_e y$	$y' = \log_e a + bx$
$y = a + b\log x$	$x' = \log x$	$y = a + bx'$
$y = \dfrac{x}{ax - b}$	$y' = \dfrac{1}{y}$, $x' = \dfrac{1}{x}$	$y' = a - bx'$
$y = \dfrac{e^{a+bx}}{1 + e^{a+bx}}$	$y' = \log_e \dfrac{y}{1-y}$	$y' = a + bx$

8.2 重回帰モデル

現実では，地域におけるホテル・旅館の客室数は宿泊客数のみならず，この地域の規模，交通の便利さ，ビジネスの規模，観光スポットなどに関係している。Song ほか（2009）は観光需要をモデリングする際に，8 種類，30 独立変数を観光需要の経済モデルに取り込んだ。これらの変数には収入や好みのような旅行者の個人属性，旅行コストや観光地の物価のような旅行関係の要因，為替レートや犯罪率，市場価格のような経済・環境要因が含まれている。

8.2.1 重回帰モデル式

一つの従属変数 y の変動を複数の独立変数（x_1, x_2, $\cdots$, x_p）の変動で説明する場合に重回帰分析を用いる。線形重回帰モデル（linear multiple regression model）または重回帰モデルは，y を従属変数，p 個の x を独立変数，b を未知の偏回帰係数（partial regression coefficient），e を誤差項として次のように表示される。

$$y_i = b_0 + b_1 x_{i1} + b_2 x_{i2} + \cdots + b_p x_{ip} + e_i \quad (i = 1, 2, \cdots, N) \tag{8-10a}$$

この式を行列形式で表示すると，

$$Y = Xb + e \tag{8-10b}$$

$$Y = \begin{pmatrix} y_1 \\ y_2 \\ \vdots \\ y_N \end{pmatrix}, \quad X = \begin{pmatrix} 1 & x_{11} & x_{12} & \cdots & x_{1p} \\ 1 & x_{21} & x_{22} & \cdots & x_{2p} \\ \vdots & \vdots & \vdots & & \vdots \\ 1 & x_{N1} & x_{N2} & \cdots & x_{Np} \end{pmatrix}, \quad b = \begin{pmatrix} b_0 \\ b_1 \\ \vdots \\ b_p \end{pmatrix}, \quad e = \begin{pmatrix} e_1 \\ e_2 \\ \vdots \\ e_N \end{pmatrix}$$

になる。

　重回帰モデルにおいて，独立変数が区間尺度と比率尺度のような量的なデータの他に，名義尺度と順序尺度のような質的なカテゴリーを用いることができる。質的な独立変数は，各個体がカテゴリーに反応するとき1，反応しないとき0の値が与えられる2進的ダミー変数で表される。すなわち，

$$\delta_i(j) = \begin{cases} 1 & \text{カテゴリー } j \text{ が現れる} \\ 0 & \text{カテゴリー } j \text{ が現れない} \end{cases}$$

　ダミー変数は，観光客の性別や結婚状況，子供状況，教育水準などの属性表示によく利用されている。その他に，例えば，ある観光団体の地域属性を調べるところ，地元，他の国，多国籍という三つのカテゴリーを設けることにしたとき，二つのダミー変数だけが必要になる。その一つは，地元であるとき1，非地元であるとき0の値を与えた2進的ダミー変数である。いま一つは，多国籍であるとき1，非多国籍であるとき0の値を与えた2進的ダミー変数である。しかし，他の国である否かを判断する第3のダミー変数は必要でない。それは，非地元（0）かつ非多国籍（0）観光団体は必ず他の国のものになるからである。このような考え方はもっと多くのカテゴリーのある場合にも適用できるだろう。要するに，カテゴリー数より一つ少ないダミー変数を設ければ，すべてのカテゴリーを表すことができる。

8.2.2　パラメータ推定

　重回帰モデルパラメータ b の推定に最小2乗法を適用するに当たっては，観測値 y_i と推定量 $\hat{y}_i$ の誤差平方和（8-2）を行列形式に改書すると，次のようになる。

$$Q = \sum_{i=1}^{N} e_i^2 = e^T e = (Y - Xb)^T (Y - Xb) = Y^T Y - 2b^T X^T Y + b^T X^T Xb \tag{8-11}$$

重回帰モデルのパラメータを推定する最小2乗法は，Y と X が与えられたとき，

Q を最小にするような回帰パラメータ b を推定することである。Q を b に関して偏微分して得られる偏導数をゼロにおき，

$$\frac{\partial Q}{\partial b} = -2X^T Y + 2X^T X b = 0 \tag{8-12}$$

となり，さらに式を書き換えると

$$(X^T X)b = X^T Y$$

が得られる。この式は重回帰モデルにおける正規方程式である。その方程式を解けば，b が次式から得られる。

$$b = (X^T X)^{-1} X^T Y \tag{8-13}$$

8.2.3 モデルの有意性検定

単回帰モデルと同様に，決定係数 R^2 を用いて重回帰モデルの適合度を測ることができる。しかし，決定係数の定義からは，独立変数の個数を増やすほどその値は必ず大きくなる。したがって，このようなことを防ぐために，決定係数を次式のように自由度で修正する。

$$R_{adj}^2 = 1 - \frac{N-1}{N-p-1}(1-R^2) \tag{8-14}$$

一般に，R_{adj}^2 は自由度修正の決定係数（adjusted coefficient of determination）と呼ばれる。決定係数と同様に，その値も 1 に近いほど回帰モデルがよいと判断する。

決定係数の他に，F 検定（F-test）を利用して回帰モデルの有意性の検定を行う。その際の帰無仮説は，母集団において独立変数に対する従属変数の回帰は有意でない。つまり，H_0: 偏回帰係数 $b = 0$ である。検定統計量

$$F = \frac{\sum_{i=1}^{N}(\hat{y}_i - \bar{y})^2 / p}{\sum_{i=1}^{N}(y_i - \hat{y}_i)^2 / (N-p-1)} = \frac{S_r / p}{S_e / (N-p-1)} \tag{8-15}$$

は F 分布に従う。F 統計量の値があらかじめ定めた有意水準 α の F 限界値

$F_a(p, N-p-1)$ を上回るか否かを調べる。もし，上回ることになれば，上述の帰無仮説を棄却するのである。

前掲の事例について，求めた単回帰モデル $\hat{y} = 14499 + 2.0293x$ が有意か否かを検定してみよう。通常，回帰モデルの F 検定は下記のような分散分析表を利用して行われる（表 8-4）。

表 8-4 分散分析表

変動要因	平方和	自由度	
回帰	$S_r = \sum_{i=1}^{N}(\hat{y}_i - \bar{y})^2 = 19{,}547{,}284{,}483$	$p = 1$	$\dfrac{S_r}{1} = 19{,}547{,}284{,}483$
残差	$S_e = \sum_{i=1}^{N}(y_i - \hat{y}_i)^2 = 5{,}926{,}355{,}370$	$N - p - 1 = 40$	$\dfrac{S_e}{40} = 148{,}158{,}888$
全体	$S_t = \sum_{i=1}^{N}(y_i - \bar{y})^2 = 25{,}473{,}639{,}853$		

分散分析表に得られている結果を式（8-15）に代入すれば，F 値は

$$F = \frac{19{,}547{,}284{,}483 / 1}{5{,}926{,}355{,}370 / 40} = 131.934$$

と得られる。有意水準 $\alpha = 0.05$ とすると，自由度 $p = 1$ と $N - p - 1 = 40$ の F 限界値 $F_a(1, 40) = 4.08$ であり，計算された F 値はこれを大きく上回る。したがって，帰無仮説は棄却され，単回帰モデルは有意と結論することができる。

8.2.4 偏回帰係数の有意性検定

上述したように，自由度修正の決定係数 R_{adj}^2 と F 検定を用いれば，重回帰モデルの有意性，すなわち従属変数と独立変数全体の線形的関係の有意性を検定することができる。その一方，各独立変数 x_j が従属変数 y に対して説明力をもっているか否か，言い換えれば，重回帰モデル（8-10）において対応する偏回帰係数 b_j がゼロであるとみなし得るか否かを検定することは偏回帰係数の有意性検定である。その検定は t 検定または F 検定によって行われる。つまり，偏回帰係数 $b_j = 0$（$j = 1, 2, \cdots, p$）という帰無仮説に対して，偏回帰係数検定のための t 統計量

$$t = \frac{b_j}{\sqrt{c_{jj} S_e / (N - p - 1)}} \tag{8-16}$$

の絶対値または F 統計量

$$F = \frac{b_j^2}{c_{jj}S_e/(N-p-1)} \tag{8-17}$$

の値[1]は，それらの限界値 $t_a(N-p-1)$ または $F_a(1, N-p-1)$ より大きいとき，帰無仮説が棄却され変数 x_j が変数 y に対して説明力をもつことが認められる．逆に，限界値より小さいとき，帰無仮説が棄却されなく変数 x_j が変数 y に対して説明力をもっていないとみなされる．

8.2.5 モデルの選択

観測データをもとに重回帰モデルを構築する際に，独立変数の中に互いに相関が高い変数が含まれるという多重共線性（multicollinearity）問題や有意でない偏回帰係数をもつ独立変数がモデルに含まれる問題が生じた場合，これらの変数を取り除かなければ，重回帰モデルは従属変数となる現象を正しく説明・予測することができない．したがって，従属変数を説明する有効な独立変数を適宜選択して，十分な説明力のある回帰モデルを求めるべきである．そのために様々な統計的方法が提案されている．ここでは，総当たり法と逐次法を紹介する．

(1) 総当たり法

総当たり法（all subsets method）は，p 個の独立変数の候補の中から，1個から p 個までの独立変数のすべての組合せに対応する 2^p-1 とおりの回帰モデルを構築し，その中から有効な独立変数のみを含む「最良な」回帰モデルを選ぶ方法である．上述の重回帰モデルの解説によれば，すべての回帰モデルの中から決定係数 R_{adj}^2 が最も大きく，含まれる独立変数が最も少ないモデルは「最良な」回帰モデルといえよう．しかし，p が大きくなる場合，求められる回帰モデルの数はかなり膨大で，計算時間が大変かかるようである．

(2) 逐次法

各独立変数 x_j について，それが従属変数 y に対して説明力をもっているか否かを一々検定しながら偏回帰係数を求めていく方法が逐次回帰（stepwise regression）計算の方法である．逐次回帰法では，次のような手順で独立変数を増減する．

ステップ1：独立変数を一つずつ順番に取り入れ単回帰モデルを計算したとき，回帰係数検定のためのt絶対値またはF値が最大の変数を選び出す．そして，選ばれた変数に対する回帰係数がゼロであるという帰無仮説の検定を行い，棄却されればこの変数を1番目の独立変数として回帰モデルに取り入れ，

$$y = b_0^{(1)} + b_{i_1}^{(1)} x_{i_1}$$

という単回帰モデルを得る．棄却されなければどの変数も回帰モデルに含めなく計算を終了する．

ステップ2：残りの独立変数について偏回帰係数検定のためのtの絶対値またはF値が最大の変数を選び出す．選ばれた変数に対して偏回帰係数がゼロであるという帰無仮説の検定を行い，棄却されなければ計算を終了する．棄却されればこの変数を2番目の独立変数として回帰モデルに取り入れ，新たな回帰モデルを得る．

ステップ3：回帰モデルに含まれている各独立変数について偏回帰係数の検定を行い，最小のF値をもつ変数に対して帰無仮説が棄却されなければその変数をおとす．

ステップ4：すべての独立変数が取り入れられていれば計算を終了する．そうでなければ，ステップ2に戻る．

注

1) c_{jj} は独立変数 ($x_1, x_2, \cdots, x_p$) の分散共分散行列（variance-covariance matrix）

$$S = \begin{pmatrix} s_{11} & s_{12} & \cdots & s_{1j} & \cdots & s_{1p} \\ s_{21} & s_{22} & \cdots & s_{2j} & \cdots & s_{2p} \\ \vdots & \vdots & & \vdots & & \vdots \\ s_{i1} & s_{i2} & \cdots & s_{ij} & \cdots & s_{ip} \\ \vdots & \vdots & & \vdots & & \vdots \\ s_{p1} & s_{p2} & \cdots & s_{pj} & \cdots & s_{pp} \end{pmatrix}$$

の逆行列

$$S^{-1} = \begin{pmatrix} c_{11} & c_{12} & \cdots & c_{1j} & \cdots & c_{1p} \\ c_{21} & c_{22} & \cdots & c_{2j} & \cdots & c_{2p} \\ \vdots & \vdots & \vdots & \vdots & & \vdots \\ c_{i1} & c_{i2} & \cdots & c_{ij} & \cdots & c_{ip} \\ \vdots & \vdots & \vdots & \vdots & & \vdots \\ c_{p1} & c_{p2} & \cdots & c_{pj} & \cdots & c_{pp} \end{pmatrix}$$

の対角線成分である。ここで,

$$s_{ij} = \frac{1}{N} \sum_{k=1}^{N} (x_{ki} - \bar{x}_i)(x_{kj} - \bar{x}_j) \ (i, j = 1, 2, \cdots, p)$$

参考文献

奥野隆史（1977）:『計量地理学の基礎』, 大明堂。

田中豊・脇本和昌（1983）:『多変量統計解析法』, 現代数学社。

張　長平（2009）:『地理情報システムを用いた　空間データ分析』, 古今書院。

吉原健一・金川秀也（2007）:『やさしい統計』, 培風館。

Chatterjee, S. and Hadi, A.S. (2006): *Regression Analysis by Examples*. Hoboken, NJ: John Wiley & Sons.

Song, H., Witt, S.F. and Li, G.(2009): *The advanced Econometrics of Tourism Demand*, New York: Routledge.

第9章　ロジスティックモデル

　横座標の値の増加に伴い縦座標の値がS字型曲線に沿って変化する分布はロジスティック分布（logistic distribution）という（図9-1）。このような分布を数学的に表現するモデルはロジスティックモデル（logistic model）である。観光分野では，モデルの生成メカニズムの違いによって，ロジスティック成長モデルとロジスティック回帰モデルに分けられる。本章では，この二つのモデルを解説する。

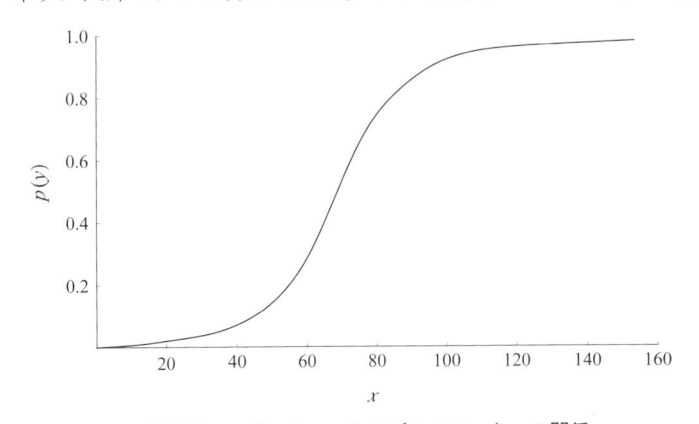

図9-1　ロジスティックモデルでのxとyの関係

9.1　ロジスティック成長モデル

　Verhulst（1838）により考案され，Pearl and Reed（1920）がアメリカ合衆国の人口増加についての論文を書いたとき，このロジスティックモデルを適用した。ロジスティック成長モデルは諸事象がいかに生成，成長，安定，衰退していくかそれらの過程の記述を目的とする。つまり，諸事象の増加は最初に，環境の制限

を受けないときにしばらくの間緩やかに増加し，ある時点を通過して急上昇に転じ，つぎの時期は再び緩やかな増加にかわり，しだいに上限に近づくようなS字型で表す変化である（山口，1986；Mulligan, 2006）。図9-2に示されるように，中国へ旅行する外国人の増加はS字型増加プロセスの上昇段階にあるようである。本節はロジスティック成長モデルを用いてこの増加のプロセスを再現してみる。

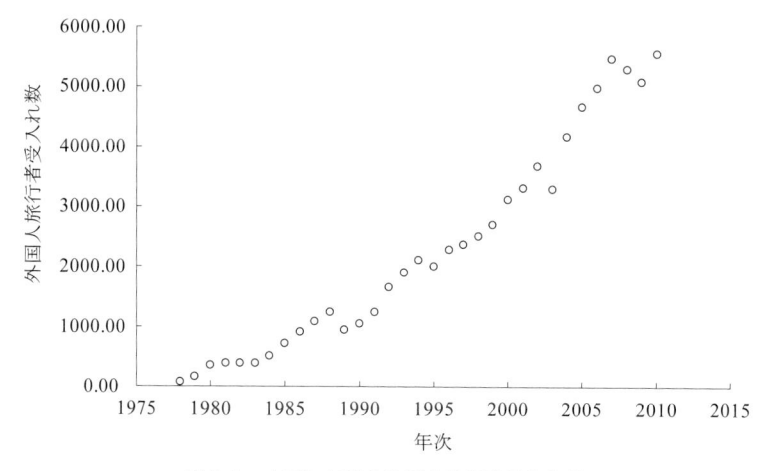

図9-2 中国における外国人旅行者受入れ数

9.1.1 ロジスティック成長モデル

一般に，ロジスティック成長（logistic growth）モデルによって諸事象の増加を表す際に，増加に上限があるという仮定を設定して，以下のような微分方程式で事象の変化を表現する。

$$\frac{dP(t)}{dt} = b_1 P(t) \frac{U - P(t)}{U} \tag{9-1}$$

ここで，b_1 は増加の速度，$P(t)$ は t 年次の値，U $(>P(t))$ は長期増加の上限値である。この方程式では，事象の年次変化 $\frac{dP(t)}{dt}$ が抑制因子 $\frac{U-P(t)}{U}$ を加えた指数増加関数 $b_1 P(t)$ に関連することを示しており，$P(t)$ に関して2次で非線形であることが分かる。このロジスティック微分方程式に変数分離法を適用すれば，まず両辺にそれぞれ，$P(t)$ および t だけの関数がくるように方程式を書きなおす。

$$\frac{U}{P(t)(U-P(t))}dP(t) = b_1 dt$$

次に左辺の式を単純な分数の和に書きなおす．

$$\left(\frac{1}{P(t)} + \frac{1}{U-P(t)}\right)dP(t) = b_1 dt$$

これに積分の公式をつかうと，

$$\int\left(\frac{1}{P(t)} + \frac{1}{U-P(t)}\right)dP(t) = \int b_1 dt$$

は

$$\ln\frac{P(t)}{U-P(t)} = b_0 + b_1 t \tag{9-2}$$

となる．ここで b_0 は積分定数とよばれ，解を一つ決めるときに定められる．そこで，対数の定義にもどると，

$$P(t) = \frac{Ue^{(b_0+b_1 t)}}{1+e^{(b_0+b_1 t)}} \tag{9-3}$$

を得る．ここで，パラメータ b_0 と b_1 は式（9-2）に対する回帰分析の最小 2 乗法によって推定される．

9.1.2 ロジスティック微分方程式による外国人旅行者増加のシミュレーション

海外旅行とは，外国を目的地とする旅行のことである．表 9-1 は中国の改革・開放政策をとった 1978 年から 2010 年までの外国人旅行者（foreign visitor）受入れ数とその増減を表す．表にみられるように，改革・開放政策を実施した以降，1989 年の天安門事件，2003 年の IT バブル崩壊，2008 年のリーマンショック後の急減を除けば，外国からの旅行者がほぼ年々増えており，1978 年の 71.60 万から 2010 年の 5,566 万まで，約 77 倍に増加した．

しかし，外国人旅行者受入れ数はずっと増え続けるわけにもなく，受入国の観光収容能力によってピークに到達することがある．したがって，1978 年から 2010 年の中国の外国人旅行者受入れデータをもとにしてロジスティック微分方程式を旅行者受入れ数の予測に適用する際に，上限値 U をフランスの 2007 年の

表 9-1　中国の外国人旅行者受入れ数推移（単位：万人）

年次	総数	世界順位	増減	倍率(1978)	年次	総数	世界順位	増減	倍率(1972)
1978	71.60			1.0	1995	2003.40	8	-103.6	28.0
1979	152.90		81.3	2.1	1996	2276.50	6	273.1	31.8
1980	350.00	18	197.1	4.9	1997	2377.00	6	100.5	33.2
1981	376.70	17	26.7	5.3	1998	2507.29	6	130.3	35.0
1982	392.40	16	15.7	5.5	1999	2704.66	5	197.4	37.8
1983	379.10	16	-13.3	5.3	2000	3122.88	5	418.2	43.6
1984	514.10	14	135.0	7.2	2001	3316.67	5	193.8	46.3
1985	713.30	13	199.2	10.0	2002	3680.26	5	363.6	51.4
1986	900.10	12	186.8	12.6	2003	3297.05	5	-383.2	46.0
1987	1076.00	12	175.9	15.0	2004	4176.14	4	879.1	58.3
1988	1236.10	10	160.1	17.3	2005	4680.90	4	504.8	65.4
1989	936.10	12	-300.0	13.1	2006	4991.34	4	310.4	69.7
1990	1048.40	11	112.3	14.6	2007	5471.98	4	480.6	76.4
1991	1246.40	12	198.0	17.4	2008	5304.92	4	-167.1	74.1
1992	1651.20	9	404.8	23.1	2009	5087.52		-217.4	71.1
1993	1898.20	7	247.0	26.5	2010	5566.00		478.5	77.7
1994	2107.00	6	208.8	29.4					

出所：『中国旅游統計年鑑　2010』による作成

　外国人旅行者受入れ数（8,190万人）と同じ8,200万人，および2006年現在の受入れ数の約2倍，1億人にそれぞれ想定し，変数 t の値を0（1978年）から32（2010年）までにする。その結果，表9-2は式（9-2）に対して最小2乗法によって推定されたパラメータ b_0 と b_1 の推定値およびその統計検定値である。まず，上限受入れ数8,200万人と1億人の二つの設定ケースの統計検定値を見てみると，決定係数 R^2 は共に高く，観測値と推定値の標準誤差 SE は上限人口8,200万人（240.35万人）のほうが1億人（270.92万人）より小さい。

表 9-2　ロジステック微分方程式の推定

	上限受入れ数8,200万人	上限受入れ数1億人
b_0	-3.5960	-3.7417
b_1	0.1421	0.1331
R^2	0.9566	0.9471
SE	240.35	270.92

図 9-3 は実測値と式（9-3）による推定値の散布図である。この図に見られるように，1978 年から 2010 年までは，推定値と実測値は 1989 年，2003 年，2008 年の前年度より急速な減少の影響を除けばほぼ一致していることがわかる。このモデルを用いて将来の外国人旅行者受入れ数を予測してみると，いまの増加速度が続ければ，2015 年になると，上限 8,200 万人の場合は 6,892 万人に，上限 1 億人の場合は 7,655 万人にそれぞれなることが予測される。

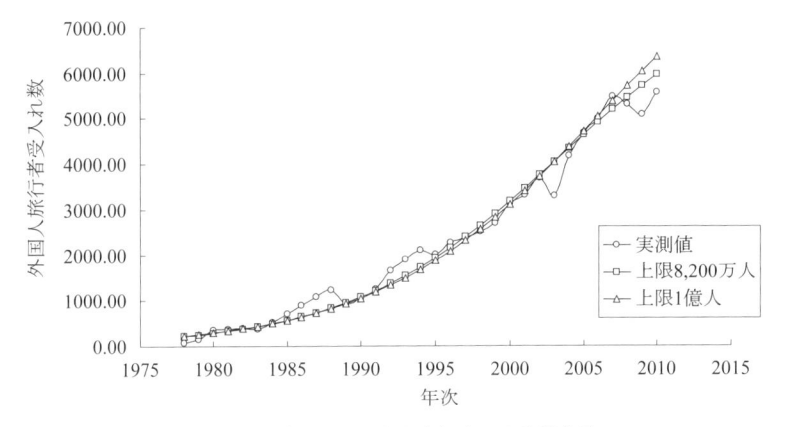

図 9-3　ロジステック微分方程式による推定値

9.1.3　ロジスティック差分方程式

そもそも旅行者数は生物の個体数と同じく不連続な整数である。しかし，上述のロジスティック微分方程式では，時間が連続的に流れるので，旅行者受入れ数が時間 t の関数として連続なものとなる。もしそうしないで，方程式（9-1）における微分を差分に直すことにすると，ロジスティックの近似差分方程式が得られる。すなわち，Δt を一つの時間きざみ幅として，微分係数を差分商で置き換えるのである。すなわち，微分方程式（9-1）において，

$$\frac{dP}{dt} \text{ を } \frac{P(t+\Delta t)-P(t)}{\Delta t}$$

で置き換えて，近似差分方程式は次のようになる。

$$\frac{P(t+\Delta t)-P(t)}{\Delta t} = b_1 P(t)\frac{(U-P(t))}{U} \tag{9-4}$$

さらに，$P(t)$ を $P(n\Delta t)$ と，$P(n\Delta t)$ を P_n と書いて

$$P_{n+1} = \left[(1+b_1\Delta t) - \frac{b_1\Delta t}{U}P_n\right]P_n \tag{9-5}$$

である。この差分方程式は P_0 を定めると，P_1, P_2, … と順に，P_n が決まれば P_{n+1} が計算できる形になっているので，次々の P_{n+1} の値を求めることは容易である。

9.1.4 差分方程式による外国人旅行者増加のシミュレーション

ここでは，時間の間隔 Δt を1年とすることにより，式（9-5）は

$$P_{n+1} - p_n = b_1 P_n \frac{U - P_n}{U} \tag{9-6}$$

になる。したがって，式（9-6）に対して定数0の回帰分析の最小2乗法を適用してパラメータ b_1 を推定する。

同様に，1978年から2010年の中国の外国人旅行者受入れデータをもとにしてロジスティック差分方程式を外国人旅行者受入れ数の予測に適用すると，パラメータ b_1 の推定値，決定係数 R^2，標準誤差 SE を得られる（表9-3）。その決定係数 R^2 は上記のロジスティック微分方程式よりかなり小さくなった。つまり，式（9-6）に表される回帰モデルの有意性は式（9-2）より低いことが証明される。しかし，標準誤差 SE は両者ほぼ同じである。そして，観測値と推定値の散布図は図9-4示されている。

表9-3　ロジステック差分方程式の推定

	上限受入れ数8,200万人	上限受入れ数1億人
b_1	0.1261	0.0585
R^2	0.3561	0.2814
SE	242.13	254.73

表9-4はロジスティック差分方程式による中国の外国人旅行者受入れの予測値である。表に示されるように，2015年の外国人旅行者受入れ数は，上限受入れ数8,200万人の場合の6,398万人に，上限受入れ数1億人の場合の5,955万人になり，両方とも上記のロジスティック微分方程式より低く予測された。

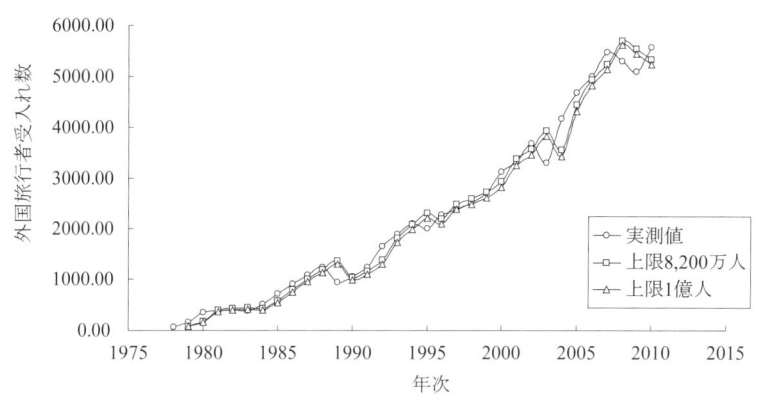

図 9-4 ロジスティック差分方程式による推定値

表 9-4　中国の外国人旅行者受入れ数の予測（単位：万人）

	上限受入れ数 8,200 万人	上限受入れ数 1 億人
2011	5566	5379
2012	5791	5525
2013	6006	5669
2014	6208	5813
2015	6398	5955

　なお，ロジスティック差分方程式による予測では，予測値が1年の間隔（Δt）ごとに求められる。しかも，前年度の実測データがなければその予測値しか使えないので，予測の時期が長いほど誤差が大きくなることを注意すべきである。

9.2　ロジスティック回帰モデル

　観光地において，関係主体のイベント参画や旅行者のリターン（再訪問）などを行ういくつかの要因を探索して，その要因の数値レベルに対する発生確率をモデリングするにはどうすればよいであろうか。イベント参画やリターンを確率的に評価できれば，将来の観光地のイベント企画やリピータ増加策の策定につなが

ると考えられる。

　独立変数が量的な観測データ，従属変数が2値データや0と1の間をとるような変数，確率であるときに，ロジスティック回帰（logistic regression）モデルが利用される。このような従属変数は反応変数（response variable）と呼ばれる。

9.2.1　2値反応データ

　観光事象を従属変数で表す場合は，2値反応データがよく利用される。例えば，関係主体が観光イベントの企画に参加するか否かについては，参加するのは1に，参加しないのは0にすること，観光地の評価により旅行者がこの観光地にリターン（再訪問）するか否かについては，リターンするのは1に，リターンしないのは0にすることなどである。

　一般に，ある事象に対して反応したとき，その値を1に，反応しないとき，その値を0に表す確率変数 Y とすると，その事象の生起を説明する変数 x に対して反応する確率（割合）p と反応しない確率 $1-p$ は次のように示す。すなわち，

$$p = \Pr(Y=1|x), \ 1-p = \Pr(Y=0|x)$$

　このとき事象の生起要因と反応の関係は次のようなロジスティック回帰モデルで表される。

$$p = \frac{\exp(b_0 + b_1 x)}{1 + \exp(b_0 + b_1 x)} \tag{9-7}$$

この式はロジット変換（logit transformation）により線形回帰モデルに帰着する。すなわち，

$$\log \frac{p}{1-p} = b_0 + b_1 x \tag{9-8}$$

9.2.2　多重ロジスティック回帰モデル

　ある観光事象（tourism phenomena）が発生するか否かは複数の要因に係わることがある。例えば，旅行者がある観光地へリターンするか否かは，旅行者自身の属性，観光地の特徴，休日数などの要因に係わっていると考えるとき，これらの要因を計量的に測り，リターンとの関係を分析するモデルを構築するのである。

まず，p 個の独立変数を $x_1, x_2, \cdots, x_p$ と従属変数 y について観測された N 組のデータを

$$
\begin{array}{cccccc}
y_1 & x_{11} & x_{12} & \cdots & x_{1j} & \cdots & x_{1p} \\
y_2 & x_{21} & x_{22} & \cdots & x_{2j} & \cdots & x_{2p} \\
\vdots & \vdots & \vdots & & \vdots & & \vdots \\
y_i & x_{i1} & x_{i2} & \cdots & x_{ij} & \cdots & x_{ip} \\
\vdots & \vdots & \vdots & & \vdots & & \vdots \\
y_N & x_{N1} & x_{N2} & \cdots & x_{Nj} & \cdots & x_{Np}
\end{array}
$$

とする。ここで，x_{ij} は通常の回帰モデルと同じ観測値であり，y_j は p 個の要因に対して反応したら 1，反応がなければ 0 にし，反応する確率（割合）p と反応しない確率 $1-p$ は

$$p = \Pr(Y=1 | x_1, x_2, \cdots, x_p), \quad 1-p = \Pr(Y=0 | x_1, x_2, \cdots, x_p)$$

と表現する。事象の生起要因と発生確率の関係は次式のようなロジスティックモデルで書かれる。

$$p = \frac{\exp(b_0 + b_1 x_1 + b_2 x_2 + \cdots + b_p x_p)}{1 + \exp(b_0 + b_1 x_1 + b_2 x_2 + \cdots + b_p x_p)} \tag{9-9}$$

このモデルは多重ロジスティック回帰（multinomial logistic regression）モデルと呼ばれる。この式をベクトル形式に表示すると，

$$p = \frac{\exp(\boldsymbol{b}^T \boldsymbol{x})}{1 + \exp(\boldsymbol{b}^T \boldsymbol{x})}, \quad \boldsymbol{b} = \begin{pmatrix} b_0 \\ b_1 \\ \vdots \\ b_p \end{pmatrix}, \quad \boldsymbol{x} = \begin{pmatrix} 1 \\ x_1 \\ \vdots \\ x_p \end{pmatrix} \tag{9-10}$$

になる。また，式 (9-8) と同様にロジット変換を施すと

$$\log \frac{p}{1-p} = b_0 + b_1 x_1 + b_2 x_2 + \cdots + b_p x_p = \boldsymbol{b}^T \boldsymbol{x} \tag{9-11}$$

すなわち，複数の生起要因である独立変数の線形結合となる。

9.2.3 モデルパラメータの推定

ロジスティック回帰モデルのパラメータ $\boldsymbol{b}$ の推定に最尤法（maximum likehood method) を適用するに当たっては，モデルの反応変数の2値データは，表の出る確率が p と裏の出る確率が $1-p$ とするコインを投げることと同様に考えられる。試行の結果を確率変数 Y によって表し，表が出たら 1，裏が出たら 0 を対応させる。すなわち，

$$p = \Pr(Y=1), \quad 1-p = \Pr(Y=0)$$

とする。このとき，確率変数 Y は 0 と 1 しかとらない離散型確率変数で，その確率分布は

$$f(y|p) = p^y(1-p)^{1-y}$$

で与えられる 2 項分布（binomial distribution）である。ここで，y は確率変数 Y の実現値である。$y_1, y_2, \cdots, y_N$ にもとづく尤度関数は

$$L(p_1, p_2, \cdots, p_N) = \prod_{i=1}^{N} f(y_i|p_i) = \prod_{i=1}^{N} p_i^{y_i}(1-p_i)^{1-y_i} \tag{9-12}$$

である。さらに，式（9-11）を式（9-12）に代入した次の式がモデルのパラメータベクトル $\boldsymbol{b}$ の尤度関数になる。

$$L(\boldsymbol{b}) = \prod_{i=1}^{N} p_i^{y_i}(1-p_i)^{1-y_i} = \prod_{i=1}^{N}\left(\frac{p_i}{1-p_i}\right)^{y_i}(1-p_i)$$

$$= \prod_{i=1}^{N}\left[\exp(y_i\boldsymbol{b}^T\boldsymbol{x}_i)\left(\frac{1}{1+\exp(\boldsymbol{b}^T\boldsymbol{x}_i)}\right)\right] \tag{9-13}$$

ただし，$\boldsymbol{x}_i$ は i 番目の個体に対する観測データ $\boldsymbol{x}_i = (1, x_{i1}, x_{i2}, \cdots, x_{ip})^T$ とする。よって，ロジスティックモデルのパラメータベクトル $\boldsymbol{b}$ に対する対数尤度関数は

$$\log L(\boldsymbol{b}) = \sum_{i=1}^{N} y_i\boldsymbol{b}^T\boldsymbol{x}_i - \sum_{i=1}^{N} \log\left[1+\exp(\boldsymbol{b}^T\boldsymbol{x}_i)\right] \tag{9-14}$$

となる。多重ロジスティック回帰モデルに関する最尤問題は，対数尤度関数を最大化するようなパラメータベクトル $\boldsymbol{b}$ を推定することになる。そのために対数尤度関数をパラメータベクトル $\boldsymbol{b}$ で偏微分して 0 とおくと，つぎの方程式を得る。

$$\frac{\partial \log L(\boldsymbol{b})}{\partial \boldsymbol{b}} = \sum_{i=1}^{N} y_i\boldsymbol{x}_i - \frac{\partial \sum_{i=1}^{N}\log\left[1+\exp(\boldsymbol{b}^T\boldsymbol{x}_i)\right]}{\partial \boldsymbol{b}} = 0 \tag{9-15}$$

方程式（9-15）を解けば，パラメータベクトル $\boldsymbol{b} = (b_0, b_1, b_2, \cdots, b_p)^T$ の最尤推定値 $\hat{\boldsymbol{b}}$ が得られる。しかし，この方程式は非常に複雑で最尤推定値を解析的に陽に表現することは難しいので，ニュートン法などの数値的最適化手法[1]によって求める。

9.2.4 モデルの評価と選択

複数の生起要因と発生確率をモデル化する重ロジスティック回帰モデルを構築する際に，どの生起要因をモデルに取り入れたら最適な発生予測モデルが得られるであろうか。赤池情報量規準（Akaike information criterion, *AIC*）を用いれば，最適なモデルを与える変数を選択することができる。

AIC は普段次式で定義される。

$$AIC = -2\log L + 2k \tag{9-16}$$

ここで，L はモデルの最大尤度，k はモデルの自由パラメータ数である。したがって，式（9-14）のパラメータベクトル $\boldsymbol{b}$ を最尤推定値 $\hat{\boldsymbol{b}}$ で置き換えて，最大対数尤度 $\log L(\hat{\boldsymbol{b}})$ が求められる。そして，モデルの自由パラメータは生起要因と b_0 を合わせた $p + 1$ 個である。その結果，重ロジスティック回帰モデルの *AIC* は

$$\begin{aligned} AIC &= -2\log L(\hat{\boldsymbol{b}}) + 2(p+1) \\ &= -2\sum_{i=1}^{N} y_i \hat{\boldsymbol{b}}^T \boldsymbol{x}_i + 2\sum_{i=1}^{N} \log\left[1 + \exp(\hat{\boldsymbol{b}}^T \boldsymbol{x}_i)\right] + 2(p+1) \end{aligned}$$

生起要因（独立変数）の組合せに対して *AIC* の値を最小とする変数の組を最適なモデルとして選択する[2]。

9.3　海外への旅行者属性分析

中国における東北地区の三つの主要都市に在住する 1,019 人（瀋陽 336 人，長春 343 人，ハルビン 340 人）の住民を調査対象として海外旅行についてアンケート調査を行った。その中で海外旅行（overseas travel）に出かけたことがあるかないかに関するデータは表 9-5 のようにまとめられた。調査対象者の中では，11.2

表 9-5 都市住民の海外旅行に関する調査データ

回答者	海外旅行	性別	月収金額（元）
020001	0	1	2000
020002	0	1	2000
020003	0	2	4000
⋮	⋮	⋮	⋮
040340	1	2	2500

注：(1) 海外旅行に出かけたことについて，あるは1，ないは0である。
(2) 性別について，男性は1，女性は2である。

％の人が海外旅行に出かけたことがあった。女性は4.5％，男性は6.7％で，男性が女性より2.2ポイント高い。

ここで，海外旅行に出かけたことがあるか否か（ある＝1，ない＝0）を反応変数として，独立変数は調査対象者の性別（男性＝1，女性＝2）と月収金額（元）の2変数を用いた。アンケート調査データに対して多重ロジスティック回帰モデルを適用した。また，すべての独立変数の組合せを行い，変数選択を施してみた。表9-6は反応変数と調査対象者の性別，月収金額との間のロジスティック回帰分析の結果を表している。この表にみられるように，モデル1，2に含まれているパラメータ b_1 の値はすべて負であり，性別の値が増えれば，確率 p は減っていく。言い換えれば，男性が女性より海外へ旅行の確率が高い。逆に，モデル1，3に含まれているパラメータ b_2 の値はすべて正であり，住民の月収金額が増えるにつれて海外へ旅行の確率が高くなることがわかる。

さらに，モデルの評価と選択においては，AICによれば，月収金額のみを独立変数とするモデル3のロジスティック回帰モデルがモデル1の多重ロジスティッ

表 9-6 多重ロジスティック回帰モデルの計算結果

モデル番号	b_0	b_1（性別）	b_2（月収金額）	AIC
1	-2.6946	-0.2022	0.00026	684.5
2	-1.6328	-0.3046		715.8
3	-2.9998		0.00026	683.4

クモデルより最良と判断できる．しかし，モデルの AIC 値の差がわずか 1.1 なので，大差がないとみてよい．性別を独立変数とするモデル 2 は，その AIC 値が最も大きいので，モデル 1 とモデル 3 に比べてよくないと評価される．

各パラメータをロジスティック回帰モデル（9-9）と（9-7）に代入すると，

モデル 1　$p = \dfrac{\exp(-2.6946 - 0.2022 \times (性別) + 0.00026 \times (月収金額))}{1 + \exp(-2.6946 - 0.2022 \times (性別) + 0.00026 \times (月収金額))}$

モデル 3　$p = \dfrac{\exp(-2.9998 + 0.00026 \times (月収金額))}{1 + \exp(-2.9998 + 0.00026 \times (月収金額))}$

となる．性別の 2 値データと月収金額データをモデル 1 に与えて解くと，海外旅行に出かけたことがある確率が求められる．その結果を図 9-5 に示す．つまり，同じ月収金額で海外旅行に出かける男性のほうが女性より多いことがわかった．

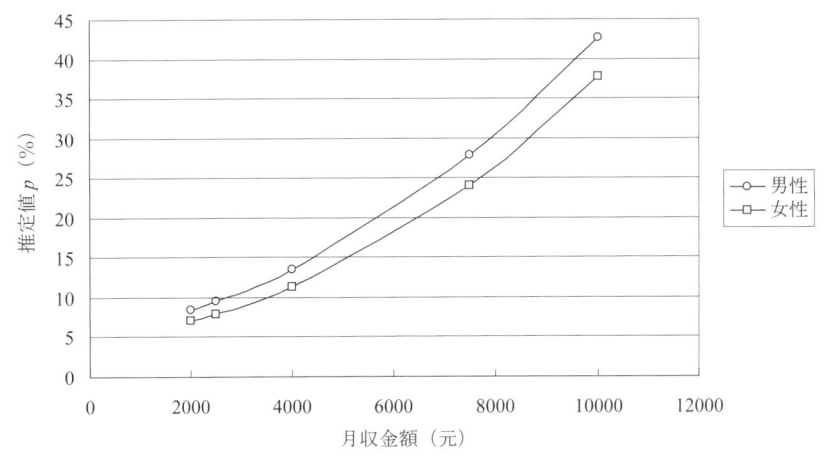

図 9-5　モデル 1（性別，月収金額）による推定結果

注
1) ニュートン法などの数値的最適化手法について岩崎（2004）を参考してください．
2) AIC に関するもっと詳しいことについて坂元ほか（1983）を参考してください．

参考文献
岩崎　学（2004）『統計的データ解析のための数値計算法入門』，朝倉書店．
坂元慶行・石黒真木夫・北川源四郎（1983）『情報量統計学』，共立出版．

中国国家旅游局（2010）:『中国旅游統計年鑑　2010』, 中国旅游出版社。

山口昌哉（1986）:『カオスとフラクタル』, 講談社。

Dobson, A. J. (2002): An Introduction to Generalized Linear Models, Chapman & Hall/CRC. , 田中　豊・森川敏彦・山中竹春・富田　誠訳（2008）:『一般化線形モデル入門』, 共立出版。

Mulligan, G.F. (2006): Logistic population growth in the world's largest cities, *Geographical Analysis*, **38**, 344-370.

Pearl, R. and Reed, L. (1920) : The rate of growth of the population of the United States since 1790 and its mathematical representation, *Proc. Nat. Acad. Sci.*, **6**, 275-288.

Verhulst, P.F.（1838）: Notice sur la loi que la population poursuit dans son accroissement. *Correspondance Mathematique et Physique* **10**, 113-121.

第10章　構造方程式モデリング

　線形回帰モデルやロジスティックモデルは，独立変数と従属変数との間の線形的関係を1本の方程式で表すことに対して，構造方程式モデルは複数の方程式で変数間の関係を表すことである。

　構造方程式モデリング（structural equation modeling, SEM）は日本で「共分散構造分析（covariance structure analysis）」と名つけて定着した（豊田ほか，1992）。SEMは長い研究歴史があるが，近年パソコンの大容量と高速化，SEMの計算ソフトの開発により実用化されつつある。多くの研究者は，SEMを使うときにモデル構築のみに集中し，計算を既存のソフトに任せればよいので，やがてSEMが多くの学問分野に受け入れられるようになった。

10.1　観測変数の構造方程式

　観光地への旅行意向（intend to travel）は観光地へのイメージや旅行者属性に影響されると考えられる。ある観光地への旅行意向に関するンケート調査を行ったところ，調査対象者に年齢 x_1，観光地へのイメージ x_2，観光地への旅行意向 x_3 についてそれぞれ回答を求めた後，これらの観測変数間の分析モデルをパス図（path diagram）（図10-1）で表現する。

　パス図から方程式を書くことができる。観測変数間の回帰分析は1本の方程式で表現されるモデルであった。SEMは観測変数間の関係を表現する分析モデルが多数の方程式を組み合わせて構成する。例えば，図10-1のモデルを方程式で表現すると次のようになる。

192　第Ⅲ部　観光モデリング

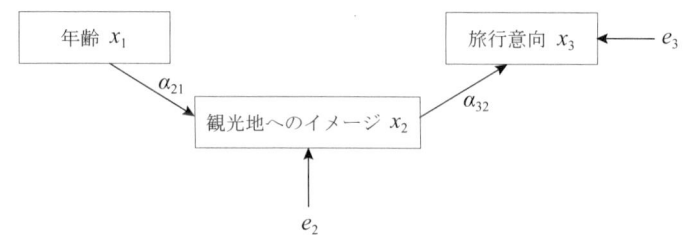

```
年齢 x₁ ──α₂₁──→ 観光地へのイメージ x₂ ──α₃₂──→ 旅行意向 x₃ ←── e₃
                          ↑
                          e₂
```

図 10-1　旅行意向のパス図

$$x_2 = \alpha_{21} x_1 + e_2 \tag{10-1}$$

$$x_3 = \alpha_{32} x_2 + e_3 \tag{10-2}$$

SEM ではこのような変数間の構造関係を示す式（10-1）と式（10-2）のことを構造方程式（structural equation）と，α_{21} と α_{32} をパス係数（path coefficient）と呼んでいる。パス図と構造方程式の関係は観測変数間のモデルに関して同様に成り立つ。すなわち，①方程式の数は単方向の矢印がささっている内生変数（endogenous variable）の数に一致する。ここで，x_2 と x_3 が内生変数であり，方程式が二つある。②各方程式の右辺の項の数はささっている矢印の数に一致する。ここで，x_2 は二つの矢印，x_3 も二つの矢印があるので，方程式（10-1）と方程式（10-2）の右辺項の数はそれぞれ 2 である。x_1, e_1, e_2 が外生変数（exogenous variable）である。

式（10-1）と式（10-2）を行列とベクトル形式に書き直すと

$$\begin{pmatrix} x_1 \\ x_2 \\ x_3 \end{pmatrix} = \begin{pmatrix} 0 & 0 & 0 \\ a_{21} & 0 & 0 \\ 0 & a_{32} & 0 \end{pmatrix} \begin{pmatrix} x_1 \\ x_2 \\ x_3 \end{pmatrix} + \begin{pmatrix} x_1 \\ e_2 \\ e_3 \end{pmatrix} \tag{10-3}$$

となる。一般に，n_x 個の観測変数の場合，観測変数の構造方程式は

$$\boldsymbol{x} = \boldsymbol{A}\boldsymbol{x} + \boldsymbol{e} \tag{10-4}$$

$$\boldsymbol{x} = \begin{pmatrix} x_1 \\ x_2 \\ \vdots \\ x_i \\ \vdots \\ x_{n_x} \end{pmatrix}, \quad \boldsymbol{e} = \begin{pmatrix} e_1 \\ e_2 \\ \vdots \\ e_i \\ \vdots \\ e_{n_x} \end{pmatrix}, \quad \boldsymbol{A} = \begin{pmatrix} a_{11} & a_{12} & \cdots & a_{1j} & \cdots & a_{1n_x} \\ a_{21} & a_{22} & \cdots & a_{2j} & \cdots & a_{2n_x} \\ \vdots & \vdots & & \vdots & & \vdots \\ a_{i1} & a_{i2} & \cdots & a_{ij} & \cdots & a_{in_x} \\ \vdots & \vdots & & \vdots & & \vdots \\ a_{n_x 1} & a_{n_x 2} & \cdots & a_{n_x j} & \cdots & a_{n_x n_x} \end{pmatrix}$$

と定義される。

10.2 潜在変数と測定方程式

観光地の魅力,観光活動のイメージ,観光サービスの質,観光企業のコンプライアンス,これらは,物体に物指しをあてて計測できるような対象ではなく潜在的な変数と考えるべきであろう。

例えば,観光活動イメージ f_1 はショッピング x_1,食べ物や祭り x_2,スポーツや娯楽 x_3 に対する旅行者のイメージを説明できる。この現象を表現したモデルが図 10-2 である。図 10-2 のモデルを方程式で表現すると,次のようになる。

$$x_1 = a_{11}f_1 + e_1 \tag{10-5}$$

$$x_2 = a_{21}f_1 + e_2 \tag{10-6}$$

$$x_3 = a_{31}f_1 + e_3 \tag{10-7}$$

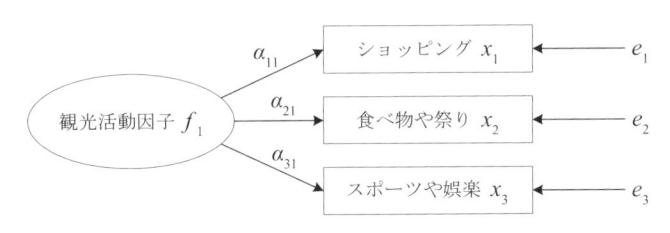

図 10-2 観光活動の評価因子

アンケート調査などを通して観測できる変数は,ショッピングなどへのイメージという三つの観測変数であり,これらの情報をもとに変数 f_1 を測定する。したがって,SEM では,f_1 が潜在変数(latent variable,因子,factor)と,式(10-5)〜式(10-7)が測定方程式(measurement equation)と呼ばれる。

もう少し観光イメージに関して分析を続けよう。アンケート調査では,観光活動とは概念的に異なる自然 x_4,文化・歴史 x_5 などの観光資源に対するイメージに係わる変数群を加える。それが,自然,文化・歴史へのイメージという二つの観測変数であり,観光資源イメージという潜在変数 f_2 はこの二つの観測変数を説明できる。図 10-3 は観光活動因子 f_1 と観光資源因子 f_2 のそれぞれの観測変数との構造関係を表現するものである(ここで,便利のため「イメージ」という言

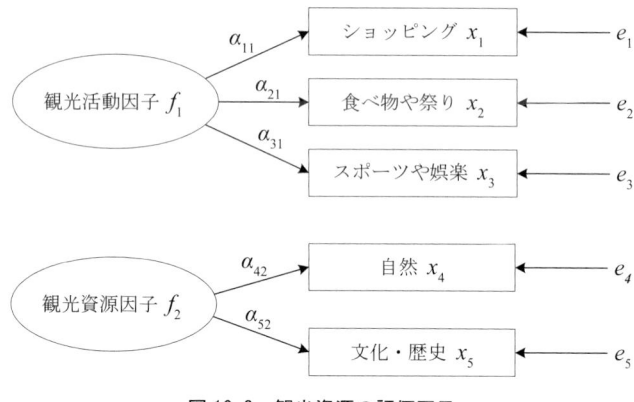

図10-3 観光資源の評価因子

葉を省略する。以下も同じである）。f_1に関して測定方程式が依然として式 (10-5)〜式 (10-7) で示される。f_2 に関して測定方程式が

$$x_4 = a_{42} f_2 + e_4 \tag{10-8}$$

$$x_5 = a_{52} f_2 + e_5 \tag{10-9}$$

と表現される。以上の式（10-5）〜式（10-9）を行列とベクトル形式に書き直すと

$$\begin{pmatrix} x_1 \\ x_2 \\ x_3 \\ x_4 \\ x_5 \end{pmatrix} = \begin{pmatrix} a_{11} & 0 \\ a_{21} & 0 \\ a_{31} & 0 \\ 0 & a_{42} \\ 0 & a_{52} \end{pmatrix} \begin{pmatrix} f_1 \\ f_2 \end{pmatrix} + \begin{pmatrix} e_1 \\ e_2 \\ e_3 \\ e_4 \\ e_5 \end{pmatrix} \tag{10-10}$$

この式のパス係数行列によって，検証的因子分析がどういう仮定をおいたのかがはっきりわかるようになる。観光活動因子 f_1 は自然 x_4，文化・歴史 x_5 へのパス係数を0に，観光資源因子 f_2 はショッピング x_1，食べ物や祭り x_2，スポーツや娯楽 x_3 へのパス係数を0に固定していたのである。つまり，検証的因子分析では，観測変数に対しては影響力をもたない因子負荷量を0とするという意味であろう。

観光活動因子と観光資源因子 f_i（$i = 1, 2$）は仮想的な変数であり，平均値や分

散の値そのものを解釈するのは難しい。そこで f_i の期待値と分散に

$$E[f_i] = 0, \quad Var[f_i] = 1$$

を仮定し，e_i の期待値と分散は探索的因子分析と同様に

$$E[e_i] = 0, \quad Var[e_i] = d_{e_i}^2$$

を仮定する。なお，f_i と e_j は無相関である。すなわち，

$$E[f_i e_j] = 0$$

一般に，n_x 個の観測変数と n_f 個の潜在変数がある場合，測定方程式は

$$\boldsymbol{x} = \boldsymbol{A}\boldsymbol{f} + \boldsymbol{e} \tag{10-11}$$

と定義される。ただし，

$$\boldsymbol{x} = \begin{pmatrix} x_1 \\ x_2 \\ \vdots \\ x_i \\ \vdots \\ x_{n_x} \end{pmatrix} \quad \boldsymbol{f} = \begin{pmatrix} f_1 \\ f_2 \\ \vdots \\ f_j \\ \vdots \\ f_{n_f} \end{pmatrix} \quad \boldsymbol{e} = \begin{pmatrix} e_1 \\ e_2 \\ \vdots \\ e_i \\ \vdots \\ e_{n_x} \end{pmatrix} \quad \boldsymbol{A} = \begin{pmatrix} a_{11} & a_{12} & \cdots & a_{1j} & \cdots & a_{1n_f} \\ a_{21} & a_{22} & \cdots & a_{2j} & \cdots & a_{2n_f} \\ \vdots & \vdots & \vdots & \vdots & \vdots & \vdots \\ a_{i1} & a_{i2} & \cdots & a_{ij} & \cdots & a_{in_f} \\ \vdots & \vdots & \vdots & \vdots & \vdots & \vdots \\ a_{n_x 1} & a_{n_x 2} & \cdots & a_{n_x j} & \cdots & a_{n_x n_f} \end{pmatrix}$$

と表現される。潜在変数と誤差変数の期待値が 0 であるとの仮定は

$$E[\boldsymbol{f}] = 0$$
$$E[\boldsymbol{e}] = 0 \tag{10-12a}$$

に，潜在変数と誤差変数の無相関でその共分散が 0 であるとの仮定は

$$E[\boldsymbol{f}\boldsymbol{e}^T] = 0 \tag{10-12b}$$

にそれぞれ表現する。

さらに，図 10-4 は，調査対象者の性別 x_6，年齢 x_7，収入 x_8 の三つの外生的観測変数が観光活動因子 f_1 と直接的に関係し，そして観光活動イメージが変動すれば，ショッピングなどの三つの観光行動が共変動するというモデルを表して

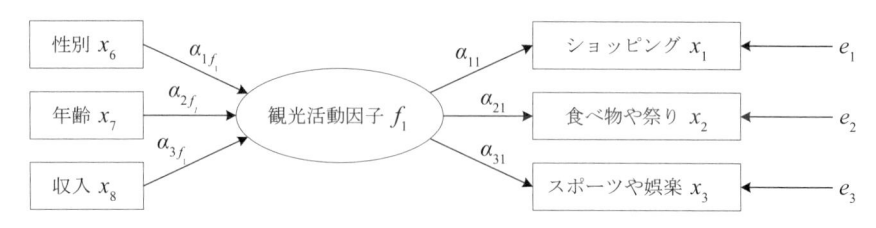

図 10-4　MIMIC モデル

いる．このようなモデルは多重指標・多重原因（multiple indication multiple cause, MIMIC）モデルと呼ばれる．

　その他に，観光活動因子 f_1 と観光資源因子 f_2 に相関が存在すれば，さらに根源的な因子があるに違いないと想定することができる．それは図 10-5 に示した観光地の魅力因子 f_3 なのである．これが 2 次因子分析の意味である．一般に，2 次以上の因子分析を高次因子分析（higher-order factor analysis）という．

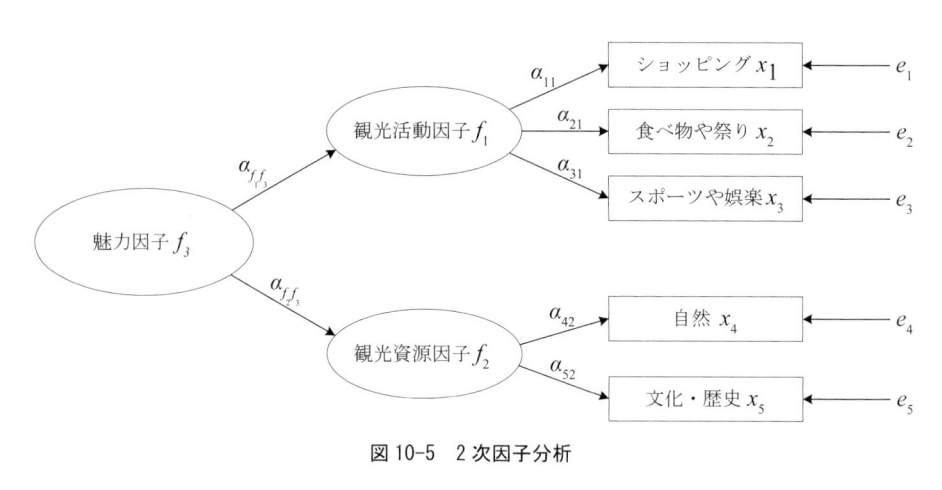

図 10-5　2 次因子分析

10.3　構造方程式モデル

　本節では，上記の観測変数の構造方程式と測定方程式を統合した構造方程式モデルを述べる．

10.3.1 構造方程式

構造方程式は次のように表現する。

$$t = At + u \tag{10-13}$$

ここで，t は潜在変数（因子）と観測変数をまとめて構造変数（structural variable）と呼ばれる。すなわち，構造変数 t ベクトルは次のように潜在変数 f ベクトルと観測変数 x ベクトルを縦に並べて表される。すなわち，

$$t = \begin{pmatrix} f \\ x \end{pmatrix}_{(n_f + n_x) \times 1}$$

右下の添字は t のサイズである。u は外生変数ベクトルである。u には潜在変数 f に関する残差変数 d と観測変数 x に関する残差変数 e が含まれており，u ベクトルは d ベクトルと e ベクトルを縦に並べて表される。すなわち，

$$u = \begin{pmatrix} d \\ e \end{pmatrix}_{(n_f + n_x) \times 1}$$

u のサイズは t と同じである。パス係数行列 A は四つの行列から構成される。すなわち，

$$A = \begin{pmatrix} A_{ff} & A_{fx} \\ A_{xf} & A_{xx} \end{pmatrix}$$

ここで，A_{ff} は因子から因子へのパスを示す。図 10-5 の 2 次因子分析は因子間にパスがあるから，A_{ff} の要素が含んでいたことがわかる。A_{fx} は観測変数から因子へのパスを示す。A_{fx} の例は図 10-4 の MIMIC モデルに出てきた。観測変数の構造方程式（10-4）は観測変数間のパスを表すから，A_{xx} の部分を使った方程式であったことがわかる。同様に，測定方程式（10-11）は因子から観測変数へのパスを表すから，そこに出てきたパス係数行列は A_{xf} であった。

以上の表記を用いると，式（10-13）は

$$\begin{pmatrix} f \\ x \end{pmatrix} = \begin{pmatrix} A_{ff} & A_{fx} \\ A_{xf} & A_{xx} \end{pmatrix} \begin{pmatrix} f \\ x \end{pmatrix} + \begin{pmatrix} d \\ e \end{pmatrix} \tag{10-14}$$

と書き下すことができる。

図 10-6 に観光活動に対するイメージ分析ためのモデルを表している。このパス図では「ショッピング」，「食べ物や祭り」，「スポーツや娯楽」は，観光活動イ

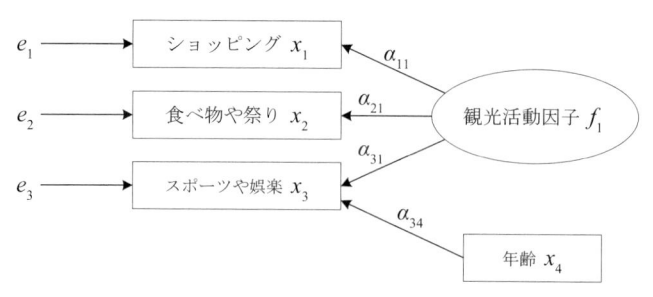

198　第Ⅲ部　観光モデリング

図 10-6　観光活動に対する評価の分析

メージの指標といえようが，スポーツや娯楽のイメージが年齢に制限されるという仮説を示している。図 10-6 のパス図を式（10-13）で表すために，まず構造変数ベクトルは因子が一つ，観測変数が四つから構成される。すなわち，
$$t = (f_1 \ x_1 \ x_2 \ x_3 \ x_4)^T$$
残差ベクトルは
$$u = (f_1 \ e_1 \ e_2 \ e_3 \ x_4)^T$$
である。図 10-6 では因子間の単方向矢印と，観測変数から因子への単方向矢印はないため
$$A_{ff} = O, \quad A_{fx} = O$$
であることがわかる。因子から観測変数への単方向矢印と，観測変数間の単方向矢印を観察することにより

$$A_{xf} = \begin{pmatrix} \alpha_{11} \\ \alpha_{21} \\ \alpha_{31} \\ 0 \end{pmatrix}, \quad A_{xx} = \begin{pmatrix} 0 & 0 & 0 & 0 \\ 0 & 0 & 0 & 0 \\ 0 & 0 & 0 & a_{34} \\ 0 & 0 & 0 & 0 \end{pmatrix}$$

を導く。したがって，図 10-6 のモデルの構造方程式は

$$\begin{pmatrix} f_1 \\ x_1 \\ x_2 \\ x_3 \\ x_4 \end{pmatrix} = \begin{pmatrix} 0 & 0 & 0 & 0 & 0 \\ \alpha_{11} & 0 & 0 & 0 & 0 \\ \alpha_{21} & 0 & 0 & 0 & 0 \\ \alpha_{31} & 0 & 0 & 0 & a_{34} \\ 0 & 0 & 0 & 0 & 0 \end{pmatrix} \begin{pmatrix} f_1 \\ x_1 \\ x_2 \\ x_3 \\ x_4 \end{pmatrix} + \begin{pmatrix} f_1 \\ e_1 \\ e_2 \\ e_3 \\ x_4 \end{pmatrix} \quad (10\text{-}15)$$

10.3.2 共分散構造

上述したように,構造方程式モデルはパス図で表されるが,同時に行列を使って式 (10-13) のように構造方程式でも表される。その一方,観測変数 x はアンケート調査などの情報収集によって観測データを手に入れる。次の問題はいかに構造方程式 $t = At + u$ と観測データ行列を適宜変形して,両者が照合できるような形に持ち込むかということである。具体的方法をつぎに述べる。

まず,構造変数ベクトルから観測変数のみを取り出す。そのためにフィルター行列は

$$F_{n_x \times (n_f + n_x)} = (O \quad I)$$

のように n_x 行 n_f 列のゼロ行列と n_x 行 n_x 列の単位行列を横に並べた行列に設定する。そうすると,

$$x = (O \quad I) \begin{pmatrix} f \\ x \end{pmatrix}$$

$$x = Ft \tag{10-16}$$

になる。さらに,式 (10-13) を

$$(I - A)t = u$$

に変形して,$(I - A)$ に逆行列が存在することを仮定し,構造方程式は

$$t = (I - A)^{-1} u$$

になり,t を式 (10-16) に代入して

$$x = F(I - A)^{-1} u$$

を得る。したがって,観測変数ベクトルの共分散構造(covariance structure)は

$$\Sigma_{xx} = E(xx^T) = E(F(I-A)^{-1} u u^T (I-A)^{-1^T} F^T) = F(I-A)^{-1} E(uu^T)(I-A)^{-1^T} F^T$$

$$= F(I-A)^{-1} \Sigma_u (I-A)^{-1^T} F^T \tag{10-17}$$

である。ここで,Σ は

$$\Sigma = E(tt^T) = (I-A)^{-1} \Sigma_u (I-A)^{-1^T} \tag{10-18}$$

と表された構造変数ベクトルの共分散行列，Σ_u は

$$\Sigma_u = E(uu^T) = E\begin{pmatrix} dd^T & de^T \\ ed^T & ee^T \end{pmatrix} = \begin{pmatrix} E(dd^T) & E(de^T) \\ E(ed^T) & E(ee^T) \end{pmatrix} = \begin{pmatrix} \Sigma_d & \Sigma_{de} \\ \Sigma_{ed} & \Sigma_e \end{pmatrix}$$

と表された残差ベクトルの共分散行列である。

図 10-6 のモデルによれば，

$$\Sigma_d = E(dd^T) = \sigma_{f_1}^2, \quad \Sigma_{de} = \Sigma_{ed} = O$$

e の間に双方向の矢印を設定していないので，

$$\Sigma_e = E(ee^T) = \begin{pmatrix} \sigma_{e_1}^2 & 0 & 0 & 0 \\ 0 & \sigma_{e_2}^2 & 0 & 0 \\ 0 & 0 & \sigma_{e_3}^2 & 0 \\ 0 & 0 & 0 & \sigma_{x_4}^2 \end{pmatrix}$$

である。したがって，図 10-6 のモデルの残差ベクトルの共分散行列は

$$\Sigma_u = \begin{pmatrix} E(dd^T) & E(de^T) \\ E(ed^T) & E(ee^T) \end{pmatrix} = \begin{pmatrix} E(dd^T) & O \\ O & E(ee^T) \end{pmatrix}$$

$$= \begin{pmatrix} \sigma_{f_1}^2 & 0 & 0 & 0 & 0 \\ 0 & \sigma_{e_1}^2 & 0 & 0 & 0 \\ 0 & 0 & \sigma_{e_2}^2 & 0 & 0 \\ 0 & 0 & 0 & \sigma_{e_3}^2 & 0 \\ 0 & 0 & 0 & 0 & \sigma_{x_4}^2 \end{pmatrix} \quad (10\text{-}19)$$

と表す。図 10-6 のモデルを表す構造方程式（10-15）と残差ベクトルの共分散行列（10-19）によれば，推定すべきモデルのパラメータベクトルは

$$\theta = (\alpha_{11} \ \alpha_{21} \ \alpha_{31} \ \alpha_{34} \ \sigma_{f_1}^2 \ \sigma_{e_1}^2 \ \sigma_{e_2}^2 \ \sigma_{e_3}^2 \ \sigma_{x_4}^2)^T$$

である。式（10-18）と

$$(I-A)^{-1} = \begin{pmatrix} 1 & 0 & 0 & 0 & 0 \\ -\alpha_{11} & 1 & 0 & 0 & 0 \\ -\alpha_{21} & 0 & 1 & 0 & 0 \\ -\alpha_{31} & 0 & 0 & 1 & -\alpha_{34} \\ 0 & 0 & 0 & 0 & 1 \end{pmatrix}^{-1} = \begin{pmatrix} 1 & 0 & 0 & 0 & 0 \\ \alpha_{11} & 1 & 0 & 0 & 0 \\ \alpha_{21} & 0 & 1 & 0 & 0 \\ \alpha_{31} & 0 & 0 & 1 & \alpha_{34} \\ 0 & 0 & 0 & 0 & 1 \end{pmatrix}$$

により，構造変数ベクトルの共分散行列 $\Sigma(\boldsymbol{\theta})$ は

$$\Sigma(\boldsymbol{\theta}) = (\boldsymbol{I}-\boldsymbol{A})^{-1}\Sigma_u(\boldsymbol{I}-\boldsymbol{A})^{-1T}$$

$$= \begin{pmatrix} 1 & 0 & 0 & 0 & 0 \\ \alpha_{11} & 1 & 0 & 0 & 0 \\ \alpha_{21} & 0 & 1 & 0 & 0 \\ \alpha_{31} & 0 & 0 & 1 & \alpha_{34} \\ 0 & 0 & 0 & 0 & 1 \end{pmatrix} \begin{pmatrix} \sigma_{f_1}^2 & 0 & 0 & 0 & 0 \\ 0 & \sigma_{e_1}^2 & 0 & 0 & 0 \\ 0 & 0 & \sigma_{e_2}^2 & 0 & 0 \\ 0 & 0 & 0 & \sigma_{e_3}^2 & 0 \\ 0 & 0 & 0 & 0 & \sigma_{x_4}^2 \end{pmatrix} \begin{pmatrix} 1 & \alpha_{11} & \alpha_{21} & \alpha_{31} & 0 \\ 0 & 1 & 0 & 0 & 0 \\ 0 & 0 & 1 & 0 & 0 \\ 0 & 0 & 0 & 1 & 0 \\ 0 & 0 & 0 & \alpha_{34} & 1 \end{pmatrix}$$

$$= \begin{pmatrix} \sigma_{f_1}^2 & \alpha_{11}\sigma_{f_1}^2 & \alpha_{21}\sigma_{f_1}^2 & \alpha_{31}\sigma_{f_1}^2 & 0 \\ \alpha_{11}\sigma_{f_1}^2 & \alpha_{11}^2\sigma_{f_1}^2+\sigma_{e_1}^2 & \alpha_{11}\alpha_{21}\sigma_{f_1}^2 & \alpha_{11}\alpha_{31}\sigma_{f_1}^2 & 0 \\ \alpha_{21}\sigma_{f_1}^2 & \alpha_{11}\alpha_{21}\sigma_{f_1}^2 & \alpha_{21}^2\sigma_{f_1}^2+\sigma_{e_2}^2 & \alpha_{21}\alpha_{31}\sigma_{f_1}^2 & 0 \\ \alpha_{31}\sigma_{f_1}^2 & \alpha_{11}\alpha_{31}\sigma_{f_1}^2 & \alpha_{21}\alpha_{31}\sigma_{f_1}^2 & \alpha_{31}^2\sigma_{f_1}^2+\sigma_{e_3}^2+\alpha_{34}^2\sigma_{x_4}^2 & \alpha_{34}\sigma_{x_4}^2 \\ 0 & 0 & 0 & \alpha_{34}\sigma_{x_4}^2 & \sigma_{x_4}^2 \end{pmatrix} \quad (10\text{-}20)$$

と計算する。ここで，$\Sigma(\boldsymbol{\theta})$ の表記は構造変数ベクトルの共分散行列 Σ がパラメータ $\boldsymbol{\theta}$ の関数であることを強調する。さらに，フィルター行列

$$\boldsymbol{F} = \begin{pmatrix} 0 & 1 & 0 & 0 & 0 \\ 0 & 0 & 1 & 0 & 0 \\ 0 & 0 & 0 & 1 & 0 \\ 0 & 0 & 0 & 0 & 1 \end{pmatrix}$$

を式（10-20）の左からかけ，$\boldsymbol{F}^T$ を式（10-20）の右からかけると，式（10-20）の右下の部分の行列が切り出され，共分散構造は

$$\Sigma_{xx}(\boldsymbol{\theta}) = \begin{pmatrix} \alpha_{11}^2\sigma_{f_1}^2+\sigma_{e_1}^2 & \alpha_{11}\alpha_{21}\sigma_{f_1}^2 & \alpha_{11}\alpha_{31}\sigma_{f_1}^2 & 0 \\ \alpha_{11}\alpha_{21}\sigma_{f_1}^2 & \alpha_{21}^2\sigma_{f_1}^2+\sigma_{e_2}^2 & \alpha_{21}\alpha_{31}\sigma_{f_1}^2 & 0 \\ \alpha_{11}\alpha_{31}\sigma_{f_1}^2 & \alpha_{21}\alpha_{31}\sigma_{f_1}^2 & \alpha_{31}^2\sigma_{f_1}^2+\sigma_{e_3}^2+\alpha_{34}^2\sigma_{x_4}^2 & \alpha_{34}\sigma_{x_4}^2 \\ 0 & 0 & \alpha_{34}\sigma_{x_4}^2 & \sigma_{x_4}^2 \end{pmatrix} \quad (10\text{-}21)$$

となる。この行列は対称行列である。その一方，仮に観測データをもとに図 10-6 のモデルの観測変数の分散共分散行列 [1] を計算して

$$\boldsymbol{S} = \begin{pmatrix} s_{11} & s_{12} & s_{13} & s_{14} \\ s_{21} & s_{22} & s_{23} & s_{24} \\ s_{31} & s_{32} & s_{33} & s_{34} \\ s_{41} & s_{42} & s_{43} & s_{44} \end{pmatrix} = \begin{pmatrix} 1.055 & 0.475 & 0.450 & -0.050 \\ 0.475 & 1.006 & 0.513 & -0.072 \\ 0.450 & 0.513 & 0.931 & -0.020 \\ -0.050 & -0.072 & -0.020 & 1.015 \end{pmatrix}$$

のような対称行列が求められた．SEM の最も中心的な操作は，モデルの共分散構造 $\Sigma_{xx}(\theta)$ を現実の観測変数の分散共分散行列 S にできるだけ近づかせるように構造方程式モデルとパラメータ θ を調節することである．ここで見やすいために両行列の上三角要素を省略して対比すると，つぎのようになる．

$$\begin{pmatrix} 1.055 & & & \\ 0.475 & 1.006 & & \\ 0.450 & 0.513 & 0.931 & \\ -0.050 & -0.072 & -0.020 & 1.015 \end{pmatrix} \Leftrightarrow \begin{pmatrix} \alpha_{11}^2 \sigma_{f_1}^2 + \sigma_{e_1}^2 & & & \\ \alpha_{11} \alpha_{21} \sigma_{f_1}^2 & \alpha_{21}^2 \sigma_{f_1}^2 + \sigma_{e_2}^2 & & \\ \alpha_{11} \alpha_{31} \sigma_{f_1}^2 & \alpha_{21} \alpha_{31} \sigma_{f_1}^2 & \alpha_{31}^2 \sigma_{f_1}^2 + \sigma_{e_3}^2 + \alpha_{34}^2 \sigma_{x_4}^2 & \\ 0 & 0 & \alpha_{34} \sigma_{x_4}^2 & \sigma_{x_4}^2 \end{pmatrix}$$

観測値　　　　　　　　　　　　　　　　モデル値

(10-22)

10.3.3　パラメータの最尤推定

SEM においては，最尤法は，p 変数の N 組の観測データ

$$X = \begin{pmatrix} x_1 \\ x_2 \\ \vdots \\ x_i \\ \vdots \\ x_N \end{pmatrix} = \begin{pmatrix} x_{11} & x_{12} & \cdots & x_{1j} & \cdots & x_{1p} \\ x_{21} & x_{22} & \cdots & x_{2j} & \cdots & x_{2p} \\ \vdots & \vdots & \vdots & \vdots & \vdots & \vdots \\ x_{i1} & x_{i2} & \cdots & x_{ij} & \cdots & x_{ip} \\ \vdots & \vdots & \vdots & \vdots & \vdots & \vdots \\ x_{N1} & x_{N2} & \cdots & x_{Nj} & \cdots & x_{Np} \end{pmatrix}$$

が与えられたとき，そのデータを最も尤もらしくさせるパラメータの θ 値を推定することによって構造方程式を得る推定法である．

観測変数 x_j の確率密度分布は次式で与えられる多変量正規分布 $N(0, \Sigma(\theta))$ に従う．

$$f(x_i | \theta) = 2\pi^{-\frac{p}{2}} |\Sigma(\theta)|^{-\frac{1}{2}} \exp(-\frac{1}{2} x_i^T \Sigma(\theta)^{-1} x_i) \tag{10-23}$$

ここで，$\Sigma(\theta)$ は式（10-17）や式（10-21）のような観測変数の共分散構造である．したがって，SEM の尤度関数 $L(\theta)$ は，個々の観測変数の密度関数の積

$$L(\theta) = \prod_{i=1}^{N} f(x_i | \theta) = \prod_{i=1}^{N} 2\pi^{-\frac{p}{2}} |\Sigma(\theta)|^{-\frac{1}{2}} \exp(-\frac{1}{2} x_i^T \Sigma(\theta)^{-1} x_i)$$

$$= 2\pi^{-\frac{Np}{2}} |\Sigma(\theta)|^{-\frac{N}{2}} \exp(-\frac{1}{2}\sum_{i=1}^{N} x_i^T \Sigma(\theta)^{-1} x_i) \tag{10-24}$$

で表される。そもそも正規分布曲線から考えて，山の高いところほど観測されやすい。したがって，観測データ X から生成された尤度関数 $L(\theta)$ の値を最大にするようにパラメータ θ の値を定めようというのが最尤法である。

尤度関数 $L(\theta)$ を最大にすることは，対数尤度関数 $\log L(\theta)$ を最大にすること，あるいは $-\log L(\theta)$ を最小にすることと同等である。観測データとモデルの乖離度という意味をもたせるために $-\log L(\theta)$ を採用することにする。すなわち，

$$\begin{aligned}
-\log L(\theta) &= \text{constant} - \frac{N}{2}\log|\Sigma(\theta)|^{-1} + \frac{1}{2}\sum_{i=1}^{N} x_i^T \Sigma(\theta)^{-1} x_i \\
&= \text{constant} + \frac{1}{2}\sum_{i=1}^{N} tr\left[\Sigma(\theta)^{-1} x_i x_i^T\right] - \frac{N}{2}\log|\Sigma(\theta)^{-1}| \\
&= \text{constant} + \frac{N}{2} tr\left[\Sigma(\theta)^{-1} \frac{1}{N}\sum_{i=1}^{N} x_i x_i^T\right] - \frac{N}{2}\log|\Sigma(\theta)^{-1}|) \\
&= \text{constant} + \frac{N}{2}\left[tr(\Sigma(\theta)^{-1} S) - \log|\Sigma(\theta)^{-1}|\right] \tag{10-25}
\end{aligned}$$

を最小にすることである。上式では定数項（constant）と全体が正の整数倍 $N/2$ されていることは最小化に影響しない。また，式 (10-25) から $\log|S|$ と観測変数の数 p を引き，

$$\begin{aligned}
f_{ML} &= tr(\Sigma(\theta)^{-1} S) - \log|\Sigma(\theta)^{-1}| - \log|S| - p \\
&= tr(\Sigma(\theta)^{-1} S) - \log|\Sigma(\theta)^{-1} S| - p \tag{10-26}
\end{aligned}$$

を最尤法のための目的関数として SEM で利用することが多い。

式 (10-26) により θ がきわめてうまく推定できて，幸いにも $\Sigma(\theta)$ がまったく S と同じ値になった場合，$\Sigma(\theta)^{-1} S = S^{-1} S = I$ になる。そのとき，式 (10-26) の第 1 項は $tr(\Sigma(\theta)^{-1} S) = p$，第 2 項は $\log|\Sigma(\theta)^{-1} S| = \log 1 = 0$ になる。その結果，式 (10-26) は

$$f_{ML} = p - 0 - p = 0$$

ということで, モデルが観測データに最も適合したときに 0 になることがわかる。

式（10-26）の f_{ML} は，θ に応じて値が決まるから，f_{ML} を最小化するようなパラメータ θ を推定する手掛かりとして役に立つ。

10．4　適合度の測定

モデルの評価は，共分散構造と観測データの分散共分散行列との間の適合度によって判定される。SEM の評価に使用される適合度指標（fit index）は数十個提案されているそうである。本節では，最も有名でよく使われる適合度指標だけを紹介する。各指標は「小さいほうがよい」と「大きいほうがよい」と異なる2種類に分けられ，どの程度ならよいのかを一覧表（表10-1）にまとめておく。つぎに，構造方程式モデルの χ^2 検定について説明する。

式（10-26）f_{ML} を最小化するようなパラメータ θ を推定する最尤法を用いた場合に，帰無仮説 H_0：モデルは観測データに適合している。検定統計量

$$\chi^2 = (N-1)f_{ML} \tag{10-27}$$

が自由度

$$df = \frac{1}{2}p(p+1) - q \tag{10-28}$$

の χ^2 分布に近似的に従う。ここで，p は観測変数の数，q は θ の次数，つまり推定したいパラメータの数である。式（10-28）右辺第1項は分散共分散行列 S の重複のない要素数である。例えば，式（10-22）の S の重複のない要素は下三角行列要素であるため，その要素数は10個になる。

上述したように，モデルが観測データに最も適合したときに f_{ML} が0になる。したがって，有意水準 α に対して $\chi^2 < \chi_\alpha^2(df)$ のとき，帰無仮説が棄却されなく，モデルは観測データに適合している。逆に，$\chi^2 > \chi_\alpha^2(df)$ のとき，帰無仮説が棄却され，モデルは観測データに適合しないと判断される。

しかし，式（10-27）のように定義された統計量 χ^2 は標本数 N に敏感に影響を受け，しかも標本数が多くすれば，モデルが棄却される可能性が高くなる。つまり，がんばって多くのデータを収集して構築されたモデルは観測データに適合

表 10-1 適合度指標一覧

分類	適合度指標	説明	適合度検定の標準
小さいほうがよい	χ^2	$\chi^2 = (N-1)f_{ML}$ χ^2 は自由度 $df = \frac{1}{2}p(p+1)-q$ の χ^2 分布に近似的に従う。	帰無仮説が棄却されなければ，モデルが正しい。 $N \geq 250$ とき，この指標が信頼できない。
	RMSR (Root mean square residual)	$RMSR = \sqrt{\frac{2}{p(p+1)}\sum_{i=1}^{p}\sum_{j=1}^{i}\left(r_{ij}-\frac{\hat{\sigma}_{ij}}{s_i s_j}\right)}$	小さいほうがよい。
	RMSEA (Root mean square error of approximation)	$RMSEA = \sqrt{\max\left(\frac{f_{ML}}{df}-\frac{1}{N-1}, 0\right)}$	< 0.08 $N > 250$ とき，< 0.07
	AIC (Akaike information criterion, 赤池情報量規準)	$AIC = \chi^2 - 2df$	小さいほうがよい
大きいほうがよい	GFI (Goodness of fit index)	$GFI = 1 - \frac{tr((\Sigma(\hat{\theta})^{-1}S-I)^2)}{tr((\Sigma(\hat{\theta})^{-1}S)^2)}$	> 0.8
	NFI (Normed fit index)	$NFI = 1 - \frac{\chi^2}{\chi_r^2}$ ここで，χ_r^2 は独立モデルの χ^2 である。	> 0.9
	CFI (Comparative fit index)	$CFI = 1 - \frac{\max((N-1)f_{ML}-df, 0)}{\max((N-1)f_0-df_0, 0)}$ ここで，$df_0 = \frac{1}{2}p(p-1)$ $f_0 = -\log\|(diag(S))^{-1}S\|$	$p \geq 30$ とき，> 0.92 $12 \leq p < 30$ とき，> 0.95 $p < 12$ のとき，> 0.97
	AGFI (Adjusted goodness of fit index)	$AGFI = 1 - \frac{p(p+1)}{2df}(1-GFI)$	> 0.9
	NNFI (Non-normed fit index)	$NNFI = \frac{(\chi_r^2/df_r)-(\chi^2/df)}{(\chi_r^2/df_r)-1}$ ここで，χ_r^2 は独立モデルの χ^2，df_r は χ_r^2 の自由度である。	$p \geq 30$ とき，> 0.92 $12 \leq p < 30$ とき，> 0.95 $p < 12$ のとき，> 0.97

注：N は標本数，p は観測変数の数，q はパラメタベクトル θ の次数である。

しないと判断されやすいという皮肉な性質を χ^2 検定にもっている。それ故に，標本数の大きい場合，χ^2 検定で棄却されても，表 10-1 に示される他の各種適合度指標の値がよければモデルを採用する。

10.5 観光旅行意向の因果推論

　2009 年 3 月，日本政府は観光立国推進戦略会議を開催し，2020 年に外国人観光客数を 2,000 万人に増やす政府目標を立てた。この目標の達成に向け，観光庁を中心に官民一体のビジット・ジャパン・キャンペーンの展開など積極的な取り組みを展開している。一般に，どの国へ観光旅行に最も行きたいかは，その国の観光に対する全体的なイメージが反映され，国の観光資源，観光活動，観光サービスなどの具体的な魅力に影響される。

　この事例では，環日本海の 5 カ国を対象にして，海外観光旅行する場合，最も行きたい国の順位とそれらの国の観光資源，観光活動，観光サービスなどの魅力についてアンケート調査を行った[2]。中国においては，東北地区の三つの主要都市に住んでいる 1,019 人（瀋陽 336 人，長春 343 人，ハルビン 340 人）の住民を調査対象として調査員を派遣し訪問調査を実施した。調査結果の分析では，使用する変数に欠測値のない 960 名分のデータを用いた。調査データによれば，海外観光旅行の場合，最も行きたい国の順位で日本を 1 位につけた比率は 30.0％，環日本海 5 カ国の中で韓国につぎ 2 位となっている。本節では，中国都市住民の日本へ観光旅行の意向と観光イメージと調査対象者属性の三者間の因果関係について SEM による分析・考察の事例を紹介する。

10.5.1　仮説の構築

　ある国の「観光へのさまざまなイメージ」がこの国へ観光旅行に出かけたいか否かという「旅行意向」の直接原因となっているのは当然であるが，その他に「調査対象者属性」も「旅行意向」に影響する。さらに「調査対象者属性」が「観光へのさまざまなイメージ」の形成にも影響を与えるかもしれない。これらの関係を概念パス図に表すと図 10-7 になる。

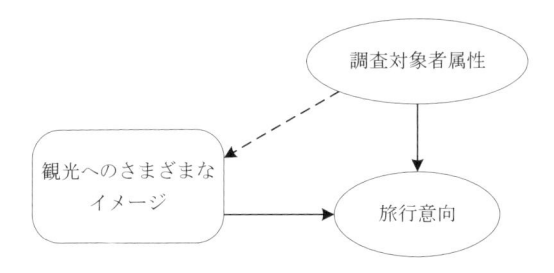

図10-7　旅行意向と観光イメージと調査対象者属性との関係モデル

　以上の要因を測定する観測変数は次のとおりになっており，観測データはアンケート調査データから得られる。ただし，（　）内はパス図などで用いる変数名である。

① 観光へのさまざまなイメージは下記8項目について「全然魅力がない～大変魅力的」を5段階評価する。
　v_1：その国の自然に関して（自然）
　v_2：その国の文化，芸術，歴史に関して（文化・歴史）
　v_3：その国の観光産業に関して（観光産業）
　v_4：その国でのショッピングに関して（ショッピング）
　v_5：その国の食べ物や祭り等の行事に関して（行事）
　v_6：その国のスポーツや娯楽，テーマパーク等の遊戯施設に関して（遊戯施設）
　v_7：会議や展示会を開催する場所として（開催場所）
　v_8：観光旅行先として（旅行先）

② 観光旅行意向
　y：日本の順位（旅行意向）

③ 調査対象者属性は以下のとおりである。
　x_1：性別　男性は1，女性は2にする。（性別）
　x_2：年齢　20歳以下，21歳－30歳，31歳－40歳，41歳－50歳，51歳－69歳，70歳以上の6段階に分ける。（年齢）

x_3：学歴　中学校，高校，短期大学・専門学校，4年制大学，大学院の5段階に分ける。（学歴）

x_4：収入　1,000元未満，1,000－2,000元，2,000－3,000元，3,000－4,000元，4,000元以上の5段階に分ける。（収入）

「旅行意向」は，モンゴロ，韓国，日本，ロシア，その他に対して調査対象者に「1～5」の順位をつけてもらって，そのデータから日本の順位項目を取り上げたのである。「観光へのさまざまなイメージ」は8項目あるが，これがどの因子に分けられるかは事前にはわかっていない。したがって，図10-7の「観光へのさまざまなイメージ」がいくつかの因子で構成され，「旅行意向」が楕円（潜在変数）ではなく長方形（観測変数）で描かれ，「調査対象者属性」は四つの観測変数がつくことになる。

まず，「観光へのさまざまなイメージ」8項目で探索的因子分析を行う。因子分析の結果は表10-2のとおり，因子の有意性検定の結果は，$\chi^2 = 21.14$，自由度 $df = 7$，有意確率 $p = 0.00357$ であり，探索的因子分析が有意であると判定された。因子 f_1 は「観光活動」イメージ，f_2 は「観光資源」イメージ，f_3 は「会場」イメージとそれぞれ命名・解釈できる。

表10-2　探索的因子分析の結果（因子負荷量）

	f_1	f_2	f_3
観光産業	**0.435**	0.431	0.208
ショッピング	**0.443**	0.416	0.291
行事	**0.685**	0.248	0.241
遊戯施設	**0.562**	0.296	0.268
自然	0.227	**0.532**	0.273
文化・歴史	0.249	**0.656**	0.131
旅行先	0.371	**0.426**	0.417
開催場所	0.352	0.272	**0.893**
説明量（％）	19.3	18.5	16.5
累積説明量（％）	19.3	37.8	54.3

つぎに，探索的因子分析の結果を踏まえて検証的因子分析を考える。検証的因子分析では，絶対値が小さい因子負荷量を0に固定して，つまり因子から観測変数へパスを設けないことにする。しかし，どの観測変数との間にパスを設けるかによって因子の意味内容は変わっていく。したがって，単なる数値の大小だけでなく，因子の意味内容を吟味して，測定方程式の構築を行うことが重要である。

ここでは，吟味必要となるのは「v_3：観光産業」である。意味内容からすると，「観光産業」の魅力度は「観光活動」イメージと係わると同時に，「観光資源」イメージにも関係するため，「観光活動」「観光資源」の両者から「観光産業」にパスを設けるべきだろう。さらに，「会場」からの因子負荷量の大きい変数は一つ（v_7：開催場所）しかないので，この因子を取り消して「観光資源」からパスを設けることにする。

結局，表10-2に示した因子負荷量の絶対値が0.4以上の観測変数にパスを設けたモデルにより，検証的因子分析を実施する。得られた「観光活動」と「観光資源」の2因子負荷量を表10-3に表す。

ところが，この検証的因子分析の適合度検定の結果は，$\chi^2 = 108.8$，自由度 $df = 18$，有意確率 $p = 0.000$ であり，帰無仮説が棄却され，モデルは観測データに適合していないと判定された。しかし，この観測データの標本数は960でかなり大きいため，モデルは棄却されても他の代表的な適合度指標の値をみる必要になる。

表 10-3 検証的因子分析の結果（因子負荷量）

	観光活動	観光資源
観光産業	**0.400**	**0.251**
ショッピング	**0.695**	0.000
行事	**0.708**	0.000
遊戯施設	**0.686**	0.000
自然	0.000	**0.601**
文化・歴史	0.000	**0.580**
旅行先	0.000	**0.790**
開催場所	0.000	**0.737**

大きいほうがよい適合度指標は

　GFI = 0.973

　AGFI = 0.946

　NFI = 0.961

　NNFI = 0.949

　CFI = 0.967

小さいほうがよい適合度指標は

　RMSEA = 0.073

　SRMR = 0.031

各種適合度指標はいずれも非常によい値を示している。したがって，モデルと観測データの乖離の程度は小さく，モデルは観測データに適合するよいものであると判断される。

10.5.2　モデリングの実際

$\chi^2 = 257.4$, $df = 62$, $p = 0.000$

GFI = .961, *AGFI* = .943, *RMSEA* = .057,

NFI = .915, *NNFI* = .916, *CFI* = .934,

SRMR = .045

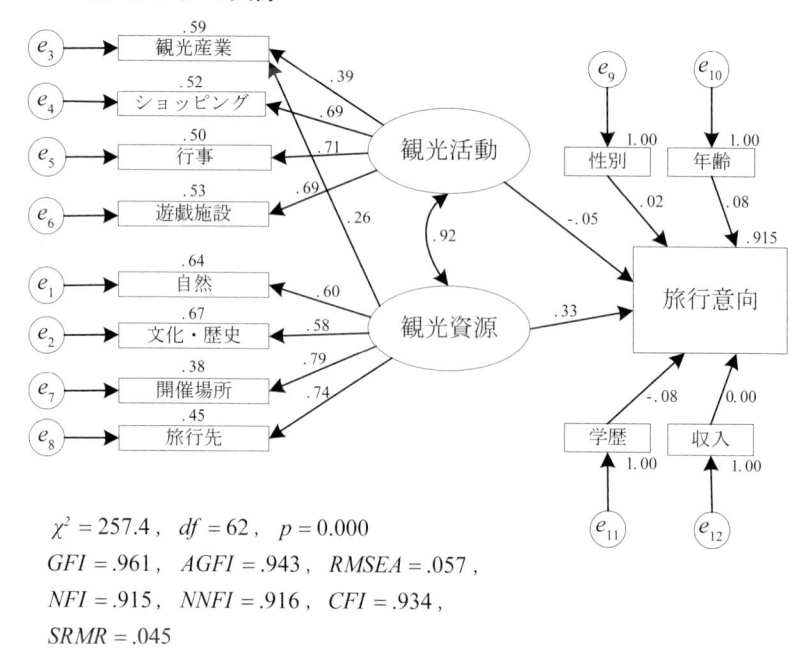

図 10-8　旅行意向の SEM 分析（初期）

上記の分析により，図 10-7 の「観光へのさまざまなイメージ」に「観光活動」と「観光資源」の二つの因子が決まった。この二つの因子を外生変数として因子間に両側矢線のパスを設けて，図 10-7 の SEM モデルに組み込む。さらに，「観光へのさまざまなイメージ」の 2 因子と調査対象者の 4 属性から「旅行意向」へはすべてパスを設けるモデルを初期モデルとして SEM を実現した。その結果は図 10-8 に示している。

図 10-8 に見られるように，2 因子の間には高い相関係数（= 0.92）が存在し，有意でないパスがいくつかある。そのために，有意でないパスを順次削除していくことにより，図 10-9 の旅行意向の SEM の最終モデルを得た。

$\chi^2 = 160.3$, $df = 42$, $p = 0.000$
$GFI = .971$, $AGFI = .955$, $RMSEA = .054$,
$NFI = .945$, $NNFI = .946$, $CFI = .959$,
$SRMR = .035$

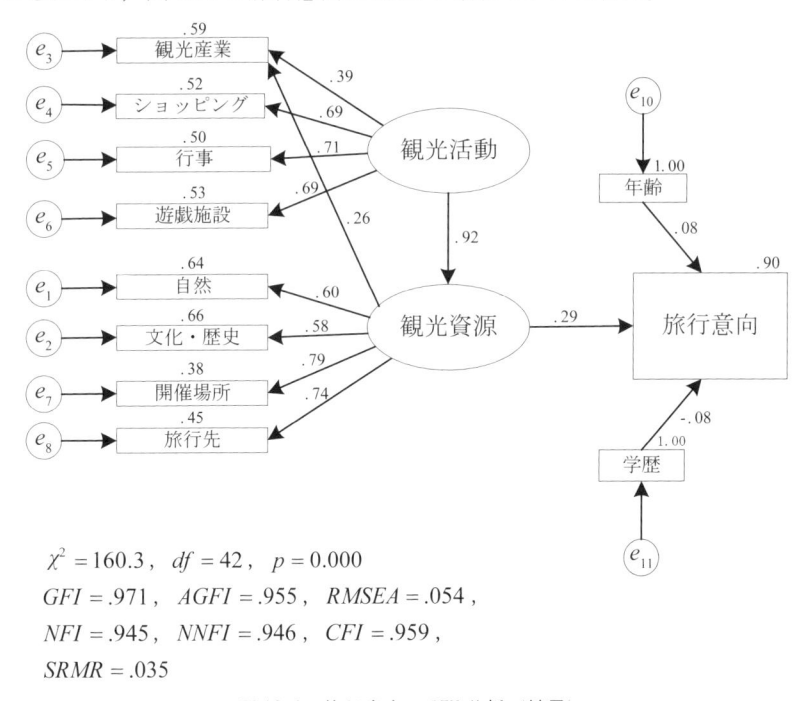

図 10-9　旅行意向の SEM 分析（結果）

10.5.3　モデルの解釈

そもそも観光地への「旅行意向」は観光へのさまざまなイメージと人の年齢や知識によって形成される。中でも主要な要因は「観光資源」へのイメージである。

「年齢」と「学歴」からもパスがある。

「観光活動」から「観光資源」への正のパスは，「観光活動」の魅力効果が大きいとなれば，それに伴う「観光資源」の魅力度も大きくなる。

図10-9に示されるように，中国の都市住民の日本への「旅行意向」は，まず日本にある「観光資源」のイメージに直接左右される。「観光活動」のイメージは「観光資源」との間に高い相関関係が存在する（図10-8）ので，「観光資源」のイメージを介して間接的に「旅行意向」に影響を与えるという解釈となる。

人の属性については，「旅行意向」に大きく影響するのがその人の「年齢」と「学歴」であり，「性別」と「収入」はあまり影響しないようである。

注

1) 観測データの分散共分散行列について，第8章の注1を参照してください。
2) 調査質問1　あなたが，今後海外観光旅行する場合，最も行きたい外国はどこですか，その順位をつけてください。「その他」の場合，あなたが行きたい国名をお書きください。

国と地域	モンゴロ	韓国	中国	日本	ロシア	その他
回答欄						

調査質問2　あなたは下表にある国に対して，どのようなイメージを抱いていますか。国ごとに該当する番号をつけてください。

1　全然魅力がない　2　魅力がない　3　さほど魅力がない　4　魅力的　5　大変魅力的					
	モンゴル	韓国	中国	ロシア	日本
その国の自然に関して					
その国の文化，芸術，歴史に関して					
その国の観光産業に関して					
その国でのショッピングに関して					
その国の食べ物や祭り等の行事に関して					
その国のスポーツや娯楽，テーマパーク等の遊戯施設に関して					
会議や展示会を開催する場所として					
観光旅行先として					

参考文献

甘利俊一・狩野裕・佐藤俊哉・松山裕・竹内啓・石黒真木夫（2002）:『多変量解析の展開：隠れた構造と因果を推理する』，岩波書店。

張　長平（2013）: 中国東北三省の主要都市における住民の海外旅行意向に関する研究，国際地域学研究　第 16 号，117-128。

豊田秀樹・前田忠彦・柳井晴夫（1992）:『原因を探る統計学 ― 共分散構造分析入門』，講談社。

Cole, S.T. and Illum, S.F. (2006): Examining the mediating role of festival visitors' satisfaction in the relationship between service quality and behavioral intentions, *Journal of Vacation Marketing* **12**(2), 160-173.

索　引

【あ　行】

赤池情報量規準（Akaike information criterion, *AIC*）　187, 188
アクター（actor）　9, 23, 30, 46, 48, 51, 55
異常値（outlier）　166, 168
一貫性（coherence）　93
因子（factor）　193, 209
因子得点（factor score）　122, 129, 131
因子負荷量（factor loading）　122, 131, 194, 209
因子分析（factor analysis）　122
ウェブネットワーク（web network, WN）　78, 80
ウォード法（ward）　138
エゴ（ego）　18
エゴセントリックネットワーク（egocentric network）　18
重み付きグラフ（weighted graph）　26

【か　行】

海外旅行（overseas travel）　187
回帰係数（regression coefficient）　161
外国人旅行者（foreign visitor）　179
外生変数（exogenous variable）　192
階層的クラスター分析（hierarchical cluster analysis）　135, 137
回転（rotation）　128
可視化（visualizing）　19
仮説検定（hypothesis testing）　97
カテゴリーデータ（categorical data）　85
ガバナンス（governance）　14
空グラフ（empty graph）　28
関係（relation）　9
関係主体（stakeholder）　10, 31, 43
関係属性（relational property）　23
観光学者のネットワーク（network of tourism academics）　12
観光活動（activities of tourist）　149, 193, 196, 208
観光業（tourism industry，観光産業）　10, 11, 209
観光計画（tourism planning）　12, 14
観光資源（resources of tourism）　11, 13, 140, 193, 196, 208
観光事象（tourism phenomena）　184
観光商品（tourism product）　13
観光情報（tourism information）　77
観光地　10, 31
観光中心地（sightseeing center）　58
観光データ（tourism data）　89
観光データ分析（data analysis in tourism）　85
観光日数（length of stay of tourist）　100
観光ネットワーク（tourism network, TN）　10, 78, 80
観光ネットワーク分析（tourism network analysis）　11, 23
観光目的地（tourism destinations）　10
完全グラフ（complete graph）　27, 65
完全サブグラフ（complete sub-graph）　30
観測変数（observed variable）　122, 191, 197, 209
関連性（relevance）　92
棄却域（critical region）　99, 103

既成データ（secondary data） 88
帰無仮説（Hull hypothesis） 98, 100, 103, 111, 172, 173, 204
客室（hotel room） 160, 162
競争（competition） 10, 12, 13
協調ネットワーク（cooperative network） 13
共通因子（common factor） 122
共通性（communality） 123
共分散構造（covariance structure） 199, 201, 204
共分散構造分析（covariance structure analysis） 191
協力（cooperation） 10
局地的な観光ネットワーク（local tourism network） 10
距離（distance） 29, 64, 135
距離行列（distance matrix） 32
均質性（homogeneity） 114
近接性（accessibility） 93
近接中心性（closeness centrality） 48, 58, 80
区間尺度（interval scale） 87
クラスター係数（clustering coefficient） 65, 66, 67, 69, 70, 71, 77, 80
クラスター分析（cluster analysis） 135
グラフ（graph） 23
クリーク（clique） 30, 51
グリーンツーリズム（green tourism） 43
群平均法（group average） 138
計量的（metric） 142
結果統合（combination of result） 114
決定係数（coefficient of determination） 163, 182
限界値（critical value） 99, 102, 172, 174
検出力（statistical power） 104
検証的因子分析（confirmatory factor analysis, CFA） 122, 194, 209

検定統計量（test statistic） 98, 100, 103, 111, 204
広域的な観光ネットワーク（regional tourism network） 10
効果量（effect size） 105, 114, 115, 117
高次因子分析（higher-order factor analysis） 196
構造変数（structural variable） 197
構造方程式（structural equation） 192, 199
構造方程式モデリング（structural equation modeling, SEM） 134, 191
公表バイアス（publication bias） 115
誤差項（error） 161, 166, 170
個体（case） 122
固有関数（eigenfunction） 56
固有多項式 56
固有値（eigenvalue） 55, 125, 144, 151
固有ベクトル（eigenvector） 55, 144, 151
固有ベクトル中心性（eigenvector centrality） 55
コラボレーション（collaboration） 12

【さ 行】

最小2乗法（method of least squares） 161, 179, 182
最短距離（shortest distance） 29, 31, 33, 36, 38, 48
最短距離法（nearest neighbor） 138
最短経路（shortest route） 29, 31, 33, 36, 38, 51
最長距離法（furthest neighbor） 138
最尤法（maximum likehood method） 185, 202
サブグラフ（sub-graph） 30
残差（residual） 162, 166
散布図（scatter diagram） 160
嗜好（preference） 147
次数（degree） 46, 63, 66, 74, 75, 80

次数中心性（degree centrality） 46, 58
次数分布（degree distribution） 63, 66, 67, 71, 73, 75, 78
自然資源（physical resource） 11
社会ネットワーク（social network） 9, 43
社会ネットワーク分析（social network analysis） 10
斜交回転（oblique rotation） 128
主因子分析法（principal factor analysis） 125
主因子法 125, 131
重心法（centroid） 138
従属性（dependence） 48, 58
従属変数（dependent variable） 161, 170
自由度（degrees of freedom, df） 99
自由度修正の決定係数（adjusted coefficient of determination） 172
宿泊客（hotel guests） 160, 162
樹形図（dendrogram） 135, 141
出近接中心性（out-closeness centrality） 49, 58
出次数（out-degree） 47, 58
順序尺度（ordinal scale） 86
消費動向（consumption trend） 88
書類引き出し問題（file-drawer problem） 115
新規データ（primary data） 87
人工資源（built resource） 11
信頼（trust） 13
信頼区間（confidence interval） 99, 110, 119
信頼限界（confidence limit） 119
スクリーテスト（scree test） 125
スクリープロット（scree plot） 125
スケールフリー（scale free） 74
スケールフリー・ネットワーク（scale free network） 74, 80
ステイタス（status） 48
ストレス（stress） 147

スモールワールド（small world） 64
スモールワールド・ネットワーク（small world networks） 68
正確性（accuracy） 92
正規分布（normal distribution） 74, 98, 110, 161
正規方程式（normal equation） 162
正則グラフ（regular graph） 66, 68, 70
成長（grow） 74, 80
接続行列（incidence matrix） 27
切断点（cutpoint） 51
説明変数（explain variable） 161
線形重回帰モデル（linear multiple regression model） 170
線形単回帰モデル（linear simple regression model） 160
潜在変数（latent variable） 193, 197
総当たり法（all subsets method） 174
相関係数（correlation coefficient） 165
双方向（double-headed） 21
ソーシャル・キャピタル（social capital） 16
測地線（geodesic） 29
測地線距離（geodesic distance） 29
測定方程式（measurement equation） 193

【た 行】
第Ⅰ種の誤り（type I error） 97, 104
対応分析（correspondence analysis） 147
第Ⅱ種の誤り（type II error） 98, 104
対立仮説（alternative hypothesis） 98, 100
多次元尺度構成法（multidimensional scaling, MDS） 142
多重共線性（multicollinearity） 174
多重指標・多重原因（multiple indication multiple cause, MIMIC） 196
多重ロジスティック回帰（multinomial logistic regression） 185, 188

探索的因子分析（exploratory factor analysis, EFA）　122, 134, 195, 208
単純構造（simple structure）　126
単方向（single headed）　21
逐次回帰（stepwise regression）　174
知識伝達（knowledge transfer）　14
中心性（centrality）　45, 58
紐帯（tie）　9, 23
頂点（vertex）　23
直径（diameter）　29
直交回転（orthogonal rotation）　128
定数（constant）　161
定量的データ（quantitative data）　85
適合度指標（fit index）　204, 210
適時性（timeliness）　93
伝導性（conductivity）　48, 58
統合（combine）　114
同等性（comparability）　93
透明性（claricy）　93
独立変数（independent variable）　161, 170, 185
都市観光（urban tourism）　131
度数分布（frequency distribution）　80, 102
ドライブ観光（drive tourism）　58

【な　行】

内生変数（endogenous variable）　192
2項分布（binomial distribution）　186
二部グラフ（bipartite graph）　26
入近接中心性（in-closeness centrality）　49, 58
入次数（in-degree）　47, 58
ネット（net）　9
ネットワーク（network）　9, 23
ノード（node）　23
ノンパラメトリック検定（non-parametric test）　98, 102

【は　行】

場（field）　10
媒介性（betweenness）　51
媒介中心性（betweenness centrality）　51, 59, 80
パス（path）　29
パス係数（path coefficient）　192, 194, 197
パス図（path diagram）　191, 198, 206
パス長（path length）　29
幅優先検索（breadth first search, BFS）　36, 51
ハブ（hub）　75
パラメトリック検定（parametric test）　98, 100
バリマックス（varimax）　128, 131
反応変数（response variable）　184, 188
非階層的クラスター分析（non-hierarchical cluster analysis）　135, 136
非計量的（nonmetric）　142
美食観光（gourmet tours）　151
被説明変数（explained variable）　161
標準化した残差（standardized residual）　166
標本（sample）　98, 107, 111
標本サイズ（sample size）　98, 107
比率尺度（ratio scale）　87
ブートストラップ（bootstrap）　108
ブートストラップ標本（bootstrap sample）　108
ブートストラップ標本抽出（bootstrap sampling）　108
複雑（complexity）　16
複雑系（conplex systems）　16
複雑適応系（complex adaptive system, CAS）　16
分散共分散行列（variance-covariance matrix）　175, 201, 204
平均距離（average distance）　64, 67, 69,

70, 71, 77
ベキ指数（power-law exponent） 74
ベキ乗則（power-law） 73, 80
ベキ乗法（power method） 32
辺（edge） 23
偏回帰係数（partial regression coefficient）
　170, 173
ポアソン分布（Poisson distribution） 67
訪日外国人旅行者（foreign visitor to Japan）
　88, 109
母集団（population） 97, 100, 107

【ま　行】

マーケティング（marketing） 13
路（route） 29
密度（density） 28, 30, 43, 65
無形資源（intangible resource） 11
無向グラフ（undirected graph） 24, 25, 28,
　29, 31, 46, 53, 56
名義尺度（nominal scale） 86
メジアン法（median） 138
メタアナリシス（meta-analysis） 114, 117
メディアン（median） 48
モデリング（modeling） 159

【や　行】

有意確率（significance probability） 99,
　102, 117, 208
有意水準（significance level） 99, 102, 104,
　112, 119, 172, 204
有意性（significance） 99, 117, 182
有向グラフ（directed graph） 24, 25, 28, 31,
　46, 53
優先的選択（preferential attachment） 74, 80

有値グラフ（valued graph） 25, 29

【ら　行】

ランダムグラフ（random graph） 66, 69,
　70
リサンプリング（resampling） 108
リサンプル（resample） 108
旅行意向（intend to travel） 191, 206
旅行費用（expense of tourist） 102
リンク（link） 23
隣接（adjacent） 24, 36, 49
隣接行列（adjacent matrix） 24, 31, 46, 86
類似性（similarity） 135
連結（connected） 29
漏斗プロット（funnel plot） 115
ロジスティック回帰（logistic regression）
　184
ロジスティック成長（logistic growth）
　178
ロジスティック分布（logistic distribution）
　177
ロジスティックモデル（logistic model）
　177
ロジット変換（logit transformation） 184

【a, b, c, ……】

F 検定（F-test） 172
Kolmogorov-Smirnov（KS）検定
　（Kolmogorov-Smirnov test） 80, 103
k 平均法（k-means） 136
n-クリーク（n-clique） 31
Warshall-Floyd 法（Warshall-Floyd's
　algorithm） 38, 49
XML（eXtensible Markup Language） 94

著　者

張　長平（Zhang Changping）

1949年	中国上海生まれ、筑波大学大学院博士課程修了
現　在	東洋大学　国際地域学部　教授　理学博士
専　攻	人文地理学　地理情報科学　観光データ分析
主要著書	『地理情報システムを用いた　空間データ分析』（古今書院）
	『増補版　地理情報システムを用いた　空間データ分析』（古今書院）
	『都市の空間データ分析』（古今書院）

書　名	観光分析　計量的アプローチと応用
コード	ISBN978-4-7722-3155-8 C3055
発行日	2013年11月18日　初版第1刷発行
著　者	張　長平
	Copyright ©2013 Zhang Changping
発行者	株式会社古今書院　橋本寿資
印刷所	三美印刷株式会社
発行所	古今書院
	〒101-0062　東京都千代田区神田駿河台2-10
電　話	03-3291-2757
ＦＡＸ	03-3233-0303
振　替	00100-8-35340
ホームページ	http://www.kokon.co.jp/
	検印省略・Printed in Japan

いろんな本をご覧ください
古今書院のホームページ

http://www.kokon.co.jp/

- ★ 700点以上の**新刊・既刊書**の内容・目次を写真入りでくわしく紹介
- ★ 環境や都市, GIS, 教育など**ジャンル別**のおすすめ本をラインナップ
- ★ 月刊『地理』最新号・バックナンバーの目次&ページ見本を掲載
- ★ 書名・著者・目次・内容紹介などあらゆる語句に対応した**検索機能**
- ★ いろんな分野の関連学会・団体のページへ**リンク**しています

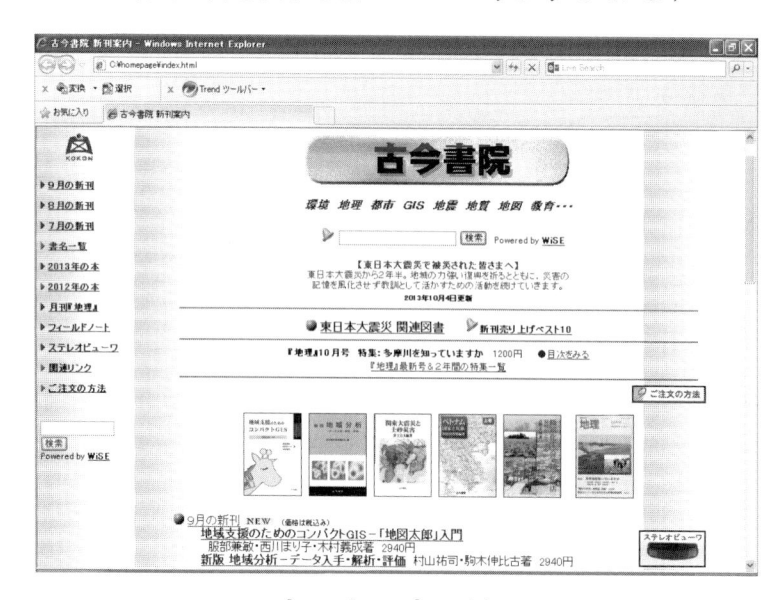

古 今 書 院

〒101-0062　東京都千代田区神田駿河台 2-10

TEL 03-3291-2757　　FAX 03-3233-0303

☆メールでのご注文は order@kokon.co.jp へ